Bruits

Bruits
Echos du patrimoine culturel immatériel

sous la direction de
Marc-Olivier Gonseth, Bernard Knodel, Yann Laville et Grégoire Mayor

Exposition 02.10.2010 - 15.10.2011

Les publications accompagnant l'exposition *Bruits*
ont été réalisées avec le soutien de La Loterie Romande
et de la Société des amis du Musée d'ethnographie (SAMEN).

L'exposition *Bruits* est un projet associé au Millénaire de la Ville de Neuchâtel.

Edition :	Marc-Olivier Gonseth, Bernard Knodel, Yann Laville et Grégoire Mayor
Rédaction textes :	Marc-Olivier Gonseth, Yann Laville, Grégoire Mayor, Sara Revil, Denise Wenger
Rédaction légendes :	Bernard Knodel, Denise Wenger, François Borel, Olimpia Caligiuri
Traduction :	Annemarie Barnes, Colombier; Verena Härri, Bernex Olimpia Caligiuri; Denise Wenger
Couverture :	François Schuiten, Bruxelles
Photographie :	Alain Germond, © MEN, sauf mention contraire
Concept graphique :	Nicolas Sjöstedt et Jérôme Brandt
Mise en pages :	Atelier PréTexte Neuchâtel
Relecture :	Roland Kaehr, Marie-Christine Hauser
Impression :	Imprimerie Juillerat & Chervet SA, St-Imier

Tous droits réservés

© 2011 by Musée d'ethnographie
4, rue Saint-Nicolas
CH-2000 Neuchâtel / Switzerland

Tél: +41 (0)32 718 1960
Fax: +41 (0)32 718 1969
secretariat.men@ne.ch
www.men.ch

ISBN 978-2-88078-037-1

SOMMAIRE

INTRODUCTION	8
Scénographier l'immatériel Marc-Olivier Gonseth, Yann Laville et Grégoire Mayor	12
LE SOUVENIR DE LA HOULE	20
Patrimoine culturel immatériel et musées: un danger ? Walter Leimgruber	34
LE BRUIT DES AUTRES	48
Bruit et silence: conceptions culturelles Karin Bijsterveld	58
Quand le bruit des uns est au goût des autres: ce que dit l'exemple du *hardcore punk* de la notion de culture Alain Müller	66
Bruit ? Pour une sociologie du volume sonore dans les musiques amplifiées Gérôme Guibert	72
Les crécelles de l'Histoire Jean-Marie Privat	78
LE MURMURE DE LA THÉORIE	84
Bruit de fond / bruit de forme Béatrice Ramaut-Chevassus	108
Nature et diversité des bruits: de la salle de concert au-dehors Pierre Mariétan	114
Art sonore ou son dans l'art ? Caleb Kelly	120
Le diable fait toujours beaucoup de bruit: aperçu anthropologique des relations entre le diable, la musique et la jeunesse Nicolas Walzer	126

LES SIRÈNES DE L'URGENCE 132

L'écho de l'immémorial 154
Gaetano Ciarcia

L'ÉCHO DES RÉSERVES 160

Connaître les bruits du passé: l'historien est-il désarmé? 234
Jean-Pierre Gutton

Le bruit que font les autres: 238
vers une anthropologie du patrimoine immatériel
Pablo Vidal-González

Histoire des archives sonores du MEN 244
François Borel

LE GLOUGLOU DES PIPELINES 262

Le manager à l'épreuve de la transvaluation 306
Fabien Hein

Des sons et des lieux: le Salento à l'ère du posttarentisme 314
Salvatore Bevilacqua

LE FRACAS DU RESSAC 322

Bruits

1 - Le souvenir de la houle
2 - Le bruit des autres
3 - Le murmure de la théorie
4 - Les sirènes de l'urgence
5 - L'écho des réserves
6 - Le glouglou des pipelines
7 - Le fracas du ressac

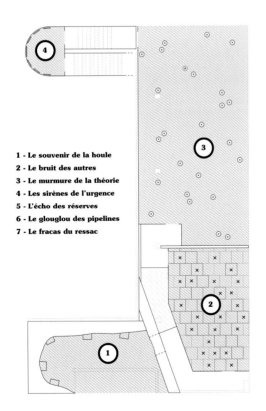
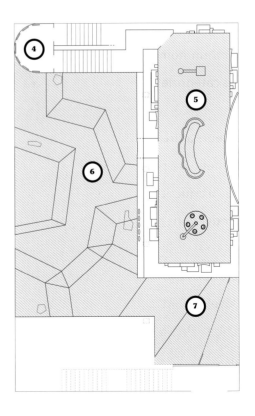

Premier opus d'une trilogie consacrée au patrimoine culturel immatériel (PCI) dans le cadre d'une recherche conduite avec l'Institut d'ethnologie de l'Université de Neuchâtel et plusieurs partenaires helvétiques, l'exposition *Bruits* questionne les manières diverses et complexes dont les sociétés humaines appréhendent, organisent, conservent et mettent en valeur ce qui relève de l'immatériel par excellence, à savoir leurs productions sonores.

Mobilisant les notions de bruit, de son, de parole et de musique, l'équipe du MEN rend un hommage critique à ceux qui, à travers l'histoire, se sont attelés à définir ces catégories, à les reformuler ou à les élargir par une meilleure compréhension des systèmes élaborés dans d'autres cultures. Elle interroge la propension de certains acteurs à tirer la sonnette d'alarme dès que pointent à l'horizon les notions de changement, de perte et d'oubli. Plongeant notamment dans les archives du Musée, elle décortique les stratégies et les moyens mis en œuvre afin de transformer certaines productions culturelles en patrimoine et d'en écarter d'autres. Elle fait enfin ressortir les enjeux liés aux détournements, recyclages et appropriations des gisements mis à la disposition de chacun par les nouvelles technologies de la communication.

Développant une série de tableaux inspirés du Nautilus, arche ici échouée entre plage et désert, entre Déluge et Apocalypse, l'exposition invite le public à se frotter au bruit des autres, à percevoir le poids de l'immatérialité et à se projeter dans les futurs incertains du patrimoine sonore et de son contrôle à l'heure de l'Internet.

Als erstes Werk einer dem immateriellen Kulturerbe (IKE) gewidmeten Trilogie im Rahmen einer Studie, die mit dem Ethnologischen Institut der Universität Neuenburg und mehreren schweizerischen Partnern durchgeführt wird, stellt die Ausstellung *Geräusche* die Frage nach den unterschiedlichen und komplexen Ausdrucksweisen, mit denen die menschliche Gesellschaft begreift, gestaltet, bewahrt und zur Geltung bringt, was in den Bereich des Immateriellen schlechthin fällt – ihre Tonerzeugnisse. Anhand der Begriffe Geräusch, Klang, Wort und Musik würdigt das Team des MEN auf kritische Weise diejenigen, die sich im Laufe der Geschichte mit der Begriffsbestimmung dieser Kategorien sowie deren Neuformulierung oder Erweiterung durch ein besseres Verständnis der in anderen Kulturen geschaffenen Systeme befasst haben. Die Ausstellung setzt sich mit der Neigung bestimmter Akteure auseinander, Alarm zu schlagen, sobald die Begriffe Veränderung, Verlust und Vergessen am Horizont auftauchen. Indem sie die Archive des Museums durchforstet, analysiert sie die Strategien und Mittel, die bestimmte kulturelle Produktionen in Kulturerbe umwandeln und andere davon ausschliessen. Schliesslich widmet sich die Ausstellung der zentralen Frage der Unterschlagung, Wiederverwendungen und Aneignungen des Fundus, der aufgrund der neuen Kommunikationstechnologien allen Leuten zugänglich ist.

Durch die Gestaltung von Nautilus – einer Arche, die hier zwischen Strand und Wüste, Sintflut und Weltuntergang Schiffbruch erlitt – inspirierter Bilder lädt die Ausstellung den Besucher ein, mit den Geräuschen anderer zu kommunizieren, die Bedeutung der Immaterialität zu erkennen und sich in die unsichere Zukunft des Klangerbes und dessen Kontrolle im Zeitalter des Internets zu projizieren.

The exhibition entitled *Noises* is the first opus of a trilogy dedicated to the Intangible Cultural Heritage (ICH) within the framework of research conducted with the Institute of Ethnology of the University of Neuchâtel and several Swiss partners. It questions the diverse and complex ways in which human societies perceive, organize, preserve and exploit that which falls within the province of the intangible par excellence, namely, their sound productions.

Drawing upon notions of noise, sound, speech and music, the MEN team pays critical tribute to those, who throughout history, have applied themselves to the task of defining these categories, of reformulating them or to expanding them through a better understanding of systems developed in other cultures. The propensity of certain players to sound the alarm as soon as ideas of change, loss or oblivion loom on the horizon is examined. The museum archives are consulted in particular to dissect the strategies and means that are used in order to transform some cultural productions into heritage whilst excluding others. Finally, issues are highlighted that are linked to the hijacking, recycling and appropriation of fields made accessible to one and all through the new communication technologies.

Through a series of pictures inspired by Nautilus, the vessel run aground here between beach and desert, Deluge and Apocalypse, the public is invited to acquaint themselves with the sounds of others, to grasp the weight of the intangible and to launch themselves into the uncertain future of the heritage of sound and its control in the Internet age.

Introduction

Scénographier l'immatériel

Marc-Olivier GONSETH, Yann LAVILLE et Grégoire MAYOR

Patrimoine culturel immatériel

Lancé par l'UNESCO à Mexico en 1982, le terme de «patrimoine culturel immatériel» (ci-après «PCI») a touché la Suisse en 2008 avec la ratification de la Convention pour la sauvegarde du patrimoine culturel immatériel de 2003 et de la Convention pour la protection et la promotion de la diversité des expressions culturelles de 2005. Face aux défis lancés par l'irruption d'un nouveau paradigme dans le domaine des sciences sociales, l'Institut d'ethnologie de l'Université et le Musée d'ethnographie de Neuchâtel se sont associés à plusieurs partenaires académiques pour étudier la mise en place d'une politique nationale en matière d'identification et de protection du PCI. Financée pendant trois ans par le Fonds national suisse de la recherche scientifique (FNRS), cette collaboration soulève des questions épineuses sur la nature politique et stratégique de la culture.

Les partenaires ont constaté que l'ouverture de ce domaine soulevait au moins autant de problèmes qu'il n'en résolvait, ne serait-ce que parce qu'il repose sur une vision figée du patrimoine, qu'il véhicule une perception essentialiste de la culture et qu'il oppose de manière radicale les versants matériels et immatériels d'une même réalité (Gonseth et Hertz 2008; 2010). Il recèle cependant de toute évidence une vraie potentialité de remise en cause du patrimoine et de reformulation des enjeux liés aux pratiques et aux savoirs populaires, interrogeant notamment le rôle des «porteurs de PCI» – associations ou individus détenteurs de pratiques, de savoir-faire artisanaux ou de connaissances singulières attestés depuis plusieurs générations et susceptibles d'être transmis à de nouveaux porteurs – et des experts – ethnologues, historiens ou muséographes.

PCI et musées

Dédiés avant tout à la préservation de la matérialité, comment les musées peuvent-ils saisir, conserver et transmettre ce qui relève de l'immatériel? Indépendamment de sa fragilité ou de sa pertinence, la notion de PCI, par la perturbation qu'elle opère, participe en profondeur à la redéfinition de la mission des musées de société, faisant ressurgir au passage une problématique centrale pour la muséologie. Comme le constate Walter Leimgruber dans le texte publié dans le présent volume, les musées devront à l'avenir thématiser plus clairement les liens entre matériel et immatériel; ils verront les profils professionnels de leurs collaborateurs évoluer; ils s'orienteront plus qu'autrefois vers le présent; ils tendront à se transformer en centres de mémoire; ils se concentreront davantage sur les gens que sur les objets; ils présenteront non seulement des pratiques culturelles mais en permettront également l'apprentissage, la documentation et l'étude; ils deviendront des lieux de rencontre; ils glisseront de la conservation des objets à la conservation des processus et des discours des producteurs de ces objets [1].

Rendus perméables à de nouveaux courants associant logique commerciale, implication politique et développement touristique, ces lieux traditionnellement consacrés à la conservation, à la recherche et à l'exposition tendent parallèlement à se transformer en machines à produire de l'expertise esthétique, de l'événement culturel et du commentaire journalistique. Il faudrait peu, à entendre certains, pour que des pans entiers des collections soient requalifiés ou disqualifiés, que les expositions se muent en juxtaposition de chefs-d'œuvre consacrés par le marché et que les questions posées le soient avec un contenu ne dépassant pas les préoccupations conceptuelles des journaux gratuits. Car tout ce qui n'est pas immédiatement vendable, facilement exploitable ou aisément communicable tend à être relégué aux marges ou aux confins des espaces culturels.

Dans cet espace symbolique où prédomine la notion de rentabilité, le territoire du PCI ne fait pas vraiment peur, ni tache car il semble s'accorder avec l'esprit du temps. Prétendument proche des savoirs et pratiques populaires, intégrant implicitement les collectivités les plus diverses, apparemment léger dans son expression et dans sa transmission, il donne l'impression d'englober la part la moins critique des comportements culturels, semble évoquer la souplesse des transmissions orales et paraît susceptible de s'incarner dans les supports mercantiles les plus divers. Rien à voir à première vue avec l'insolence des avant-gardes, le tranchant des savoirs techniques, le poids des collections tangibles ou la lourdeur des bases de données. Et pourtant tous ces registres sont bel et bien connectés, interdépendants et incontournables sur la scène des productions dites immatérielles.

Le choix et la détermination des éléments qui relèvent du PCI, les enjeux liés à leur conservation, leur transmission et leur mise en scène, les acteurs sociaux impliqués par le processus et le rôle des musées dans ce phénomène social contemporain complexe sont autant de domaines que l'équipe du MEN a choisi d'aborder de manière critique dans trois expositions intitulées *Bruits*, *Hors-champs* et *Secrets*. Proposant une réflexion théorique générale sur la problématique, les deux premiers exercices interrogent également le rôle des médias audiovisuels comme moyens privilégiés par les chercheurs pour capter l'immatériel.

Introduction

L'ouverture bruyante d'une trilogie

Poursuivant la ligne éditoriale ouverte en 2007 avec *Figures de l'artifice*, le présent volume offre un cheminement dans l'exposition, un reflet visuel de sa construction ainsi qu'un catalogue des objets qui y sont exposés. L'ensemble est complété par des textes d'auteurs de différentes disciplines, invités à réfléchir à la thématique générale proposée.

Premier opus de la trilogie, *Bruits* propose un questionnement sur la manière dont les sociétés appréhendent et structurent l'univers sonore. Partir de la notion de «bruit» (et non de «son») a permis d'ouvrir la focale et d'inclure dans l'exposition la plupart des interrogations liées aux processus de patrimonialisation: comment organiser le chaos du monde? Comment et en fonction de quels paramètres décider de ce qui doit être sauvé ou non? Comment intégrer les productions des autres, qu'ils soient d'ici ou d'ailleurs, lorsque ce que nous entendons nous heurte ou nous échappe? Faut-il systématiquement considérer le changement et la disparition comme des phénomènes négatifs? Est-il plus urgent de préserver le patrimoine

---

[1] Une partie au moins des ces prédictions est déjà réalisée dans bon nombre d'institutions muséales.

aujourd'hui que ce n'était le cas hier ? Que garder du flot d'informations disponibles autour de nous alors que les moyens de captation visuelle et sonore n'ont jamais été aussi efficaces, compacts et répandus ? Jusqu'où favoriser ou intégrer transferts, recyclages, réinterprétations et détournements des productions anciennes ? Comment gérer intelligemment la masse de données sonores accumulées dans les musées du monde entier et dont les contenus intéressent au premier chef les vendeurs de hardware et les gestionnaires de portails Internet ? Ne faut-il pas accepter que certains éléments disparaissent pour que d'autres prennent sens, faute de quoi le monde serait englouti par son double muséal ?

L'apparente légèreté de l'immatérialité

Abordant le thème de l'immatérialité, nous pensions naïvement que notre projet muséographique jouerait principalement sur le vide et les volumes épurés. Imaginant notamment une scène sur laquelle pourrait se jouer un programme de musique «bruitiste» et rêvant de faire un usage intensif de lumière et de son, nous nous figurions que, pour une fois, nous allions voyager léger. Les articulations principales de notre scénario semblaient se prêter à une certaine simplicité: d'abord une confrontation brutale du visiteur à des productions sonores difficiles à interpréter pour qui n'en maîtrise pas le code; ensuite une révélation des différents sens attribués à ces «bruits» au fil de l'histoire, témoignant de l'évolution de la pensée occidentale sur l'environnement sonore, l'harmonie, l'expérience et l'esthétique musicale d'ici et d'ailleurs. Puis l'évocation du désir récurrent et, semble-t-il, irrépressible de sauvegarder des patrimoines culturels apparemment menacés par le contact entre les groupes humains, le passage du temps et l'uniformisation des sociétés. Pour arriver enfin à une opposition entre la politique du bunker, évoquant à la fois les qualités et les aberrations de toute entreprise patrimoniale, et celle du champ ouvert où ce qui a été sauvegardé est siphonné, réutilisé, détourné, recyclé, intégré à de nouvelles logiques sociales, culturelles et économiques…
Nous nous trompions du tout au tout. Mais cette erreur avait une valeur heuristique que nous aurions pu anticiper si nous avions mieux analysé la certitude qui nous habite depuis longtemps, à savoir que l'opposition tranchée entre matériel et immatériel n'a aucun sens en ethnologie et n'en a pas davantage en muséologie.
Le premier écueil rencontré tenait à la composante physique du son: celui-ci ne peut être cantonné que si on l'enferme, et plutôt à double tour, d'où la quantité exceptionnelle de cloisons et de matériaux d'isolation répartis dans l'espace temporaire. D'où aussi un lourd déploiement technique afin de pouvoir mettre en œuvre et en perspective les principaux moyens de sonorisation à l'intérieur d'un espace muséal.
Plus habituel dans un processus de construction d'exposition, le second écueil concernait le rapport entre l'argumentation et la scénographie: une succession de tableaux théoriques ne fait pas une exposition et il a fallu une confrontation fertile avec nos scénographes et un réexamen approfondi de l'histoire que nous avions envie de raconter pour que s'impose l'image unificatrice d'un Nautilus, métaphore d'un projet muséal du XIXe siècle échoué sur une plage du XXIe siècle. Dérivant d'une représentation d'arche biblique à une version fantasmée du sous-marin du capitaine Nemo, nous avons pu mettre en scène le lieu où s'exprime «le geste continu de l'enfermement» (Barthes 1957: 75).
Le développement de l'argumentation dans un espace métaphorique unique a rarement été aussi poussé dans une exposition du MEN. L'image du champ de foire était bien au cœur du projet d'*Helvetia Park* mais chaque baraque développait un propos singulier, une exemplification d'une définition de la culture (Gonseth, Laville et Mayor 2010). Sur la plage où débute *Bruits*, les coquillages évoquent une mer absente que le visiteur ne retrouve qu'à la toute fin de l'exposition. Entretemps, il est invité à un voyage dans un univers clos et immobile de

cale, de salles des machines, de contrôle et de consultation, lieu d'archivage et de stockage explicitant poétiquement les processus à l'œuvre dans la recherche scientifique et dans la démarche muséographique. L'espace s'ouvre enfin sur un désert joyeux et chaotique où des pirates imaginatifs pillent sans vergogne le submersible échoué.

Plutôt que de faire le vide, nous avons donc fait le plein dans notre sous-marin. Il s'agit même de l'entreprise la plus lourde que nous ayons jamais tentée dans l'espace des expositions temporaires du MEN, juste retour des logiques matérielles sur les désirs d'immatérialité! Un tel projet nous permet d'affirmer au passage que la notion de patrimoine culturel immatériel ne peut en aucun cas être pensée à l'écart de sa composante matérielle et ceci pour deux raisons au moins. D'une part, la prétendue immatérialité des pratiques techniques et rituelles désignées par cette notion est tissée de matérialités de toutes sortes, qui s'avèrent d'autant plus lourdes lorsque se greffent sur elles des logiques de conservation. D'autre part, la prétendue matérialité est tissée d'immatérialités de toutes sortes, symboliques, fonctionnelles, techniques, au risque sans cela d'être parfaitement inintéressante et intransmissible dans son essence, comme l'énonce cette extraordinaire affirmation faite en 1914 par Arnold Van Gennep, dont la pertinence nous a guidés lors de la réalisation de *Retour d'Angola*: «Si les musées ethnographiques dans leur état actuel font du mal à notre science, c'est qu'ils perpétuent l'illusion ancienne que ce qui lui importe, c'est avant tout la connaissance des objets matériels.» (Van Gennep 1914: 21)

Visiter et lire *Bruits*

A l'écoute du monde

Réalisée par le dessinateur de bandes dessinées et scénographe belge François Schuiten, l'affiche de l'exposition renvoie à une forme de surréalisme muséal qui fait partie intégrante de la démarche du MEN depuis les années 1980. Elle propose par ailleurs une vision fantasmée de Neuchâtel, dont quelques bâtiments sont clairement reconnaissables pour ceux qui pratiquent cette cité. Elle positionne enfin au haut de l'oreille la villa de Pury, offerte à la Ville en 1902 pour y installer le Musée ethnographique. Dans un espace-temps parallèle, elle offre ainsi une vision forte de l'observation et de l'écoute du monde, à la fois rigoureuse et subjective, qui se pratique en ce lieu depuis plus de cent ans.

Le souvenir de la houle

Le choix de la métaphore a imposé un premier espace non prévu dans le scénario initial. Offrant aux visiteurs l'expérience apparemment étrange – dans un musée tout au moins – de la destruction d'objets, sous la forme de coquillages crissant sous leurs pieds, l'espace suggère surtout une première clé de lecture de l'exposition, liée à l'association libre et au discours poétique, à l'image du texte de Francis Ponge (1942) posé dans un tiroir-vitrine: «Un coquillage est une petite chose, mais je peux la démesurer en la replaçant où je la trouve, posée sur l'étendue du sable. Car alors je prendrai une poignée de sable et j'observerai le peu qui me reste dans la main après que par les interstices de mes doigts presque toute la poignée aura filé, j'observerai quelques grains, puis chaque grain, et aucun de ces grains de sable à ce moment ne m'apparaîtra plus une petite chose, et bientôt le coquillage formel, cette coquille d'huître ou cette tiare bâtarde, ou ce "couteau", m'impressionnera comme un énorme monument, en même temps colossal et précieux, quelque chose comme le temple d'Angkor, Saint-Maclou, ou les Pyramides, avec une signification beaucoup plus étrange que ces trop incontestables produits d'hommes.»

Orienté (ou désorienté) par cette entrée en matière à la fois sensorielle et cérébrale, mais plongé également dans le vif du sujet – la destruction et la préservation – le visiteur est susceptible de s'ouvrir de manière plus immédiate aux représentations multiples que lui propose l'exposition. Le coquillage renvoie en effet au fracas de l'univers marin et au bruit du corps qui l'écoute. Naturels dans un premier temps, et donc susceptibles d'être écrasés sans arrière-pensée[2], les coquillages sont également objets de culture: intégrés aux typologies des anciens cabinets d'histoire naturelle ou associés à une connaissance technique et à une pratique sociale, ils renferment alors de toute évidence une part d'immatérialité essentielle à leur compréhension: coiffe, godets à peinture, instruments de musique ne seraient pas compris comme tels s'ils n'étaient pas accompagnés d'un commentaire lié au contexte de leur collecte.

Le bruit des autres

Une coursive insonorisée conduit dans la cale d'un sous-marin. Le dispositif évoque un chargement de marchandises provenant de tous les coins de la planète, une partie des caisses portant des initiales, un titre, un lieu et une date. Peu d'information pour se repérer clairement, bien que les cartels soient presque aussi complets que ceux proposés dans les musées d'art. Lorsque le visiteur marche sur une caisse, des sons étranges s'en échappent. Ils cessent dès qu'il retire son pied. Liés à l'ethnomusicologie, au folklore, aux avant-gardes bruitistes et aux musiques populaires, les extraits disposés de manière chronologique ont tous, à un moment ou à un autre, été considérés comme des bruits et font tous en réalité aujourd'hui partie de l'histoire de la musique.

Outil de discrimination esthétique et culturelle, le terme «bruit» tend en effet à désigner tout ce qui déplaît à l'auditeur ou se révèle étranger à ses normes d'écoute comme en témoigne l'article d'Alain Müller à propos des jugements portés sur la musique hardcore. Résumant les recherches historiques sur la question, Karin Bijsterveld rappelle en outre que la maîtrise du bruit et du silence est profondément liée aux hiérarchies sociales et culturelles. Jean-Marie Privat invite à relire la pièce *Combat de nègre et de chiens* de Bernard-Marie Koltès à la lumière de théories anthropologiques sur le charivari, en s'intéressant notamment à l'association du bruit avec l'altérité et avec la sauvagerie. Dans la dynamique complexe de rejet et d'acceptation qui fait partie de l'histoire des musiques populaires, Gérôme Guibert se demande si la législation sur le volume des musiques amplifiées ne contribue pas à la disparition de leur spécificité.

La perception du beau, de la cohérence, de la proportionnalité, de l'équilibre et même du supportable varie à travers le temps et l'espace. Les bruits d'hier ne recoupent pas ceux d'aujourd'hui et les bruits d'ailleurs ne recouvrent pas ceux d'ici. Tel est le message de l'installation, qui se transforme au bon vouloir des visiteurs en un clavier géant sur lequel ils peuvent interpréter, seuls ou en groupe, une composition originale à partir d'extraits activés plus ou moins fréquemment et plus ou moins longtemps.

Le murmure de la théorie

La salle des machines met en scène une forêt de bouches d'aération d'où filtre un murmure continu. Lorsque le visiteur se rapproche d'une bouche, un personnage apparaît et un extrait sonore se déclenche, rapidement suivi d'une explication concernant le contexte de composition, de découverte ou de collecte de l'extrait concerné.

---

[2] Une partie de nos visiteurs n'ont pas accepté telle quelle cette position de «destructeurs» et ont entrepris de «sauver» certains coquillages en les extrayant de la masse et en les déposant sur un panneau-texte incliné, masquant alors partiellement le commentaire qui les concernait.

Le visiteur attentif se rend compte qu'il dispose ainsi d'un commentaire circonstancié quant au contenu des caisses sur lesquelles il a marché dans le secteur précédent. A travers les propos des «craqueurs de codes» ayant redéfini la notion de musique depuis le XVIIIe siècle sont notamment mis en perspective la réhabilitation du folklore par les romantiques, les balbutiements de l'ethnomusicologie et l'intégration de «bruits» dans la composition musicale classique et populaire. Cette dernière thématique est abordée en particulier dans les articles de Béatrice Ramaut-Chevassus et de Pierre Mariétan, alors que Nicolas Walzer s'intéresse à l'inversion d'un stigmate dans le black metal contemporain: le bruit apparaît en effet adopté et valorisé par ce style musical justement parce qu'il est associé traditionnellement au registre diabolique.

Quant au visiteur qui n'a pas fait le lien entre les deux espaces, il prend au moins conscience qu'une série de spécialistes lui proposent de s'intéresser à des formes musicales qu'il aurait facilement tendance à considérer comme des bruits, ou plus simplement il se rend compte que des humains tentent de lui chuchoter des théories à l'oreille. L'intégration du son dans de nombreuses installations artistiques contemporaines soulève des problèmes terminologiques que Caleb Kelly cherche à éclaircir dans un article intégrant quelques expériences récentes.

Les sirènes de l'urgence

Dans la salle de contrôle capitonnée et silencieuse, les images et les nouvelles du monde sont déversées en continu par dix écrans d'ordinateur, alertant le visiteur sur la disparition prochaine d'un chant, d'un rite, ou d'une langue. Par le périscope, une vision apocalyptique apparaît comme l'horizon ultime des messages alarmants qui défilent: déplacement panoramique à l'intérieur du travail graphique de deux artistes ayant pris la fin des temps comme objet de réflexion et d'associations plastiques (Bastian 2010).

La transformation accélérée des sociétés humaines a incité les ethnologues à tirer avec d'autres la sonnette d'alarme, diagnostiquant la fin de leur objet d'étude. Afin de préserver la diversité culturelle, ils ont proposé une mobilisation d'urgence pour sauvegarder ce qui pouvait l'être et ont développé des programmes visant à dupliquer les mondes menacés. Ils ont ainsi paradoxalement privilégié la conservation ou la sauvegarde d'un monde en train de disparaître par rapport à la documentation et à l'interprétation d'un monde en train de se transformer. Dans un texte théorique fondé sur plusieurs recherches de terrain, Gaetano Ciarcia s'intéresse aux raisons qui font que, dans différents contextes, la notion d'immatérialité est parlante pour les acteurs locaux de la patrimonialisation. Il souligne en particulier que la rhétorique de la perte justifiant la thésaurisation rappelle le caractère périssable des individus, porteurs et passeurs de l'immatériel.

L'écho des réserves

A la fois laboratoire de travail et salon, la médiathèque du sous-marin expose les collections audiovisuelles du MEN et permet au visiteur d'éprouver le poids de l'immatérialité. En effet, les programmes de sauvegarde du patrimoine créent des bases de données et des collections d'objets considérables. L'obsolescence rapide des techniques – notamment de conservation des données sonores et audiovisuelles – pousse les archives et les musées à d'incessants transferts et à des remises en question régulières. Alternatives à la perte, ses arches patrimoniales se résument souvent à faciliter le deuil, à entériner le tri et à offrir la jouissance d'un passé idéalisé.

Entourant le fauteuil en forme de coquillage qui permet la contemplation du désastre – en l'occurrence une série de harpes des collections du musée englouties par le déluge – deux machines improbables métaphorisent l'essence du travail muséal. D'un côté le *Tradicer*, ou congélateur de tradition, transforme les données audiovisuelles qui le traversent en contenus formatés dans des boules à neige réparties ensuite dans divers distributeurs visuels et sonores. Le processus semble dérisoire mais n'est-il pas la traduction fidèle du travail de tri, d'épuration, de schématisation et de mise en vitrine effectué par les institutions muséales? De l'autre, un distillateur de collections permet de poser des hypothèses et de développer des théories à partir de dimensions apparemment matérielles. Chaque goutte distillée provoque en tombant l'apparition d'un flot d'images liées à plusieurs stades de réflexion autour des objets présentés. Les cuvées théoriques sont ensuite mises en bouteilles. Munies d'une étiquette interprétative, elles figurent en tant que commentaires dans les vitrines du salon et expriment le caractère à la fois fragile et péremptoire des théories construites à partir de la culture matérielle.

Les données présentées dans cet espace le sont selon le principe du «mouvement arrêté». Pas de vitrines à proprement parler mais des niches qui s'apparentent à un terminal de tapis roulant ou de distributeur automatique, comme si une machine géante gérait les entrailles du sous-marin et faisait apparaître à la surface une partie précise de la collection qu'il renferme. Un tel dispositif évoque le caractère abyssal de la volonté de conserver et d'archiver la totalité des caractéristiques signifiantes d'une situation, ainsi que le préconisait Jean Gabus, directeur du Musée de 1945 à 1978. Cette volonté est figurée ici, au fil de diverses missions, par la présentation d'un appareil d'enregistrement particulier lié à une technologie en évolution permanente, des supports permettant le stockage de l'information par cet appareil, d'extraits sonores récoltés par cet appareil (les boules à neige), de théories liées à ces extraits sonores (les bouteilles), d'instruments de musique figurant sur ces extraits sonores ainsi que d'extraits de films, de photographies et de publicités liées à l'usage de cet appareil.

Comment accéder au patrimoine sonore préexistant à l'invention des machines à enregistrer? Telle est la question posée par l'historien Jean-Pierre Gutton, qui envisage quelques pistes pour comprendre les sons du passé en utilisant la musique, les textes littéraires et les archives. Les enjeux de la mise en conserve – ou en boule à neige – d'un patrimoine vivant sont traités par Pablo Vidal-Gonzalez autour de trois exemples dans la région de Valence en Espagne: les mystères d'Elx, le Tribunal des eaux de Valence et *Las Fallas*, fête principale de la ville. Enfin, l'article de François Borel dresse un inventaire des archives sonores conservées au MEN et propose un panorama historique complet de l'ethnomusicologie pratiquée en ce lieu.

Le glouglou des pipelines

Dans le désert où le sous-marin patrimonial s'est échoué, des infrastructures improvisées évoquent une série de phénomènes contemporains liés à la reconfiguration du passé. Ici, les données réunies par les spécialistes des arts et traditions populaires sont piratées, détournées et intégrées à de nouveaux jeux culturels, économiques et sociaux. Analysant le renouveau du tarentisme dans les Pouilles, Salvatore Bevilacqua démontre la manière dont les acteurs locaux puisent dans le gisement d'un folklore musical extrêmement médiatisé, inversant le stigmate attaché à une pratique longtemps déconsidérée pour en faire le label d'une région, avec des implications touristiques et symboliques importantes.

Les phénomènes sonores offrent une démonstration parlante de ce processus: partiellement réifiée par la science et l'industrie, la musique et ses données convergent aujourd'hui sur l'Internet, dans un flou juridique considérable. Si d'aucuns brocardent les pirates, crient à la spoliation du droit d'auteur, évoquent une menace pour la création et le risque de voir la culture musicale se réduire à quelques apparatchiks du show-business, le phénomène encourage surtout un redéploiement des pratiques et de l'économie autour du spectacle vivant: le festival apparaît aujourd'hui comme une modalité emblématique de ce processus.

Relever cette propension des sociétés modernes à tendre vers l'événementiel, voire à l'institutionnaliser, permet de mieux comprendre la fascination récente pour l'immatériel. Et relever l'intérêt majeur des constructeurs de hardware, des propriétaires de portails Internet et des gestionnaires de la téléphonie mobile pour les contenus stockés dans les innombrables bases de données visuelles et sonores constituées depuis un siècle a fait émerger une nouvelle définition du PCI. Ne s'agirait-il pas avant tout des gisements de contenus commercialisables par l'industrie de la communication ? Réfléchissant aux nouveaux investissements de l'industrie du disque autour du fan, Fabien Hein rappelle que, malgré les changements de paradigme dans la production et la circulation de la musique enregistrée, les médiateurs humains restent centraux et que les artistes et leurs managers doivent toujours en tenir compte.

Le fracas du ressac

Ouvrant sur *Hors champs*, le prochain opus consacré au patrimoine culturel immatériel, la fin de l'exposition boucle la boucle initiée dans la première salle: la mer perdue s'échoue enfin sur la grève où les coquillages se sont transformés en sable.
Et le rideau se referme sur le corps du visiteur pris dans l'univers marin…

Bibliographie

«Métissages». 2000. *Cahiers de musiques traditionnelles* (Genève) 13. [Ateliers d'ethnomusicologie/Georg]

«Nouveau enjeux». 1996. *Cahiers de musiques traditionnelles* (Genève) 9. [Ateliers d'ethnomusicologie/Georg]

2010. «Le patrimoine culturel immatériel comme facteur de transformations: une nouvelle rencontre entre sciences sociales et musées de société». *Museums.ch* (Berne) 5: 13-17.

ATTALI Jacques. 1977. - *Bruits: essai sur l'économie politique de la musique*. Paris: PUF.

BARTHES Roland. 1957. *Mythologies*. Paris: Seuil.

BASTIAN M. S. et Isabelle L. *Bastokalypse*. 2010. Zurich: Scheidegger & Spiess.

BAUMANN Max Peter, éd. 2001.- *Folk music in public performance*. Berlin: Verlag für Wissenschaft und Bildung. (numéro spécial de la revue *The world of music* vol. 43, 2-3)

BRĂILOIU Constantin. 1973. - *Problèmes d'ethnomusicologie*. - Genève: Minkoff Reprint. [Textes réunis et préfacés par Gilbert Rouget]

BRADY Erika. 1999.- *A Spiral way: how the phonograph changed ethnography*. Jackson: University Press of Mississippi.

GONSETH Marc-Olivier et Ellen HERTZ. 2008. «Quelques réflexions anthropologiques sur un territoire émergent». *Bulletin de l'académie des sciences humaines et sociales* (Berne) 8/2: 38-41.

GONSETH Marc-Olivier, Bernard KNODEL et Serge REUBI, éds. 2010. *Retour d'Angola*. Neuchâtel: Musée d'ethnographie.

GONSETH Marc-Olivier, Bernard KNODEL, Yann LAVILLE et Grégoire MAYOR. 2010. *Bruits*. Neuchâtel: Musée d'ethnographie [texpo 15].

GONSETH Marc-Olivier, Yann LAVILLE et Grégoire MAYOR, éds. 2010. *Helvetia Park*. Neuchâtel: Musée d'ethnographie.

LORTAT-JACOB Bernard, Miriam ROVSING OLSEN et al., éds. 2004. *Musique et anthropologie*. Paris: Ecole des hautes études en sciences sociales. (L'Homme – Revue française d'anthropologie, 171-172)

PONGE Francis. 1999 (1942). *Le parti pris de choses*. Paris: Gallimard.

SAINT-JOHN PERSE. 2009 (1941). «Exil», in: SAINT-JOHN PERSE. *Eloges* suivi de *La gloire des Rois; Anabase; Exil*. Paris: Gallimard, p.147.

TAYLOR Timothy D. 2007.- *Beyond exoticism: western music and the world*. Durham: Duke University Press.

VAN GENNEP Arnold. 1914. *Religions, mœurs et légendes: essais d'ethnographie et de linguistique*. Paris: Mercure de France.

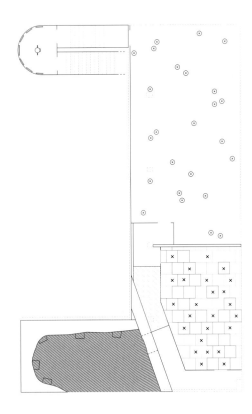

Le souvenir de la houle

Foulés aux pieds et usés par le ressac, les coquillages renvoient au fracas de l'univers marin et à son inexorable production de sable. Portés à l'oreille, dont ils épousent par ailleurs la forme, ils transmettent par un effet d'écho entre le corps et le monde le souvenir fantasmé de la houle.

Conservés bruts ou transformés en coupelle, en coiffe, en godet ou en instrument de musique, ils évoquent les anciens cabinets d'histoire naturelle et rappellent que les sociétés humaines collectionnent et documentent de très longue date, constituant ainsi un patrimoine tout à la fois matériel et immatériel.

Au-delà du récif corallien, l'entrée d'un submersible invite à la découverte d'un processus de collecte, de translation et d'enfermement plus contemporain.

Die Erinnerung an die Brandung

Die von Füssen zertretenen und der Brandung abgeschliffenen Muscheln erinnern an das Tosen des Meeres und seine unerbittliche Erzeugung von Sand. Hält man sie ans Ohr, dessen Form sie im Übrigen annehmen, übertragen sie durch den Echoeffekt zwischen Körper und Welt die eingebildete Erinnerung an die Brandung.

Sie gemahnen unbearbeitet oder zu Schale, Kopfschmuck, Farbpalette oder Musikinstrument umgestaltet an die einstigen Naturwissenschaftskabinette. Sie erinnern daran, dass die menschlichen Gesellschaften seit Urzeiten sammeln und dokumentieren und bilden somit ein materielles und zugleich auch ein immaterielles Erbe.

Hinter dem Korallenriff lädt der Eingang zu einem Unterseeboot zur Erkundung eines zeitgenössischeren Prozesses der Sammlung, Übertragung und Einkapselung ein.

Chapitre 1

The memory of waves

Trampled underfoot and worn down by the undertow, shells return to the roar of the ocean world and its relentless production of sand. Held to the ear, whose shape they have even taken, they relay the fanciful memory of the ocean swell like an echo between the body and the world.

Left unchanged or transformed into receptacles, headdresses, a painter's palette or a musical instrument, they recall the old natural history cabinets and remind us that human societies have been collecting and documenting for a very long time, putting together in this manner a heritage both tangible and intangible.

Beyond the coral reef, the entrance of a submersible leads to the exploration of a more contemporary process of collecting, translation and confinement.

Chapitre 1

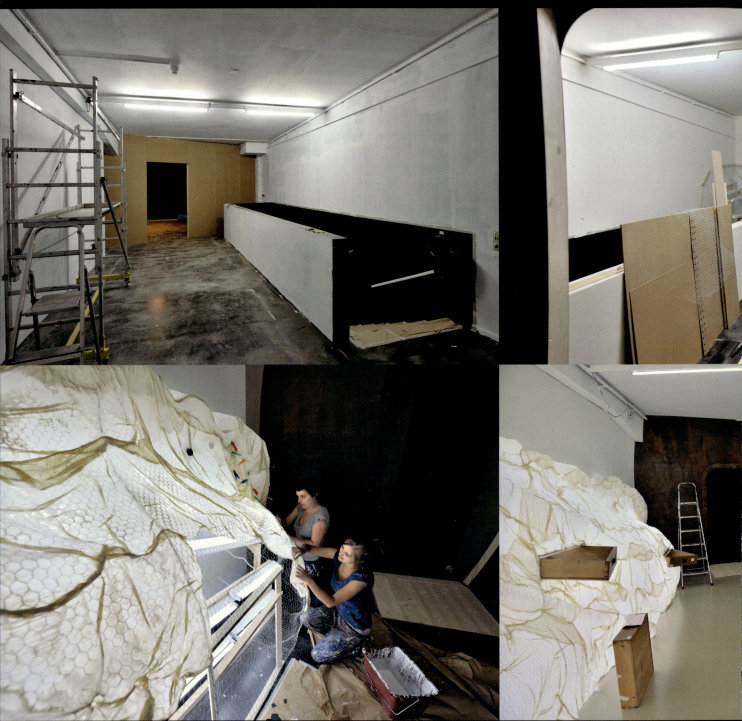

Réalisation de l'espace Le souvenir de la houle
le 2 août, le 28 août, le 12 septembre,
le 14 septembre, le 23 septembre, le 25 septembre 2010

Chapitre 1

Tiroir avec un échantillon de la collection de coquillages issue des fonds anciens du Musée

Chapitre 1

Jouets
Humbe, Kâmba, Angola
L.: 3 à 8 cm
MEN III.C.5477-5510

Ramenées en 1933 par Théodore Delachaux de la 2e Mission scientifique suisse en Angola, ces coquilles d'escargots des marais représentent des bœufs dans les jeux des enfants humbe.

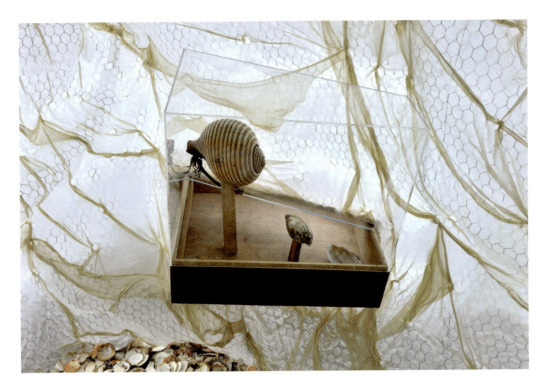

Chapitre 1

Coiffe
Kanak, Iles Loyauté, Nouvelle-Calédonie
H.: 29.5 cm
MEN V.1320

Lors de l'investiture d'un chef kanak, cette coquille de dolium géant (*Tonna galea*) était posée sur sa tête par les anciens. A sa mort, on faisait une brèche à la coquille qui ne pouvait plus être utilisée.

Pendentif (?)
L.: 15.5 cm
MEN V.1041

Cette coquille appartenant aux collections océaniennes du Musée et percée de deux trous servait probablement de pendentif.

Vase à boire
Toba, Embouchure du Pilcomayo, Rio Paraguay, Gran Chaco
L.: 14.5 cm
MEN sans cote

Cette coquille d'anodonte servait de vase à boire au cacique toba Caraya.

30 Bruits | Le souvenir de la houle

Godets
Maure, Oualata et Boutilimit, Mauritanie
L.: 3.5 à 11 cm
MEN 76.2.59-63, MEN 92.27.53-59,
MEN 92.27.43-46

Ramenés par Jean Gabus lors des Missions Maroc/Mauritanie (1950-1951) et Oualata/ Gueïmaré (1975-1976), ces coquillages étaient utilisés comme godets pour la poudre de verre colorée servant à la fabrication des perles ou pour les pigments servant à teindre le cuir.

Chapitre 1

Chapitre 1

Conque
Iles Marquises, Polynésie française
L.: 37 cm
MEN V.5

Cette conque de triton (*Charonia tritonis*) percée d'une embouchure latérale servait à communiquer sur de longues distances, à réunir les gens, à marquer des moments rituels et, en temps de guerre, à encourager les combattants.

Un coquillage est une petite chose, mais je peux la démesurer en la replaçant où je la trouve, posée sur l'étendue du sable. Car alors je prendrai une poignée de sable et j'observerai le peu qui me reste dans les mains après que par les interstices de mes doigts presque toute la poignée aura filée, j'observerai quelques graines, puis chaque grain, et bientôt le coquillage formel, cette coquille d'huître ou cette tiare bâtarde, ou ce "couteau" m'impressionnera comme un énorme monument, en même temps colossal et précieux, quelque chose comme le temple d'Angkor, Saint-Maclou, ou les Pyramides, avec une signification beaucoup plus étrange que son trop incontestables produits d'homme.   Francis Ponge 1942 "Notes pour un coquillage", in: Le parti pris de choses

Patrimoine culturel immatériel et musées: un danger ?

Walter Leimgruber
Traduit de l'allemand par Denise Wenger

Il est surprenant que les musées, en tant qu'institutions par définition préoccupées de culture matérielle, débattent de culture immatérielle et y voient même un danger potentiel, comme le souligne le titre de l'exposé à l'origine du présent article [1]. Les musées pourraient tout aussi bien affirmer: «De toute évidence, cela ne nous concerne pas, sujet suivant s'il vous plaît!» Je souhaiterais démontrer ici pourquoi il n'en est rien, pourquoi les musées pourraient, peut-être même bientôt, se positionner au centre des activités liées à la culture immatérielle. Il me semble cependant nécessaire d'énoncer quelques remarques liminaires sur l'émergence de la convention de l'UNESCO pour la sauvegarde du patrimoine culturel immatériel et sur les notions de *culture populaire*, de *patrimoine culturel immatériel* et de *traditions vivantes*.

La convention et son contexte

La convention a été rédigée en réaction à la politique culturelle de l'UNESCO qui, pendant très longtemps, a tenu exclusivement compte des éléments matériels: bâtiments, villes et monuments réputés pour leur appartenance à un patrimoine culturel mondial, tous construits en pierre, métal, béton ou dans une autre matière durable. Ce patrimoine existe avant tout dans les régions du monde bénéficiant d'un climat, de matériaux, d'une aisance et d'une tradition adéquats, donc principalement en Europe. La convention est ainsi, à différents points de vue, une protestation contre la domination du riche Occident. Un coup d'œil à la liste du patrimoine culturel mondial suffit pour confirmer la partialité de l'attribution du label si convoité. Il n'est par conséquent pas surprenant que de nombreux Etats occidentaux se soient tout d'abord prononcés contre la convention ou qu'ils ne l'aient pas acceptée lors du vote de l'UNESCO et que les instigateurs aient été les pays d'Asie et d'Afrique. Le Japon y a joué un rôle dans la mesure où il possède une riche tradition de construction, totalement différente de celle de l'Occident. Ainsi, le sanctuaire shinto Ise Jingu est reconstruit à neuf tous les vingt ans, conformément à des consignes précises (Yoshida 2004). Cela serait impensable dans une tradition occidentale de conservation et restauration des monuments historiques et ne satisferait pas aux concepts d'originalité et d'authenticité. Mais le Japon donne plus de valeur

---

[1] «Muséifier les traditions vivantes: quels dangers?» Exposé présenté dans le cadre du 44e Congrès annuel de l'AMS et ICOM Suisse: *Musées et patrimoine immatériel: a-t-on besoin de musées pour conserver les traditions?* Ligornetto, 26 août 2010.

à l'habileté, au savoir artisanal qui perdure sur plusieurs siècles et permet de fabriquer selon les méthodes traditionnelles (alors que nous devons faire venir des spécialistes d'Europe de l'Est pour des toits de chaume, par exemple).

Cette habileté joue son rôle dans la convention, non seulement dans l'artisanat, mais aussi dans tous les domaines de la création culturelle. Toutefois la convention[2] émet des restrictions (Blake 2002; Bortolotto 2007). Par exemple la culture valorisée doit être transmise sur plusieurs générations, l'UNESCO se référant ici à une transmission orale. La durée actuelle d'une génération est une question pertinente, bien plus complexe que ce qui est communément admis. Mais c'est la notion d'«oralité» qui surprend avant tout dans un monde où les médias électroniques s'imposent. Y a-t-il encore quelque chose qui soit transmis oralement aujourd'hui?

Notions

Culture populaire

«Un vieillard qui meurt, c'est une bibliothèque qui brûle». Ce proverbe africain fut longtemps cité sur la page d'accueil du site internet de l'UNESCO consacrée à la culture immatérielle. On distingue l'arrière-plan idéologique de la convention: la réflexion avait souvent pour point de départ les sociétés traditionnelles, dans lesquelles presque tout était effectivement transmis d'être humain à être humain, sans passer par l'écrit, sans bibliothèques, archives ou musées. Des peuples indigènes, tels les Aborigènes d'Australie, les Maoris de Nouvelle-Zélande ou les Indiens d'Amérique du nord et du sud, ont commencé, ces dernières décennies, à étudier et à transmettre leur histoire et leur culture fréquemment réprimées, détruites ou perçues et interprétées de manière totalement biaisée par les puissances coloniales.

Le ton qui transparaît de temps à autre dans les communiqués convient mal aux réalités d'une société européenne du XXIe siècle. La terminologie a fait l'objet de longs débats. L'ancienne notion de «folklore» a été supprimée comme trop chargée d'un point de vue idéologique. Elle réapparaît pourtant fréquemment dans le cadre de la convention, de même que la notion allemande tout aussi délicate de *Volkskultur* (culture populaire). La catégorisation qui en découle est problématique et partiale, non seulement pour les groupes indigènes dont la culture n'est sans doute nulle part considérée comme «populaire», mais également pour les sociétés modernes. Cette expression exclut d'emblée des groupes et des formes de culture – par exemple chez nous la culture urbaine, qui n'est jamais désignée par ce terme, la culture des migrants dont certains vivent ici depuis des générations ou encore la culture de minorités comme celle des Yéniches (Köstlin 1995; Antonietti, Meier et Rieder 2008; Bellwald 1997). L'historique de la convention fait apparaître certains parallèles avec le développement qui a mené, dès la fin du XIXe siècle, à collecter d'anciens objets, à construire des musées, à instaurer la conservation et la restauration des monuments historiques et à fonder l'actuelle protection du patrimoine suisse. Cette dynamique a été motivée par la peur de la perte, la peur d'être dépassé, la peur que des biens puissent disparaître, amenant trop souvent à collectionner des objets similaires et à les archaïser artificiellement. Pourquoi la peur apparaît-elle à nouveau? Sentons-nous que l'aisance matérielle seule ne rend pas heureux et ne résout pas tous les problèmes? Ou est-ce une conséquence de la globalisation, perçue par beaucoup comme une uniformisation, une «McDonaldisation», comme une perte des

---

[2] Text of the Convention for the safeguarding of Intangible Cultural Heritage. General conference of the United Nations educational, scientific and cultural organization, thirty-second session, Paris, September 29 - October 17 2003. Adopted October 17. [http://www.unesco.org/culture/ich/index.php?lg=en&pg=00006 · consulté en ligne le 20 août 2010]

particularités et des spécificités ? Par peur du déracinement, cherchons-nous à nouveau des racines, des origines, quelque chose qui soit proche de nous ?

De nombreux musées sont nés entre la fin du XIXe siècle et le début du XXe siècle, alors que l'industrialisation semblait balayer ce qui faisait partie de la vie ordinaire depuis longtemps. La tendance actuelle concerne beaucoup moins le domaine matériel que la nature (réserves, zones protégées) et le domaine de l'immatériel. Celui-ci est désormais numérisé, comme musées et archives conservaient à l'époque la culture matérielle.

Le danger de la standardisation, de l'homogénéisation et du nivellement, prétendument généré par la globalisation, est souvent évoqué dans les documents de l'UNESCO. C'est la raison pour laquelle la convention veut protéger la diversité (Aikawa 2004). Mais les méthodes utilisées risquent de mener à une homogénéisation des pratiques, réglementées par le biais de protocoles et d'accords internationaux et uniformisées par les nomenclatures et les règles de procédure (Kirshenblatt-Gimblett 2004; Kreps 2009).

Patrimoine culturel

La notion de patrimoine culturel (*cultural heritage*, *Kulturerbe*) signifie que quelque chose créé par une génération est transmis à la suivante, comme s'il s'agissait d'un transfert automatique et d'une affaire de routine. Mais ce quelque chose ne devient pas tout bonnement patrimoine culturel; il est institué comme patrimoine à la suite d'une sélection et en tant qu'acte intentionnel. Qui préside à ce choix ? Selon quels critères ? Questions essentielles souvent ignorées ou négligées.

Percevoir la tradition comme précieuse en soi et digne d'être conservée est une idée moderne; elle apparaît au moment de la destruction massive de l'ancien par les révolutions politiques et économiques et par le processus de modernisation initié au siècle des Lumières et à l'époque de la Révolution française. Ce besoin a encore augmenté ces dernières décennies, pour trois raisons majeures:
- la marche victorieuse du capitalisme globalisé après 1989, qui a produit une accélération supplémentaire du développement économique et aiguisé le regard sur ce qui risque de disparaître;
- le processus général de la mondialisation;
- le postcolonialisme avec la prise en compte intensive de nombreux groupes longtemps dépendants, colonisés, opprimés et dont la culture a souvent été ignorée, réprimée, combattue ou interdite.

Le patrimoine culturel est par conséquent une sorte de production culturelle actuelle faisant recours au passé. Un tel héritage amène quelque chose de nouveau, malgré les discours sur la conservation, la protection, la restauration, la sécurisation, la réparation, la revitalisation, la régénération, etc. La patrimonialisation ajoute une valeur nouvelle aux productions culturelles qui ont perdu leur signification (comme l'économie de subsistance, les technologies désuètes, les mines abandonnées, les lieux de catastrophes) ou qui sont économiquement dépourvues d'intérêt (les déserts, les montagnes) mais qui comptent désormais en tant que monuments ou ressources naturelles (Harvey 2001; Craith 2007; Schneider 2005). Elle est liée à des processus identitaires et par conséquent à des mécanismes sociaux d'inclusion et d'exclusion. Elle formate le passé de manière à lui permettre de répondre à nos besoins présents. Elle est donc toujours unilatérale, exclusive et dissonante (Tunbridge et Ashworth 1996).

Selon Barbara Kirshenblatt-Gimblett (1998) et Valdimar Hafstein (2009), l'établissement d'une liste ne représente pas seulement une procédure d'exclusion mais doit également être compris comme un acte produisant une nouvelle signification. Dans ce processus qui transfère au patrimoine en question de nouvelles significations et valeurs inéluctables, l'héritage est identifié et évalué selon des critères prédéfinis. Les significations originelles sont transposées dans un autre contexte et leur statut est modifié et réinterprété par la position de chacun des éléments sur la liste reliés entre eux.

Du point de vue économique, la question du patrimoine culturel pose avant tout celle de la production de valeur: l'héritage attribue une marque à un lieu et le transforme en produit, ce qui relance l'économie, en particulier le tourisme (Lowenthal 1998; Bendix: 2009; Hemme, Tauschek et Bendix 2007).

«Patrimoine culturel immatériel» et «traditions vivantes»

Il est parfaitement aberrant de vouloir séparer culture matérielle et immatérielle. Leur fonction et leur signification sont trop étroitement liées, comme le soulignent clairement les contributions des annales des musées (museums.ch 2010).

La notion de «traditions vivantes» mérite également d'être interrogée. A la place de la notion juridique de «patrimoine culturel immatériel», la Confédération et les cantons utilisent l'expression «traditions vivantes». Cette expression crée des liens avec des désignations plus anciennes dont les champs sémantiques sont similaires, comme «folklore» ou «culture populaire» mais elle implique des dangers identiques. La notion de «vivant» indique que le but ne peut pas être de geler des formes culturelles mais qu'il s'agit bien de prise en compte, de développement et de promotion. Toutefois, notre perception est jusqu'à présent déterminée de manière significative par la représentation d'une culture statique, homogène, aux frontières claires vis-à-vis de sa voisine. La convention semble confirmer cette vision de la culture immatérielle. La recherche en anthropologie culturelle adopte une position inverse: les concepts qui envisagent les cultures comme des unités délimitables, fonctionnelles et constantes sur de longues périodes sont loin de faire l'unanimité; les notions de créativité, d'invention ou de construction se trouvent en revanche au centre des débats des dernières décennies. L'adjectif «vivant» peut donc également souligner que la culture est un processus et non pas un état. Avec cette notion, une contradiction fondamentale apparaît dans la convention. Si les formes du patrimoine culturel immatériel sont encore vivantes et ancrées dans certains groupes de population, elles n'ont alors pas besoin de protection (de toute façon faible et relative dans ses effets) ni par une liste de l'UNESCO, ni par des mesures politico-culturelles étatiques ou internationales. Et si elles ne sont plus vivantes, les programmes de protection et de recherche les mieux intentionnés ne servent vraisemblablement plus à rien.

Pour pousser la réflexion, il serait nécessaire de se demander si dans les faits nous nous intéressons en premier lieu aux traditions vivantes. La faveur accordée à l'histoire des cultures des anciens Egyptiens, des Mayas ou des Incas par exemple, ne souligne-t-elle pas que les traditions disparues peuvent avoir leur charme particulier?

Le rôle des musées

Le rapport entre matériel et immatériel se situe au musée au niveau de l'objet mais aussi dans la relation entre le sujet et l'objet. «Dans l'intervalle [...] entre humain et matériau, entre utilisateurs et appareil et entre visiteurs et objet d'exposition intervient l'immatériel», comme l'a formulé très justement Susanne Wernsing (2007: 37). Souvent les musées font comme si seul le matériel les concernait, le positionnement des musées d'art étant le plus fascinant. On peut par exemple y lire le cartel suivant: «Sans titre, bois, fil métallique, huile, 43x25 cm, env. 1928». Selon l'inscription, seule la matière brute existe et semble digne de sens. Alors que l'immatériel, le créatif, l'original jouent justement ici le rôle principal. Les musées célèbrent les objets mais entendent en fait le savoir-faire.

Malgré la séparation peu sensée entre cultures matérielle et immatérielle, les musées donnent à penser qu'il est possible de représenter une région ou un pays avec des artefacts matériels. L'UNESCO a ainsi choisi la voie la plus simple: étant donné que le patrimoine matériel existe déjà, on crée parallèlement la notion de patrimoine immatériel. Il aurait été sans doute plus sensé de fusionner les deux mais pour une organisation qui a besoin de règlements et de critères à portée de main, l'entreprise aurait été difficile. De tels processus sont, après tout, essentiellement politiques; c'est pourquoi des réflexions scientifiques ou simplement pratiques ou pragmatiques ne trouvent en règle générale que peu d'écho.

De nombreux musées ont intégré depuis longtemps déjà des éléments dynamiques et des processus, donc de l'immatériel dans leurs présentations. Certains font de très bonnes expériences, d'autres non; parfois les tentatives paraissent superficielles, parfois d'étonnantes relations et un haut degré de créativité se manifestent. Certains musées ne se considèrent plus prioritairement et depuis longtemps comme des réservoirs de biens matériels mais comme des médiateurs quant à des valeurs et à des perspectives culturelles. En ce sens, le défi du patrimoine culturel immatériel n'est pas aussi nouveau que la notion pourrait le faire supposer dans un premier temps.

Neuf thèses

Les musées collectionnent, montrent et étudient la culture matérielle d'un lieu, d'une région, d'un pays, d'un groupe défini pour en documenter et en transmettre l'histoire et le développement.

Comme observé auparavant, la pratique muséale prouve que l'illusion selon laquelle seule la culture matérielle suffit est une absurdité. Même si les musées collectionnent des objets, ceux-ci sont automatiquement liés à des niveaux immatériels: la signification d'un objet souvent symbolique (il suffit de penser aux objets religieux ou politiques), sa fabrication qui inclut le savoir-faire, les compétences, les déroulements techniques concrets mais aussi son histoire sont liés à divers processus immatériels. C'est pourquoi de nombreux collègues considèrent la convention comme «beaucoup de bruit pour rien» (Munjeri 2000). Certains musées tiennent compte automatiquement de ce lien entre aspects immatériel et matériel mais la convention révèle l'automatisme implicite de cette relation entre les niveaux. La première conséquence de la convention pour les musées est ainsi que:

Les musées doivent se pencher de manière plus explicite et plus intensive qu'ils ne l'ont fait jusqu'à présent sur le lien entre matériel et immatériel

Il est frappant de constater qu'il existe une divergence au sein des musées: généralement, ce rapport entre matériel et immatériel est déjà existant dans la présentation, dans l'exposition et aussi dans la médiation. On montre des rituels, des techniques et des pratiques culturelles en lien avec des objets. En revanche, ce rapport est bien moins perceptible en matière de collection, tant en ce qui concerne l'organisation, souvent établie à partir de critères matériels (en particulier des pièces précieuses, belles et exceptionnelles) que la politique d'acquisition (intégralité de la collection, qualité des objets, etc.) et le type de documentation qui contient presque uniquement des indications matérielles sur les objets et rarement sur le contexte culturel, à savoir sa part immatérielle.

Dans des institutions, cette orientation sur la matérialité se manifeste même dans la structure organisationnelle. La répartition des collaborateurs est souvent guidée par les critères de la culture matérielle: il y a des conservateurs et conservatrices pour les armes, le métal, le bois, les photographies ou les monnaies. Ces spécialistes savent tout sur les typologies des objets. En revanche, l'analyse et la transmission du processus culturel immatériel lié aux objets relèvent généralement moins des qualifications requises. C'est pourquoi nous faisons encore et toujours l'expérience de musées dont les collections et les expositions parlent deux langues différentes, comme si elles n'avaient presque rien en commun.

La convention pour la protection du PCI modifiera les profils professionnels dans les musées

Les spécialistes de la culture matérielle seront complétés par ceux de la culture immatérielle et de la culture en général, induisant également une modification de la politique d'acquisition (Boylan 2006). De nombreux musées abritent d'énormes collections d'objets qu'on sait à peine comment exposer aujourd'hui. Des uniformes en quantité, des armes de toutes sortes, des fléaux, des coffres et des armoires par centaines. Dans quels contextes ces objets peuvent-ils être insérés aujourd'hui, quelles aptitudes, rituels, pratiques, formes culturelles rendent-ils visibles ? Et un exemplaire de chaque n'aurait-il pas été suffisant ? A quoi devrait ressembler une collection qui relie de manière plus délibérée culture matérielle et immatérielle ? Comment collectionner la culture immatérielle ? L'immatériel se laisse difficilement saisir mais possède l'avantage de nécessiter peu de place et de n'engendrer que peu de frais de stockage et, en général, encore moins de coûts de restauration. Qu'est-ce qui atterrit au juste sur les étagères ? A cet égard, certains musées fournissent déjà des renseignements: ils enrichissent l'acquisition d'objets de nombreuses données, des informations biographiques qui expliquent comment le fabricant ou le propriétaire ont utilisé l'objet, vécu avec lui, ainsi que la place qu'il a tenue au cours d'une vie, ou d'autres qui indiquent par quels processus, pour quels groupes l'objet a reçu une signification politique, symbolique, émotionnelle. Cette démarche n'est pas toujours facile et n'est même souvent plus possible car les sources se sont taries.

La politique de collection des musées va s'orienter davantage vers le présent

Les objets encore en usage actuellement se laissent appréhender dans toutes leurs dimensions. Là où les humains existent encore, les processus peuvent être observés et conservés. La documentation va ainsi acquérir une autre importance. A l'avenir, il y aura dans les musées, en plus de l'objet collectionné, de gros fichiers avec des textes, des photographies, des films, des pages d'accueil, des interviews… qui nécessitent d'autres compétences que les stratégies actuelles de collection. Le profil requis, comme déjà mentionné, va se modifier. Les conservateurs et les conservatrices deviennent des chercheurs de terrain qui documentent et analysent l'utilisation et la signification des objets par le biais d'observations et d'enquêtes.
Il est dans la nature des théories d'exagérer. Tous les musées ne vont pas se concentrer sur le présent mais seulement ceux qui collectionnent aujourd'hui déjà selon ce paramètre. Toutefois, renforcer le lien entre matérialité et immatérialité peut être une tâche attrayante, également pour des cultures historiques, ce qui, malgré toutes les difficultés induites, offre sûrement de nouvelles possibilités de connaissances.
Il y a lieu de relever un autre cloisonnement. Nous nous sommes habitués à séparer soigneusement les institutions de mémoire d'après les matériaux: ce qui est imprimé va aux bibliothèques, ce qui n'est pas imprimé aux archives, le matériel aux musées, etc. Cette répartition pouvait correspondre aux médias et aux besoins du XIXe siècle mais plus du tout au présent. Lorsqu'il s'agit de conserver un élément du patrimoine, qu'il soit matériel ou immatériel comme la langue ou la musique, une collaboration accrue sera rendue nécessaire non seulement par la tâche de réunion du matériel et de l'immatériel, mais encore par les formes modifiées de documentation et d'archivage. La sauvegarde de données devient une tâche qui concerne chacun de la même manière.

Les musées deviendront de plus en plus des centres de mémoire

Par centre de mémoire est ainsi désigné un endroit, dont le ressort est défini moins par la sorte d'objets ou de médias collectionnés qu'à travers un type d'activité, à savoir le fait de collectionner, de faire de la recherche et de mettre à disposition, de différentes manières, les porteurs de souvenirs culturels (Mahina-Tuai 2006).

La compétence croissante des musées face au présent va transférer leur intérêt pour les objets vers les personnes concernées par ces objets (voir Kreps 2009)

La convention accorde aux porteurs de culture immatérielle une importance particulière car sans eux les formes culturelles immatérielles ne peuvent même pas exister. Qui sont ces porteurs et comment doivent-ils jouer le rôle qui leur est destiné ? Un artisan peut démontrer ses aptitudes mais, si elles ne sont plus porteuses économiquement, où le fait-il ? Dans un écomusée par exemple, qui dans ce domaine fait déjà beaucoup de ce que la convention exige. Le savoir de la population sur l'univers, la santé, la nature peut être enregistré pour qu'il ne se perde pas mais qui le fait ? Des chants, des danses, du théâtre, des processions peuvent être représentés et exécutés mais celui ou celle qui les interprète ne va sûrement pas les documenter et à peine se soucier que leur déroulement reste préservé pour les générations futures. Une telle attente est illusoire et la convention thématise insuffisamment la différence entre l'activité de la production culturelle et celle de la recherche, de la documentation et de la médiation, qui sont généralement les activités de groupes différents.

Ces groupes doivent néanmoins communiquer entre eux. Il est donc nécessaire de renforcer l'orientation des musées vers le présent. Cela ne sous-entend pas qu'ils ne pourront plus collectionner dans l'avenir mais ils vont à coup sûr relier plus fortement cette activité au travail avec les créateurs ou avec les «porteurs de culture», comme ils sont désignés dans la convention. Les musées vont ainsi, de manière croissante, collectionner pour le passé futur et non plus pour le passé actuel, comme c'est le cas aujourd'hui.

Pourquoi les musées devraient-ils assumer toutes ces activités, et non pas un autre type d'institution ? Pourquoi les musées ne pourraient-ils pas simplement continuer à collectionner la culture matérielle et laisser d'autres instances documenter la culture immatérielle ? Cela pourrait se faire sans autres s'il y avait assez d'argent disponible. Les politiciens mais aussi des sponsors privés pourraient décider de promouvoir la culture immatérielle d'une région, d'un pays, d'un groupe, en la collectionnant, en la documentant et en l'inscrivant sur la fameuse liste que chaque pays doit établir et à partir de laquelle l'UNESCO distillera le patrimoine culturel immatériel mondial. Les musées s'en seraient ainsi bien sortis mais ils auraient sans doute bientôt eu moins de moyens. Car les moyens consacrés à la culture dans son ensemble vont rester constants et seront tout au plus redistribués, au détriment des musées car ce sont les processus, les rituels, les événements qui intéressent les humains et attirent probablement le public. Des centres destinés au chant et à la musique, aux pratiques religieuses et magiques, aux aptitudes artisanales et artistiques, aux particularités culinaires et gastronomiques seraient attrayants pour le public, pour le politique et pour la recherche.

Comme il existe encore très peu de centres de cette sorte, il est évident qu'une telle tâche ne peut être confiée qu'aux musées, qui rayonnent tant à l'échelon local que sur le plan international et qui développent de larges compétences thématiques ainsi que des savoirs dans le domaine de la culture et de la conservation. S'ils n'assumaient pas cette tâche, la convention représenterait pour eux le danger de n'être responsables à l'avenir que de la culture matérielle et de rien d'autre, par conséquent un manque à gagner.

Des institutions plus petites peuvent aussi être touchées par la question. Elles doivent par conséquent mener et mettre en application des réflexions sur la manière dont elles s'y prendront avec le patrimoine culturel immatériel. Des connaissances, des ressources, des savoir-faire techniques supplémentaires sont nécessaires. Mais qui les financera ?

A propos d'argent, comme l'a montré la ratification par le Parlement, les politiciens semblent nombreux à penser que l'immatériel est gratuit et facile à obtenir, puisque traditionnel et transmis de génération en génération, qu'il n'y a donc pas là matière à investir. Sans compter que les biens immatériels ne donnent pas l'impression de pouvoir se dégrader. Il est urgent que les institutions culturelles recourent à des mesures de sensibilisation afin de montrer que ce n'est pas le cas.

Gérer collectivement les collections matérielles, établir des priorités et mettre en place un fonctionnement en réseau satisfaisant est aujourd'hui déjà un processus compliqué pour les musées. Une telle fédération devient d'autant plus nécessaire avec l'intégration de la culture immatérielle afin d'éviter un émiettement et un éparpillement dans la diversité des domaines et des formes possibles. Mais à quoi ressemblera ce processus de coordination, qui y participera, qui le pilotera ? Tâche très complexe en Suisse, où les accords informels sont de moindre importance. Mais la liberté dont bénéficie chaque individu dans son institution culturelle peut avoir un effet boomerang si une limite raisonnable n'est pas posée.

Si les musées acceptent la tâche de s'occuper également de la culture immatérielle, leur domaine va considérablement s'agrandir. La culture immatérielle a aussi besoin d'une autre infrastructure: l'immatériel est déjà abondamment présent dans les expositions, en tant que soutien par exemple, lorsque la fonction et la signification des objets exposés sont démontrées grâce à des photographies, des films, des textes ou des schémas. Cette forme a considérablement augmenté ces dernières années, au point que les objets tendent à disparaître derrière un suréquipement multimédia.

D'excellents exemples d'expositions font de l'immatériel le contenu central de leur démarche, ne partant plus d'un choix d'objets à disposition mais de thèmes et sujets intéressants, au point où la présentation fait abstraction des objets pour ne vivre que de la mise en scène, de l'atmosphère, de la combinaison de différents médias et formes de transmission. Des institutions renoncent même complètement aux collections, n'y voyant qu'un lest inutile, difficile à intégrer de manière sensée.

La culture immatérielle nécessite des formes de transmission autres que celle des seules expositions et de leur programme concomitant, si varié soit-il. Elle a besoin de forums pour les êtres humains, pour les porteurs de culture, et encore d'auditoires, de scènes, d'ateliers dans lesquels ceux-ci peuvent présenter leur culture. Ce n'est pas un hasard si de nombreux musées de pays où se trouve toujours une population se préoccupant de sa culture se sont déjà transformés en centres culturels, où il y a certes des collections mais où ont aussi lieu d'autres activités. Ici, on ne collectionne et on ne montre pas seulement. Ici, les êtres humains ne sont pas formés qu'aux pratiques culturelles mais aussi à leur étude. Ce rôle formateur pourrait revenir aux musées où s'opère un rapprochement avec les êtres humains. Les musées dits de communauté et en partie aussi ceux qui se considèrent comme des musées citadins se profilent dans une telle direction.

Chapitre 1

Les musées vont devenir des lieux de présentation, voire même d'apprentissage, de documentation et d'étude des pratiques culturelles

Certes, beaucoup diront que c'est déjà le cas et ils auront raison. J'ai évoqué les écomusées, dans lesquels de l'artisanat est présenté et des cours proposés. Bien des musées offrent un espace pour les représentations. mais peu accordent aux sujets immatériels un espace suffisant et moins encore établissent la documentation avec la population, en l'instruisant ou en la formant.

Les écomusées suivent tout de même des concepts qui font prendre conscience du lien entre matériel et immatériel, entre musée et population, entre passé et présent. Dans les musées des techniques et les centres de sciences, les questions de l'acquisition de la technique, de la relation entre humain et machine, des effets rétroactifs des choses matérielles sur la perception, du modèle de pensée et de la configuration sociale sont depuis longtemps centrales (Van Praet 2004).

Les expositions peuvent par ailleurs être investies par des acteurs en chair et en os, cela se fait déjà ici ou là. Les mots-clés tels que *living story* et *reenactment* expriment de telles tentatives, qui deviennent parfois *Distory*, en référence à Disney. Avec certains de ces concepts, on touche aux spectacles populaires de la fin du XIXe siècle et à leurs rapports aux traditions vivantes. Les *reenactments* de marchés d'esclaves par exemple ont mené à des discussions controversées aux Etats-Unis et souligné les limites de ce genre de théâtre vivant. Ce type de concepts est de toute façon exclu dans le cadre de catastrophes ou de crimes comme l'Holocauste (Kirshenblatt-Gimblett 1998: 173-175).

Dans certains musées, ceux qui traitent d'ethnographie, on observe une tendance inverse à ces développements qui contextualisent l'objet de différentes manières et le lient à un niveau immatériel. Je pense notamment à la mise en scène des objets ethnographiques en tant qu'œuvres d'art, comme le pratique le Musée du Quai Branly à Paris, sans contexte, sans classification culturelle, d'après des critères liés à l'esthétique et à l'art occidental qui n'ont en règle générale rien à voir avec la signification des objets dans leur culture d'origine. La fonction de pont culturel ou de médiation, qui se perd dans une telle approche, m'apparaît précisément centrale pour les musées: cela n'est pas uniquement valable pour les liens entre même et autre, au sens anthropologique, mais aussi entre culture historique et présente, ainsi qu'entre les cultures de différentes régions, groupes sociaux et genres. Il s'agit de la capacité à se mettre à la place de l'autre dans sa manière de penser et de ressentir, sans nier ni affirmer pour autant ses propres valeurs, en prenant simplement acte des différences et en les mettant en relation. Ce travail de traduction est difficile. Nous devons comprendre la logique culturelle d'une culture à nos yeux étrangère, ce qui ne peut se faire qu'en interrogeant sa propre compréhension culturelle[3].

Les musées doivent ainsi devenir des lieux de rencontre avec la population, les porteurs de cultures, les documentalistes et les chercheurs

Là aussi, des exemples existent déjà, comme les journées portes ouvertes lors de fêtes, de marchés et d'autres manifestations. Malgré le reproche trop fréquemment entendu de glissement vers l'événementiel, ces offres doivent être renforcées mais aussi plus fortement approfondies sur le plan du contenu et surtout liées avec le travail de collection et d'exposition. La participation des groupes concernés est depuis longtemps effective dans les rapports postcoloniaux, par exemple en ce qui concerne les Aborigènes d'Australie ou les Maori de Nouvelle-Zélande. Des objets sont ramenés à un contexte cérémoniel et à une utilisation appropriée alors que les nouvelles productions culturelles sont, au contraire, directement fabriquées au musée. Les restes humains autrefois exposés ont droit à des obsèques solennelles en vertu du devoir de conscience politique (alors qu'ici en Suisse, ironiquement au même moment, le cirque des cadavres de Hagens fait sensation).

De telles formes de participation sont encore peu développées dans notre pays mais sont tout à fait envisageables. Nous n'avons pas de population autochtone mais nous vivons l'immigration de groupes les plus divers. Que se passera-t-il si ces derniers demandent à participer

---

[3] Gabriele Herzog-Schröder (2007) s'appuie sur une exposition pour le démontrer avec les Yanomami.

aux processus faisant intervenir leurs objets culturels ou exigent que ces objets soient traités selon leurs représentations, qu'il s'agisse d'art islamique, de calligraphie chinoise ou de «fétiches» africains ? Et qu'en serait-il si les groupes de croyance comme les catholiques voulaient s'exprimer à propos de la présentation de leurs trésors d'église ?

Il faut instaurer une transition entre la conservation des objets et la conservation des processus et des producteurs de ces objets

Une telle exigence sous-entend elle aussi une modification du profil professionnel des musées. Les objets sont l'aboutissement d'un processus cohérent qui en tant que tel reçoit davantage d'attention qu'auparavant. Le savoir dans la société postmoderne n'est plus monolithique mais fragmenté, multivoque, partiel, transformable. En principe, l'argument concerne également les musées mais ne les influence que peu dans leur travail et n'est que peu pensé (voir Hooper-Greenhill 2000). Que se passe-t-il si les visiteurs abordent les questions de collecte et de présentation, de recherche et de transmission, si le musée fonctionne toujours plus comme hypermédia et non comme pièce de théâtre, si les expositions deviennent vraiment interactives et que les visiteurs entrent dans un dialogue ?

Le processus défini par l'UNESCO passe par les commissions étatiques et dépend ainsi fortement du pouvoir et des jeux d'influences au sein de ce système. Il en résulte des avantages pour les groupes bien représentés et qui savent imposer leurs requêtes aux niveaux politique et gouvernemental. A l'inverse, ceux qui disposent de peu d'écoute, de peu de pouvoir et de peu d'influence peinent à faire reconnaître leurs traditions.

La question du positionnement se pose aussi pour les musées. D'un côté, ils appartiennent au réseau des institutions établies soutenues en règle générale par l'Etat; de l'autre, ils pourraient très bien soutenir des groupes qui sans cela ne seraient peut-être pas entendus. Il est de surcroît envisageable que de tels groupes fondent leurs propres institutions muséales. Il va s'agir aussi, dans le travail muséal, de définir le cercle le plus ouvert et large possible ou le plus étroit et restrictif possible, de ceux qui contribuent à la définition du patrimoine culturel. Cette discussion politique n'est pas nouvelle mais relève de l'aspect matériel comme de l'immatériel. Ces dernières décennies, des groupes à peine remarqués autrefois comme les femmes, les ouvriers ou les homosexuels et les lesbiennes ont imposé leur revendication à faire partie de la société et par là même du patrimoine culturel. De nombreux autres groupes vont provoquer des discussions semblables, dans lesquelles la culture immatérielle peut devenir un élément central, comme c'est toujours ou à nouveau le cas dans des groupes de populations indigènes.

Une chose est de proposer de documenter et transmettre, voire de chercher, mais la culture immatérielle n'a rien de fixe, se modifie constamment, s'adapte et cherche constamment de nouvelles voies. Un objet reste tel qu'il a été fabriqué, vieillit peut-être mais ne se modifie pas sans arrêt. La culture immatérielle en revanche est versatile: l'idée que quelque chose sera transmis de génération en génération, comme le pensaient les romantiques, les frères Grimm, la vieille ethnologie, a depuis longtemps été réfutée.

Malgré tout, un petit quelque chose de cette idée hante encore la convention et les communiqués de l'UNESCO. Les protagonistes de la culture apparaissent souvent comme de simples porteurs, des médiateurs et non des interprètes, ce qu'ils sont en réalité toujours. Que doit-on précisément protéger qui vive de l'interprétation et du développement ? De telles mesures de protection ont mené la musique populaire à la stérilisation et à la désaffection artistiques, et n'ont donc pas atteint l'objectif de la convention, à savoir une réelle sauvegarde de ces pratiques. La difficulté de trouver des solutions est considérable et il n'existe ni réponses ni solutions simples. La consigne de l'UNESCO consistant à inventorier les biens culturels sur une liste apparaît plutôt une maladresse qu'une mesure efficace.

Et nous devrions nous garder de tomber dans ce slogan si populaire de «sauver ce qu'il y a à sauver!». Les musées se sont déjà trouvés dans cette situation, beaucoup sont même nés de cette pensée: la devise était de préserver les traditions des forces destructrices de l'époque moderne. La démonstration a été faite depuis longtemps qu'il s'agissait d'images du passé et du présent fortement teintées idéologiquement, de représentations de ce qui était juste ou faux, précieux ou sans valeur, digne d'être conservé ou pas, authentique ou kitsch, et cette attitude n'est aujourd'hui plus du tout partagée de manière unanime.

Elle a contribué à représenter de manière biaisée les groupes analysés, idéalisés comme de nobles paysans ou de bons sauvages, démonisés comme de prétendus «peuples primitifs» ou méprisés comme de modernes incultes tels les ouvriers urbains. Nous devons nous garder de répéter une nouvelle fois les mêmes erreurs, même si ce modèle de pensée de sauvegarde transparaît dans la convention de l'UNESCO et les discours de certains politiciens de la culture. Les sciences humaines ont beaucoup réfléchi ces dernières décennies aux questions de construction: celle de la société, l'«imagined communities» de la nation; celle de la culture comme homogène; celle de la culture populaire; celle des concepts de race et d'ethnie; celle de l'invention des traditions[4]. Utiliser les termes de construction et d'invention ne signifie pas que les phénomènes observés sont dénués de sens mais simplement qu'ils sont inventés et modifiés par les êtres humains selon leurs besoins du moment.

La science a montré les dangers qui guettent lorsque certaines catégories sont essentialisées. Elle est devenue réflexive, pense les contextes de son application, se remet en question, essaie d'expliciter sa position (Beck, Giddens et Lash 2003). Cette attitude semble tout aussi valable pour les musées lorsqu'ils commencent à intégrer la culture immatérielle. Puisqu'ils sont censés devenir des institutions qui documentent, instruisent, travaillent avec les humains et font davantage de recherche, il serait souhaitable qu'ils reviennent à leurs origines. Beaucoup de musées ont autrefois fait partie d'universités ou d'établissements de formation, ou ont collaboré avec eux. Au cours du temps, lieux de collection, de classification et de développement théorique ont vécu une scission. Tant dans le domaine des sciences naturelles que des sciences humaines, ils se sont développés dans des directions différentes, le bien muséal n'apparaissant plus comme important pour la recherche. Une rupture s'est produite, que Wolfgang Brückner décrit comme une fissure construite polémiquement entre le *Realienschimpf* des universitaires et le positivisme des gens de musées. Cet état de fait se dissipera peut-être dans un proche avenir du fait de la suppression des frontières entre matériel et immatériel.

Ainsi les musées deviendront à nouveau des lieux dans lesquels il sera possible de transmettre et d'étudier, de collectionner et de théoriser

Il y a lieu de réaffirmer ici que ce que la convention ambitionne pour la protection du patrimoine culturel immatériel n'est de loin pas encore garanti, à savoir justement la sauvegarde de la vitalité des pratiques et des formes culturelles immatérielles. Les chercheurs et les médiateurs culturels n'ont pas encore accordé leurs violons sur ce point mais ils font de leur mieux pour permettre que les conditions générales de cette sauvegarde soient les meilleures possible. Si l'évolution s'accomplit dans une telle direction, ce sera déjà beaucoup.

---

4 Voir les travaux de Anderson (2006), Hobsbawm et Ranger (1983), Barth (1982) et Dittrich et Radtke (1990).

Bibliographie

Aikawa Noriko. 2004. «The international convention for the safeguarding of intangible cultural heritage: addressing threats to intangible cultural heritage», in: Wong Laura, éds. *Globalization and intangible cultural heritage*. Paris: ONU, pp. 80-83. [International conference, 26-27 August 2004, Tokyo, Japan]

Anderson Benedict. 2006. *Imagined communities: reflections on the origin and spread of nationalism*. Londres: Verso.

Antonietti Thomas, Bruno Meier et Katrin Rieder, éds. 2008. *Rückkehr in die Gegenwart: Volkskultur in der Schweiz*. Baden: hier+jetzt.

Barth Frederik, éd. 1982. *Ethnic groups and boundaries: the social organization of culture difference*. Oslo, Bergen, Tromsø.

Beck Ulrich, Anthony Giddens et Scott Lash. 2003. *Reflexive Modernisierung: eine Kontroverse*. Francfort-sur-le-Main: Suhrkamp.

Bellwald Werner. 1997. *Zur Konstruktion von Heimat: die Entdeckung lokaler «Volkskultur» und ihr Aufstieg in die nationale Symbolkultur: die Beispiele Hérens und Lötschen (Schweiz)*. Sion: Musées cantonaux du Valais.

Bendix Regina. 2009. «Heritage between economy and politics: an assessment from the perspective of cultural anthropology», in: Smith Laurajane et Natsuko Akagawa, éds. *Intangible Heritage*. Londres/New York: Routledge, pp. 253-269.

Blake Janet. 2002. *Developing a new standard-setting instrument for the safeguarding of intangible heritage: elements for consideration*. Paris: UNESCO. [http://www.unesco.org/new/en/unesco/resources/online-materials/publications/unesdoc-database · consulté en ligne le 20 août 2010]

Bortolotto Chiara. 2007. «From objects to processes: UNESCO's "intangible cultural heritage"». *Journal of Museum Ethnography* 19: 21-33.

Boylan Patrick J. 2006. «The intangible heritage: a challenge and an opportunity for museums and museum professional trainings». *International Journal of Intangible Heritage* (Séoul) 1: 53-65.

Craith Mairéed Nic. 2007. «Cultural heritages: process, power, commodification», in: Kockel Ullrich, Mairéed Nic Craith, éds. *Cultural heritages as reflexive traditions*. Basingstoke: Palgrave Macmillan, pp. 1-18.

Dittrich Eckard J. et Frank-Olaf Radtke, éd. 1990. *Ethnizität: Wissenschaft und Minderheiten*. Opladen: Westdeutscher Verlag.

Hafstein Valdimar. 2009. «Intangible heritage as a list: from masterpieces to representation», in: Smith Laurajane et Natsuko Akagawa, éds. *Intangible Heritage*. Londres/New York: Routledge, pp. 93-111.

Harvey David C. 2001. «Heritage pasts and heritage presents: temporality, meaning and the scope of heritage studies». *International Journal of Heritage Studies* (Londres) 7/4: 319-338.

Hemme Dorothee, Markus Tauschek et Regina Bendix, éds. 2007. *Prädikat «Heritage»: Wertschöpfungen und kulturelle Ressourcen*. Berlin: Lit.

Herzog-Schröder Gabriele. 2007. «Urihi – Jäger und Schamanen: zum Konzept einer ethnologischen Ausstellung in München», in: Beier-de Haan Rosmarie et Marie-Paule Jungblut, éd. *Das Ausstellen und das Immaterielle: Beiträge der 1. museologischen Studientage Neumünster, Luxemburg 2006*. Munich: Deutscher Kunstverlag, pp. 20-35; 20-23.

Hobsbawm Eric et Terence Ranger, éds. 1983. *The invention of tradition*. Cambridge/New York: Cambridge University Press.

Hooper-Greenhill Eilean. 2000. *Museums and the interpretation of visual culture*. New York/Londres: Routledge.

Kirshenblatt-Gimblett Barbara. 1998. *Destination culture: tourism, museums, and heritage*. Berkeley: University of California Press.

2004. «Intangible heritage as metacultural production». *Museum International* (Paris) 56/1-2: 52-64.

Köstlin Konrad. 1995. «Volkskultur und Moderne». *Österreichische Zeitschrift für Volkskunde* (Vienne) 49/98: 91-94.

Kreps Christina. 2009. «Indigenous curation, museums, and intangible and tangible heritage», in: Smith Laurajane et Natsuko Akagawa, éd. *Intangible Heritage*. Londres/New York: Routledge, pp. 193-208.

Lowenthal David. 1998. *The heritage crusade and the spoils of history*. Cambridge: Cambridge University Press.

Mahina-Tuai Kolokesa Uafa. 2006. «Intangible heritage: a pacific case study at the Museum of New Zealand Te Papa Tongarewa». *International journal of intangible heritage* (Londres) 1: 14-24.

Munjeri Dawson. 2000. «The intangible heritage in Africa: could it be a case of "Much-ado-about nothing"». *Icomos* 10/2: 7-9. [http://www.international.icomos.org/munjeri_eng.htm · consulté en ligne le 20 août 2010]

Museums.ch. 2010. *Vom Immateriellen = L'objet de l'immatérialité = L'immateriale si fa oggetto*. Baden: hier + jetzt. (Die schweizer Museumszeitschrift, 5)

Chapitre 1

SCHNEIDER Ingo. 2005. «Zur Semantik des kulturellen Erbes: mehr Fragen als Antworten». *Bricolage: Innsbrucker Zeitschrift für Europäische Ethnologie* (Innsbruck) 252/3: 37-51. (Special Issue: Kulturelles Erbe)

TUNBRIDGE John E. et Gregory J. ASHWORTH. 1996. *Dissonant heritage: the management of the past as a ressource in conflict*. Chichester/New York: J. Wiley.

VAN PRAET Michel. 2004. «Heritage and scientific culture: the intangible in science museums in France». *Museum International* (Paris) 56/1-2: 113-121.

WERNSING Susanne. 2007. «Zwischen Mensch und Material: technisches Handeln als Ausdruck des "Immateriellen" in der Ausstellung "Alltag – eine Gebrauchsanweisung"», in: BEIER-DE HAAN Rosmarie et Marie-Paule JUNGBLUT, éds. *Das Ausstellen und das Immaterielle: Beiträge der 1. museologischen Studientage Neumünster, Luxemburg 2006*. Munich: Deutscher Kunstverlag, pp. 36-49.

YOSHIDA Kenji. 2004. «The museum and the intangible cultural heritage». *Museum International* (Paris) 56/1-2: 108-114.

Chapitre 1

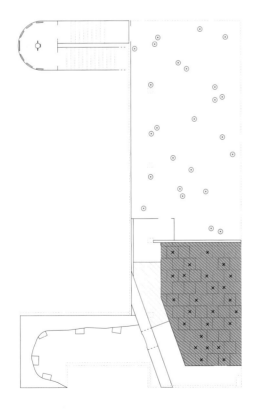

Le bruit des autres

Utilisé sous nos latitudes pour évoquer les phénomènes acoustiques qui ne relèvent ni de la parole, ni de la musique, le terme «bruit» s'apparente à un outil ordinaire de discrimination esthétique et culturelle: il désigne tout ce qui déplaît à l'auditeur, lui semble trop fort, inattendu ou étranger à ses normes d'écoute. Une telle mise à l'écart est sujette à caution car la perception du beau, de la cohérence, de la proportionnalité, du confort, de l'équilibre et même du supportable varie à travers le temps et l'espace: les bruits d'hier ne sont pas ceux d'aujourd'hui et les bruits d'ailleurs ne recouvrent pas ceux d'ici.

La cale du submersible invite à marcher sur des caisses d'où filtrent des «bruits», à savoir des sons qui, à une époque donnée et dans un certain contexte, ont été stigmatisés comme bruits ou intégrés comme tels à une pratique musicale.

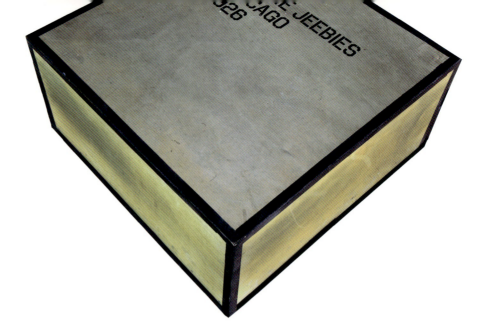

Chapitre 2

Die Geräusche der anderen

Der in unseren Breitengraden verwendete Begriff «Geräusch» zur Bezeichnung akustischer Phänomene, die weder mit Sprache noch mit Musik zusammenhängen, ähnelt einem üblichen Instrument zur ästhetischen und kulturellen Unterscheidung: Er bezeichnet alles, was dem Zuhörer missfällt, ihm für seine Gehörnormen zu laut, zu unerwartet oder zu fremd erscheint. Diese Ausgrenzung bedarf der Vorsicht, denn die Wahrnehmung des Schönen, des Zusammenhängenden, der Verhältnismässigkeit, des Angenehmen, der Ausgeglichenheit und sogar des Erträglichen schwankt je nach Zeit und Raum: Die Geräusche von gestern sind nicht diejenigen von heute, und die Geräusche von anderswo entsprechen nicht den hiesigen.

Der Schiffsbauch des Unterseeboots lädt dazu ein, über Kisten zu steigen, aus denen «Geräusche» dringen – Laute, die in einer gegebenen Zeit und in einem bestimmten Kontext als Lärm gebrandmarkt oder als solche in einen musikalischen Brauch einbezogen wurden.

The noise of others

Used in our part of the world in order to evoke acoustic phenomena that fall into the province of neither speech nor music, the word «noise» has certain similarities to an everyday tool of aesthetic and cultural discrimination: it refers to all that is unpleasant to the ear, which seems too loud, unexpected or foreign to one's listening norms. One must be wary of such exclusion, however, since the perception of beauty, of coherence, of proportionality, of comfort, of harmony and even of what is considered bearable, varies through time and space: yesterday's noises are not today's, nor do those from elsewhere match ours here.

In the submersible's hold, the visitor steps over boxes through which «noises» are filtered – that is, sounds which, at a certain time and within a certain context, were branded as noise or integrated as such into a musical practice.

Chapitre 2

Réalisation de l'espace Le bruit des autres
le 2 août, le 4 août, le 9 août, le 13 août,
le 20 août, le 24 août, le 26 août, le 28 août,
le 1er septembre, le 12 septembre, le 23 septembre, le 24 septembre 2010

Chapitre 2

- C.M.-D. SUPPORTERS LAUSANNE 2010
- P.S. ORTHODOX CAVEMAN LOS ANGELES 2005
- P.H. 1930 TOKYO 1998
- G.S. APPELS DE LABOUR POITOU 1986
- R.Y. ALKU LONDON 1995
- E.G. MAKE SOME FUCKING NOISE ROTTERDAM 1991
- L.B. BRING THE NOISE NEW YORK 1987
- N.W. YOU SUFFER IPSWICH 1986
- D.T. YANOMAMI SHAMANISM VENEZUELA 1980
- P.B. INTERMISSION DUSSELDORF 1978
- R.M.S. VANCOUVER HARBOUR VANCOUVER 1973
- M.B. SISTER RAY NEW YORK 1968
- S.A. HINDEWHU REP. CENTRAFRICAINE 1965
- E.V. POEME ELECTRONIQUE EINDHOVEN 1957-1958
- J.B. TSHIKONA TSHA SHAKADZA THENGWE 1956
- N.C. TUTTI FRUTTI NEW ORLEANS 1955
- Z.E. RYTHMES BORORO ROBINE 2 / NIGER 1953
- J.C. IMAGINARY LANDSCAPE SEATTLE 1939
- J.L. CRY WHEN TREE IS FALLING WIERGATE 1933
- A.S. HEEBIE JEEBIES CHICAGO 1926
- L.R. RISVEGLIO DI UNA CITTA MILANO 1914
- B.B. ELHERVADT A CIDRUSFA BALATONBERENY 1906
- C.S. KHAM HOM BERLIN 1900
- A.F. APPROACH FROM THE W.W.WAN NEBRASKA 1896
- J.-J.R. CHANSON DE NEGRE PARIS 1781

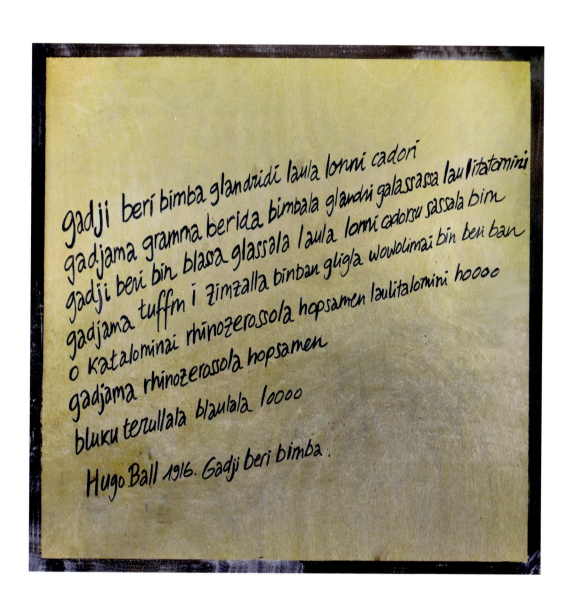

Chapitre 2

Bruit et silence : conceptions culturelles

Karin Bijsterveld
Traduit de l'anglais par Olimpia Caligiuri

«Breaking the sound barrier» est le titre bien choisi d'un article de 1996 dans lequel l'historien Peter Bailey cherche à promouvoir l'étude du bruit. Bailey affirme qu'une histoire générale du bruit devrait commencer en dressant la carte des changements dans sa production en termes de «moyens, types et volume» (Bailey 1996: 55; 1998: 201). Bailey ajoute que cette histoire devrait aussi se concentrer sur sa perception et sur la réaction qu'il suscite, toutes deux étant subjectives et culturellement déterminées, ainsi que sur la hiérarchie fluctuante de la perception sensorielle. En montrant l'importance de la temporalité, du statut social, du genre et de l'âge dans l'attitude envers le bruit et en insistant sur la domination toujours plus forte du visuel sur l'audio, Bailey définit pleinement la tâche dont il charge les historiens du bruit. Ses notes sur les conceptions conventionnelles du bruit et du silence dans la culture occidentale sont des plus pertinentes. Mon article présente une approche historique et ethnologique de ces conceptions et se concentre sur le symbolisme du bruit et du silence, et sur son lien à la technologie en analysant les contributions de Bailey et d'autres auteurs dans ces deux disciplines [1].

Il est nécessaire en préambule d'expliquer mon usage de l'expression «symbolisme du bruit et du silence». En linguistique, le terme «symbolisme des sons» est utilisé pour indiquer des unités de son comme les phonèmes ou les syllabes quand elles expriment un sens qui dépasse leur fonction linguistique. La relation entre son et sens peut être iconique, indexicale ou symbolique. La relation est iconique quand le sens d'une unité de son semble être naturellement lié à ses caractéristiques articulatoires ou acoustiques. Un exemple fascinant mais controversé est l'affirmation selon laquelle un son à haute fréquence comme /i/, qui a une longueur d'onde relativement courte, est souvent associé à une notion de petitesse, comme dans le mot «petit». Un son a une relation indexicale avec sa signification quand la manière dont il est physiquement produit fait sens, par exemple quand un ton aigu lié à une tension plus importante des cordes vocales indique un état émotif intense. La relation est qualifiée de symbolique quand le lien entre un son et une idée est conventionnel et n'a pas de motivation apparente (Nuckolls 1999: 228-229). Mon intérêt pour ces liens conventionnels a inspiré l'analyse littéraire qui suit. Cependant, je ne vais pas me concentrer sur le symbolisme des sons dans le langage mais sur celui du son dans la culture, plus particulièrement sur le symbolisme du bruit et du silence.

---

[1] Ce texte constitue la version française de l'article publié précédemment par MIT Press (Bijsterveld 2008). Les éditeurs remercient Pamela Quick et MIT Press de leur aimable autorisation.

Commençons par le bruit. Bailey distingue trois types de bruits socialement définis: le bruit qui traduit la joie, comme le rire, le bruit facteur de gêne, comme le pet, et le bruit exprimant l'effroi. Ce dernier type est celui qui a été le plus souvent étudié dans la littérature scientifique. Comme Bailey et d'autres auteurs l'ont démontré, le bruit – sous différentes formes, du cri à la fusillade et au bombardement – a toujours été un ingrédient important de l'art de la guerre. Ce genre de bruit peut être utilisé pour encourager les protagonistes à s'armer de courage face à une menace imminente ainsi que pour terroriser l'ennemi. La citation suivante, extraite de l'oratorio *Giuditta* d'Alessandro Scarlatti de la fin du XVIIe siècle, illustre l'utilisation du bruit sous sa forme effrayante en décrivant ce qui se passe si une guerre est menée *sans* production de grands bruits. Judith veut résister à l'ennemi en marche et déplore le silence des tambours dans son camp:

Trombe guerriere, perchè tacete?	Tambours de guerre, pourquoi vous taisez-vous?
S'ogn'alma ingombra	Si la peur telle une ombre
di tema un'ombra,	paralyse les esprits,
voi col tacere	avec votre silence
piu l'accrescete.	vous l'augmentez. [2]

L'historien Richard Cullen Rath a pour sa part expliqué la frayeur que provoquent les bruits de guerre sur l'ennemi. Il décrit les hurlements et cris que poussaient les hommes des Premières Nations indiennes du nord de l'Amérique au XVIIe siècle comme une «manière habituelle de commencer une bataille». Pour les colons contemporains, ces clameurs paraissaient être des «hurlements horribles et des cris stridents, comme si autant de chiens des enfers n'auraient pas pu les rendre plus terrifiants» (Rath 2003: 153).

L'utilisation du bruit comme une forme de terreur se manifeste aussi dans la «violence symbolique des foules», qui est une sorte de «contre-terreur» employée pour «intimider, faire honte ou ridiculiser l'ennemi du peuple et celui qui a bafoué les valeurs traditionnelles.» La musique grossière, «*Katzenmusik*» ou charivari, une cacophonie de bruits produits par le cri, le rire, la lamentation et la percussion de casseroles et de poêles peut, par exemple, embarrasser de jeunes mariés (Bailey 1996: 52-53). Dans une version moins inoffensive, le charivari était utilisé pour effrayer les personnes accusées de comportement socialement inacceptable (Kruithof 1992: 48; Smith 1999: 154-155). Quel que soit le contexte, Bailey soutient que la musique cacophonique a souvent été considérée comme une «musique du désordre» (Bailey 1996: 53).

Pour cette raison, tambourins, cors et cornemuses ont parfois engendré de la méfiance (Libin 2000). Rath a décrit comment les maîtres américains d'esclaves ont interdit la production de sons forts comme ceux des tambours utilisés par les esclaves d'origine africaine aux XVIIe et XVIIIe siècles. Par conséquent, ces derniers se sont repliés sur des instruments moins bruyants, comme le violon par exemple, «qui les ont aidés à construire et à maintenir des espaces culturels autonomes en dépit des contraintes» (Rath 2003: 173). Enfin, Mark Smith a montré qu'en 1845 les textes de loi de Géorgie interdisaient aux esclaves d'utiliser des tambours, cors et autres instruments de musique très bruyants avec lesquels ils auraient pu communiquer leurs «plans et intentions malicieux» (Smith 2001: 56).

L'idée que le bruit pouvait être source de perturbation sociale était bien répandue. Certains sons ont été considérés comme du bruit parce qu'ils menaçaient un ordre social spécifique et l'interdiction pour les esclaves d'utiliser certains instruments est un exemple parmi beaucoup d'autres de ce phénomène. Le langage des étrangers, l'agitation alcoolique des pauvres, la musique des immigrants dans la rue et l'expression émotive de fidèles évangéliques ont tous été considérés, en un lieu et à un moment donnés, comme du vacarme par

---

[2] Programme du Festival *Musica Sacra Maastricht,* 18 septembre 2004, p.3.

les classes dirigeantes et par les religions établies (Smith 1999; 2001; Picker 2003; Schmidt 2004). Même le moineau, espèce introduite aux Etats-Unis au milieu du XIXe siècle, était accusé d'être un envahisseur qui produisait un «gazouillis désagréable» et un «inexprimable cliquetis de sons désagréables» (Coates 2005: 649). Si des bruits socialement perturbateurs ne peuvent pas être simplement interdits, une alternative est souvent la mise à l'écart ou la territorialisation de la tranquillité. Schivelbusch propose un exemple fascinant: les voyageurs européens du XIXe siècle ont préféré le train à compartiments au wagon public américain. Alors que ce dernier les confrontait aux sons et à la vue des autres, le train à compartiments, à l'image du carrosse, leur permettait d'être tranquilles. Mais après deux meurtres commis dans des trains sans que les passagers ne se soient doutés de quoi que ce soit, les dessinateurs de trains ont créé des judas, des corridors et des portes coulissantes qui ont permis aux passagers de voir mais non d'entendre les autres voyageurs, chacun ressentant le bruit des autres comme une irruption dans sa vie privée (Schivelbusch 1979: 89).

Toutefois, la production de bruit n'est pas uniquement associée à la perturbation sociale. Le revers de cette association est le pouvoir qui en résulte pour ceux à qui il est permis de se faire entendre. Selon Raymond Murray Schafer, l'association entre bruit et pouvoir a toujours été présente dans l'imaginaire humain. Au cours de l'histoire, les sociétés ont connu des bruits que Schafer appelle *bruits sacrés*, et qui étaient «non seulement absents des listes de bruits interdits que les sociétés dressaient de temps en temps» mais qui étaient en fait «volontairement évoqués comme une pause bienvenue dans la lassitude que provoque la tranquillité». Produire ce type de bruit – lors des fêtes religieuses célébrant la récolte, lors de rituels visant à exorciser les esprits malins, en faisant sonner les cloches des églises ou en jouant de l'orgue – avait pour but d'inciter les dieux à écouter. Les membres de la société qui produisaient ces *bruits sacrés*, insiste Schafer, faisaient non seulement «le plus gros bruit» mais avaient aussi «le pouvoir de le faire sans censure». Quand il était donné au bruit «l'immunité sans intervention humaine possible», le pouvoir était proche (Schafer 1994: 76, 51). Les dieux qui produisaient le tonnerre et l'éclair et les prêtres qui usaient des tambours et des cloches sont des exemples classiques de ce phénomène.

En effet, Rath explique que les habitants de l'Amérique du XVIIe siècle conféraient un «pouvoir tangible au son du tonnerre». Les puritains le considéraient comme la voix de Dieu et les Amérindiens comme l'acte divin des «faiseurs de tonnerre» (2003: 31). De même, les études des cultures africaines montrent que les sons des tambours et des mots sont souvent considérés comme chargés d'une force qui leur est propre ou qui vient des ancêtres (Stoller 1989: 110, 121). Pour les Navajo, «parler et chanter lors des rituels revient à contrôler l'air et, en même temps, à créer ordre, harmonie et beauté», entrant ainsi «en contact avec la forme ultime de la source de vie» (Witherspoon cité par Nuckolls 1999: 227). Selon William H. McNeill, l'acte de bouger ensemble et en rythme lors de danses, chants et exercices, possède une force intrinsèque par sa capacité à susciter «des émotions chaleureuses de solidarité collective» (McNeill 1995: 152; Pacey 1999: 20). Des rassemblements de masse peuvent donner aux acteurs sociaux une sensation irrésistible de force. Ceci a été et est toujours le cas des cris et chants de supporters sportifs.

Schafer étend de manière intéressante cette analyse du lien entre bruit acceptable et pouvoir à la technologie. La sacralité du bruit, dit-il, a été transmise aux machines. Son pouvoir est descendu de «Dieu, au prêtre, à l'industriel, et plus récemment à l'animateur et à l'aviateur.» Il est convaincu que seul ce transfert peut expliquer de manière convaincante le fait étonnant que la nocivité du bruit industriel n'a pas été reconnue jusqu'aux phases tardives de la révolution industrielle. Comme les dignitaires de l'Eglise et d'autres autorités aux siècles précédents, les industriels «ont reçu les droits» de faire du bruit (Schafer 1994: 76). Allard Dembe, historien de la médecine, explique qu'une «association culturelle entre les bruits industriels et des caractéristiques socialement admirées» comme la force, le progrès, la prospérité et la prouesse, a entravé la reconnaissance de la perte de l'ouïe par excès de bruit comme un trouble méritant compensation (Dembe 1996: 203).

Les observations de Dembe suggèrent que l'association bruit-comme-son-fort avec pouvoir-comme-force-et-sens explique l'attractivité importante de certaines technologies. Dans son étude de la signification des cloches de village dans la France rurale du XIXe siècle, Alain Corbin documente avec soin le lien perçu entre l'intensité du son des cloches et l'importance des paroisses et des municipalités. Les cloches, dit-il, servaient à donner une forme aux hiérarchies et aussi à défendre un territoire, donner un rythme au temps, identifier les personnages dignes d'honneurs, faire des annonces, encourager le peuple à s'assembler, sonner l'alarme et exprimer une réjouissance générale (Corbin 1999). Corbin insiste: «la sonnerie puissante de la cloche s'impose comme victoire sur le chaos, comme symbole de la cohésion retrouvée de la communauté; elle est instrument de rassemblement, signe d'un ordre social fondé sur l'harmonie des rythmes collectifs» (Corbin 1999: 269).

Le bourdonnement même d'une ville était également signe d'ordre social, au moins pour l'oreille des Américains du début du XIXe siècle «après des jours passés dans les bois» alors qu'ils migraient à travers le continent. Pour eux, ces sons représentaient un soulagement, «un archipel de sons connus dans une étendue sauvage et hurlante» (Smith 2001: 108). Et alors que «les Américains avançaient vers l'ouest, le son rythmique et ordonné du progrès repoussait la frontière épisodique et imprévisible du bruit» (Smith 2003: 139). Pour beaucoup durant cette période, la cadence avec laquelle avançait l'industrialisation avait aussi une signification positive. Ce ronronnement représentait l'activité et la richesse. Et même si les élites «ne se réjouissaient pas toujours du progrès […] elles le reconnaissaient cependant comme nécessaire et maîtrisable» – par des textes de loi municipaux. En principe, la bourgeoisie recevait chaleureusement le «cliquetis des machines», «les échos lointains des lourds marteaux» et le son des cloches des usines comme étant les bruits de la productivité (Smith 2001: 128).

Au début du XXe siècle et dans le monde occidental, les sons associés à la technologie ont continué à être liés de diverses manières à la force. En 1923 les promoteurs de la voiture électrique ont remarqué que «le cliquetis et le fracas des véhicules à pétrole» impressionnaient davantage l'homme de la rue que «la calme réserve et les qualités de permanence» de la voiture électrique (Cushing cité par Mom 1997: 475). Les hommes étaient censés aimer le vacarme du moteur à combustion car il signifiait la vitesse, le risque et le pouvoir. Dans les romans *Motor Boys and Motor Girls*, une série de livres publiés entre 1910 et 1917, les «Motor Boys» aimaient «leurs voitures bruyantes, comme des voitures de course et détachaient même les pots d'échappement». Par contre, les «Motor Girls» aimaient un autre son; selon une d'entre elles, la «voiture se déplaçait sans bruit – la perfection de son mouvement allait de pair avec la musique du silence» (McShane 1994: 169).

De telles remarques et interprétations prennent tout leur sens avec l'aide de l'analyse d'Anthony Jackson intitulée «Sound and ritual», une analyse de la notion de son dans la littérature anthropologique de Claude Lévi-Strauss, Rodney Needham et d'autres[3]. D'après Jackson, dans le rituel, des bruits d'origine humaine, sans régularité, désordonnés et arythmiques «reflètent des situations incontrôlées, des phases de transition ou des menaces pour un ordre établi», alors que «reprendre un battement rythmé réaffirme le contrôle humain sur les événements» (Jackson 1968: 295-296). Bien que Jackson caractérise avec modestie ses conclusions de «spéculations», ses résultats prennent bien place dans le travail historique et anthropologique

---

[3] Par exemple, Rodney Needham déclare qu'il y a des preuves sérieuses appuyant le lien entre son des percussions et transition. Selon lui, le bruit des percussions est employé couramment comme marqueur d'une transition lors de rites de passage, comme à la naissance, lors de l'initiation, du mariage, de sacrifices, de rites lunaires, de déclarations de guerre ou de l'accueil d'étrangers (Needham 1967).

cité plus haut. Ces études ont montré que le bruit comme «son indésirable», qu'il soit régulier ou non, a souvent été associé à la perturbation d'un ordre social donné, parfois terrifiant, alors que des sons rythmés et/ou forts mais connotés positivement, ont été associés à la force, au pouvoir, à l'important, au masculin, au progrès, à la prospérité et, enfin et surtout, au contrôle. En allant plus loin dans ce sens, le bruit comme «son indésirable» a beaucoup en commun avec la définition de la saleté comme «chose déplacée», concept défini par Mary Douglas dans son travail sur la pureté. Dans les sociétés dites «primitives», éviter le sale et tendre vers la pureté dans les domaines de la nourriture, du sexe et du corps, sont des moyens de créer de l'ordre à partir du chaos. De plus, la lutte contre la saleté peut être le symbole et le régulateur de conflits sociaux plus profonds (Douglas 1976). De nombreux chercheurs ont appliqué les remarques de Douglas sur les sociétés primitives aux sociétés modernes, notamment en liant l'obsession culturelle de la pureté à des moments de modernisation accélérée (Labrie 1994)[4]. Il n'est cependant pas certain que l'obsession du bruit a été plus importante lors de changements sociaux. En fait, il est sans doute impossible de trouver une réponse générale à cette question: quel changement peut-il être considéré comme assez radical ou rapide pour provoquer une obsession sociale du bruit ? Et comment définir celle-ci: comme un débat public, comme une action ou comme une plainte ?

Malgré cette question restée ouverte, ce dernier tour d'horizon prouve que le bruit comme son indésirable a souvent été un symbole de désordre dans les siècles précédant les premières campagnes antibruit ainsi que dans les sociétés non occidentales. Au contraire, les sons rythmés et positivement connotés ont été liés à divers types de force. Une telle symbolique du bruit est cependant incomplète sans l'étude historique des sens donnés au silence[5]. En nous concentrant sur le bruit, nous pourrions facilement oublier que dans de nombreuses religions, le contact avec les dieux ne se fait pas seulement par des rites bruyants mais aussi par des rites de maintien du silence (Menninghaus 1996).

Dans son livre *The art of conversation*, l'historien Peter Burke a consacré un chapitre au «silence» dans l'Europe prémoderne. Il a utilisé des textes de loi, des récits de voyage et des livres de bienséance pour analyser les principes qui sous-tendent les systèmes du silence. Beaucoup de ses observations sur la vie préindustrielle reflètent celles de Schafer. Le silence, explique Burke, était associé à la marque de respect et à la déférence envers ceux qui se trouvaient plus haut dans l'échelle sociale. Les moines étaient censés être silencieux en présence de Dieu, les courtisans en présence du Prince, les femmes en présence des hommes, les enfants en présence des adultes et les serviteurs en présence de leurs maîtres (Burke 1993). Anne Carson déclare que, dans l'Antiquité, les hommes devaient même contrôler les sons émis par les femmes dans le cas où elles ne le feraient pas elles-mêmes. Selon Sophocle, «le silence est le *Cosmos* [bon ordre] des femmes» (cité par Carson 1992: 127). De plus, selon Burke, le silence était un signe de prudence, soit qu'il provenait de la peur de «la fourberie des princes» soit du «discernement des sages» (Burke 1993: 136). A ces conceptions du silence, Foucault a ajouté la notion de silence *autoritaire* qui force l'Autre marginal à dévoiler ses secrets (Said 1997: 16-20). Et Smith (2001; 2003b) a trouvé des exemples où des maîtres d'esclaves de l'Amérique du XIXe siècle, rendus méfiants face au silence menaçant et réfractaire de leurs esclaves, les ont forcés à chanter et à danser. Pourtant, Burke se concentre sur le silence comme signe de prudence en présence d'une altérité puissante.

---

4 Pour une analyse de la présence et de la signification du «sale» dans un laboratoire de science des matériaux, voir Mody (2001).

5 Au début des années 1970, Thomas J. Bruneau, candidat américain au doctorat en sciences du langage, a distingué les «silences psycholinguistiques» de la parole des «silences interactifs» du dialogue et des «silences socioculturels». Les silences socioculturels sont des manières caractéristiques «par lesquelles des classes sociales et culturelles entières s'abstiennent de parler et manipulent à la fois les silences psycholinguistiques et les silences interactifs» (Bruneau cité dans Tannen et Saville-Troike 1985: 236). Ici je me concentre sur les silences socioculturels.

Burke suggère que les systèmes de silence de l'Europe prémoderne ont changé entre 1500 et 1800. Durant cette période, une préoccupation particulière pour la maîtrise de soi dans la parole s'est fait sentir. Ceci pourrait s'expliquer par la Réforme et son insistance sur le silence ecclésiastique, ainsi que par la crainte des espions dans les cours des monarques absolus. Burke suppose que «cette bride mise à la langue» pourrait même avoir été liée à la montée du capitalisme, puisqu'un Anglais du XVIe siècle a fait un rapprochement entre «dépenser et épargner les mots et l'argent»[6]. D'après Burke, l'émergence du contrôle du langage était une tendance générale en Europe mais les restrictions étaient plus efficaces dans les régions protestantes que catholiques; ainsi «s'élargissait le fossé» entre un Nord «plus silencieux» et un Sud plus «loquace» (Burke 1993: 140-141).

Un lien que Burke ne mentionne pas, mais qui est peut-être pertinent, est l'avènement de nouvelles sciences et leur rapport à la vue. Selon Bailey, «les sociétés prémodernes étaient de manière prédominante phono-centrées, privilégiant le son par rapport aux autres sens, dans un monde de communications principalement orales» alors que «l'avènement de l'imprimerie au XVe siècle a donné une prééminence spectaculaire au sens de la vue» (Bailey 1996: 55). Outre le débat sur l'hypothèse avançant que la montée en importance d'un sens signifierait obligatoirement le déclin d'un autre, d'autres critiques se sont élevées à l'encontre des travaux de Bailey. Constance Classen, par exemple, soutient que les cultures orales – c'est-à-dire dans lesquelles cette forme de communication est prédominante – ne sont pas toujours des cultures de l'audition. Elle donne des exemples où des cultures orales s'orientent symboliquement par la température, par l'odeur ou par la couleur. De plus, Classen revendique que dans la culture occidentale, la hiérarchie des sens dans laquelle la vue occupe «la plus haute position, suivie par l'ouïe, l'odorat, le goût et le toucher», prend son origine chez Aristote et ainsi précède la culture de l'imprimerie de plusieurs siècles (Classen 1993; 1997: 402). Pour compliquer cette histoire, les philosophes Hannah Arendt et Don Idhela soulignent que la tradition grecque, qui considère la vérité et le savoir comme synonyme de la vue, est à mettre en parallèle avec la tradition hébraïque, dans laquelle la vérité, comme Dieu, est audible mais pas visible (Arendt 1980; Idhe 1976). Ainsi, de nombreux scientifiques refusent de considérer l'œil comme l'organe moderne et l'oreille comme l'organe pré- ou antimoderne (Erlmann 2004; Woolf 2004). Pourtant, beaucoup d'historiens et de spécialistes des sciences sociales soutiennent la théorie voulant que la production de savoir dans la société occidentale soit fortement associée à la vue (Urry 2000; Smith 2000). D'après l'économiste Jacques Attali (2009: 3), la science a toujours «essayé de regarder le monde» avec le souhait de «contrôler» son sens. Une telle déclaration doit être nuancée en disant que les changements profonds qui ont eu lieu dans la philosophie naturelle aux XVIe et XVIIe siècles, la nouvelle dépendance envers l'observation et l'expérimentation comme sources de savoir légitime, ainsi que l'importance grandissante de l'imprimerie comme vecteur de communication, ont créé une situation dans laquelle notre connaissance scientifique du monde a été de plus en plus exprimée visuellement. De plus, dans la culture savante du XVIIe siècle, en Angleterre en tout cas, le thème ancien de la science et de la solitude a été à nouveau utilisé en insistant sur l'importance de «l'individu isolé en contact direct avec la réalité» pour la découverte – et non la légitimation – de la vérité (Shapin 1991: 209). Bien que la solitude ne soit pas synonyme d'absence de bruit, l'accent mis sur cet état suggère que le silence aussi était probablement fortement valorisé.

Chapitre 2

---

[6] Il est important de remarquer que les premières consignes écrites imposant le maintien du silence dans les monastères sont apparues dès le début du IXe siècle et que la lecture en silence, par opposition à la lecture à haute voix, est devenue courante au Xe siècle. Cette tendance a été renforcée par l'insistance faite par la Réforme sur le droit des individus à lire la parole de Dieu sans la médiation d'un prêtre (Manguel 1999: 57-70).

Ainsi, comme le décrit Burke, l'avènement dans l'Europe moderne de nouvelles formes de science pourrait avoir contribué, même très indirectement, à l'augmentation des efforts de l'élite de la société pour maintenir le silence.

Toutefois, et comme l'affirme James Johnson dans le cas de Paris, le soin grandissant mis à maintenir le silence ne s'est pas arrêté en 1800. Dans la culture musicale de la fin des XVIIIe et XIXe siècles par exemple, il est devenu habituel de montrer un profond respect, et donc de faire silence, pour les génies musicaux. Ceci est à la fois dû à des changements dans la culture musicale et dans la société, comme l'introduction de la musique absolue [7] qui avait pour but de provoquer des émotions authentiques auprès des spectateurs, ou à l'essor de la bourgeoisie (Johnson 1995).

Pour résumer, l'historiographie et l'étude ethnologique du son montrent clairement que le bruit et le silence sont profondément enracinés dans des hiérarchies culturelles. Le droit de faire du bruit ainsi que le droit de décider quels sons sont permis et quels sons sont interdits ont longtemps été le privilège des puissants, alors que les personnes de rang inférieur (femmes, enfants et serviteurs) étaient supposées garder le silence ou étaient soupçonnées de déranger intentionnellement l'ordre social si elles faisaient du bruit. Des sons forts, rythmiques et positivement connotés ont été associés à la force, à l'importance et à la maîtrise, alors que des sons indésirables ont souvent été associés à la perturbation sociale. Mais entre le XVIe et le XIXe siècle, l'élite est devenue de plus en plus obsédée par le désir de maîtriser ses propres sons.

Dès le XXe siècle, les acteurs sociaux luttant contre le bruit ont amplifié sa négativité en répétant, en orchestrant et en transcrivant les connotations culturelles du bruit et du silence qui avaient été établies dans les époques précédentes.

Bibliographie

Arendt Hannah. 1980. *Denken: deel 1 van «Het leven van de geest»*. Amsterdam: De Arbeiderspers. [1re éd. 1977. *Thinking, part 1 of «The life of the mind»*. Londres: Martin Secker & Warburg]

Attali Jacques. 2009 (1977). *Bruits: essai sur l'économie politique de la musique*. Paris: PUF.

Bailey Peter. 1996. «Breaking the sound barrier: a historian listens to noise». *Body & Society* 2/2: 49-66.
— 1998. *Popular culture and performance in the victorian city*. Cambridge: Cambridge University Press.

Bijsterveld Karin. 2008. *Mechanical sound: technology, culture, and public problems of noise in the twentieth century*. Cambridge, MA: The MIT Press.

Burke Peter. 1993. «Notes for a social history of silence in early modern Europe», in: Burke Peter, éd. *The art of conversation*. Ithaca, N.Y.: Cornell University Press, pp. 123-141.

Carson Anne. 1992. *Glass, irony and God*. New York: New Directions Publishing Corp.

Classen Constance. 1993. *Worlds of sense: exploring the senses in history and across cultures*. Londres: Routledge.
— 1997. «Foundations for an anthropology of the senses». *International social science journal* (Paris) 49 (March): 401-412.

Coates Peter A. 2005. «The strange stillness of the past: toward an environmental history of sound and noise». *Environmental history* (Durham) 10/4: 636-665.

Corbin Alain. 1994. *Les cloches de la terre: paysage sonore et culture sensible dans les campagnes au XIXe siècle*. Paris: Albin Michel.

Dembe Allard E. 1996. *Occupation and disease: how social factors affect the conception of work-related disorders*. New Haven: Yale University Press.

Douglas Mary. 1976. *Reinheid en gevaar*. Utrecht: Het Spectrum. [1re éd. 1966. *Purity and danger*. Londres: Routledge & Kegan Paul]

---

[7] Le terme musique absolue, qui dérive du mot latin *absolutus*, signifiant «libre de», se réfère à de la musique instrumentale dépourvue de référence, implicite ou explicite, à toute réalité extramusicale, comme par exemple le son des oiseaux (Randel 2003: 1).

ERLMANN Veit, éd. 2004. *Hearing cultures: essays on sound, listening and modernity*. Oxford: Berg.

IDHE Don. 1976. *Listening and voice: a phenomenology of sound*. Athens: Ohio University Press.

JACKSON Anthony. 1968. «Sound and ritual». *Man: a monthly record of anthropological science* (New York) 3: 293-299.

JOHNSON James H. 1995. *Listening in Paris*. Berkeley: University of California Press.

KRUITHOF C.L. 1992. «Rituele mobilisering: een kanttekening over gedragsbeïnvloeding». *Tijdschrift voor Sociale Wetenschappen* (Gand) 37/1: 44-52.

LABRIE Arnold. 1994. *Het verlangen naar zuiverheid: een essay over Duitsland*. Maastricht: Rijksuniversiteit Limburg.

LIBIN Laurence. 2000. «Progress, adaptation and the evolution of musical instruments». *Journal of the american musical instrument society* 26: 187-213.

MANGUEL Alberto. 1999. *Een geschiedenis van het lezen*. Amsterdam: Ambo. [1re éd. 1996. *A history of reading*. Londres: Harper Collins]

MCNEILL William H. 1995. *Keeping together in time: dance and drill in human history*. Cambridge, Mass.: Harvard University Press.

MCSHANE Clay. 1994. *Down the asphalt path: the automobile and the american city*. New York: Columbia University Press.

MENNINGHAUS Winfried. 1996. «Lärm und Schweigen: Religion, moderne Kunst und das Zeitalter des Computers». *Merkur* 50/6: 469-479.

MODY Cyrus C.M. 2001. «A little dirt never hurt anyone: knowledge-making and contamination in materials science». *Social Studies of Science* 31(1): 7-36.

MOM Gijs. 1997. *Geschiedenis van de auto van morgen: cultuur en techniek van de elektrische auto*. Deventer: Kluwer Bedrijfsinformatie.

NEEDHAM Rodney. 1967. «Percussion and Transition». *Man: a monthly record of anthropological science* (New York) 2: 606-614.

NUCKOLLS Janis B. 1999. «The case for sound symbolism». *Annual review of anthropology* (Palo Alto) 28: 225-252.

PACEY Arnold. 1999. *Meaning in technology*. Cambridge, Mass.: MIT Press.

PICKER John M. 2003. *Victorian soundscapes*. Oxford: Oxford University Press.

RATH Richard Cullen. 2003. *How early America sounded*. Ithaca: Cornell University Press.

SAID Edward W. 1997. «From silence to sound and back again: music, literature, and history». *Raritan: a quarterly review* (New Brunswick) 17: 1-21.

SCHAFER R. Murray 1994. *The soundscape: our sonic environment and the tuning of the world*. Rochester, Vt.: Destiny Books. [1re éd. 1977. *The tuning of the world*. New York: Knopf].

SCHIVELBUSCH Wolfgang. 1979. *The railway journey: trains and travel in the 19th century*. Oxford: Basil Blackwell.

SCHMIDT Leigh Eric. 2004. «Sound christians and religious hearing in enlightenment America», in: SMITH Mark M., éd., *Hearing history: a reader*. Athens: University of Georgia Press, pp. 221-246.

SHAPIN Steven. 1991. «"The mind is its own place": science and solitude in seventeenth-century England». *Science in context* 4: 191-218.

SMITH Bruce R. 1999. *The acoustic world of early modern England: attending to the O-factor*. Chicago: University of Chicago Press.

SMITH Mark M. 2001. *Listening to nineteenth century America*. Chapel Hill: University of North Carolina Press.

2003. «Listening to the heard Worlds of antebellum America», in: BULL Michael et Les BACK, éds. *The auditory culture reader*. Oxford: Berg, pp. 137-163.

SMITH Susan J. 2000. «Performing the (sound) world». *Environment and planning*, Part D: *Society and Space* 18/5: 615-637.

STOLLER Paul 1989. *The taste of ethnographic things: the senses in anthropology*. Philadelphie: University of Pennsylvania Press.

TANNEN Deborah et Muriel SAVILLE-TROIKE, éds. 1985. *Perspectives on silence*. Norwood, N.J.: Ablex Publishing Corp.

URRY John. 2000. *Sociology beyond societies: mobilities for the twenty-first century*. Londres: Routledge.

WOOLF Daniel R. 2004. «Hearing Renaissance England», in: SMITH Mark M., éd. *Hearing history: a reader*. Athens: University of Georgia Press, pp. 112-135.

Chapitre 2

Quand le bruit des uns est au goût des autres : ce que dit l'exemple du *hardcore punk* de la notion de culture

Alain Müller

Le point de départ de ma réflexion est une scène familiale somme toute bien ordinaire. Elle m'a été contée lors de mon travail de terrain qui visait notamment à mieux saisir les mécanismes des carrières engagées par les acteurs sociaux au sein du monde du hardcore punk, abrégé le plus souvent hardcore [1]. Un musicien suisse romand d'une trentaine d'années évoqua un souvenir venant cristalliser un problème récurrent d'incompréhension intergénérationnelle ; alors que, jeune adulte, il vivait encore avec ses parents, il eut avec son père une altercation durant laquelle celui-ci exprima son incompréhension totale face aux goûts musicaux de son fils :

> Je me rappelle très bien la réaction tellement méprisante qu'a eue mon père un jour où j'écoutais un «live» de *Sick of it All* [un groupe de hardcore new-yorkais] dans ma chambre […] au début, le chanteur disait quelques mots, puis le premier morceau commençait d'un coup, sans fioriture, ce qui avait fait sursauter mon père qui s'était écrié, l'air manifestement agressé par les chants hurleurs et les guitares saturées, et outré que je puisse apprécier une telle musique : «c'est vraiment du bruit ta musique».

Cette situation témoigne de la rencontre de deux mondes dans lesquels les conventions esthétiques et musicales sont foncièrement différentes. Elle constitue aussi le lieu même où sont tracées leurs frontières respectives, travail engagé par chaque protagoniste dans son opposition à l'autre.
Cela ne va pas sans rappeler les rencontres avec ce qui était perçu comme l'altérité la plus absolue et qui ont jalonné l'histoire de la discipline anthropologique. Avec l'incompréhension et l'incertitude identitaire qui en découlaient, elles devenaient l'un des lieux où s'opérait inlassablement le fameux «grand partage» séparant le «primitif» du «civilisé», le «profane» du «scientifique», selon le modèle de l'opposition «nous/eux» (Goody 1979 : 245). L'asymétrie ainsi réalisée, rencontres après rencontres, constituait le terreau dont se nourrissait l'ethnocentrisme au mieux, le mépris et le racisme au pire. L'anthropologie classique a ainsi commencé à problématiser la notion de culture imprégnée du rapport asymétrique à l'autre. Ce type de situation de confrontation et d'incompréhension mutuelle constitue ainsi un laboratoire privilégié pour mieux saisir comment se solidifient les différents regroupements culturels et sociaux au travers de la production d'oppositions dichotomiques. Du point de

---

[1] Cette *scène underground* est construite autour du partage, dans une dimension globale et translocale, d'un univers de significations, de conventions, et de pratiques – musicales notamment. Selon son propre mythe fondateur, le hardcore provient d'une réinterprétation plus radicale du punk opérée essentiellement sur la côte est des Etats-Unis au début des années 1980.

vue du jeune musicien de mon exemple, celle-ci pourrait se décliner sous la forme du binôme opposant la catégorie «bonne musique» à celle de «goûts musicaux rétrogrades et manque d'ouverture»; du point de vue de son père, elle prendrait la forme d'un binôme opposant la catégorie «bruit» à celle de «vraie musique que l'on peut légitimement apprécier». Si l'on s'accorde sur le fait que l'opposition «amateur potentiel de hardcore» versus «non-amateur de hardcore» est caractérisée par un ratio d'environ 1 pour 1000, il n'est pas difficile d'en conclure que la dichotomie «bruit hardcore» versus «vraie et bonne musique légitime» est la plus largement partagée.

Mais comme l'écrit Antoine Hennion (2003: 96), les différents attachements ne se résument pas à «un pur jeu social de différence et d'identité». La «culture» des uns ne se résume probablement pas à ne pas être la «culture» des autres. L'attachement au hardcore réside aussi dans le partage de certaines conventions dont l'apprentissage participe du développement du goût pour la musique concernée et possède dès lors le «pouvoir» de transformer ce qui sonne comme du bruit pour une majorité en une musique que les *hardcore kids*, comme ils se nomment eux-mêmes[2], écoutent avec plaisir. Aussi surprenant que cela puisse paraître pour les non-initiés qui n'y voient qu'un brouhaha désordonné, ceux-là l'aiment profondément, comme ils le rappellent très souvent lorsqu'ils rationalisent et justifient leurs pratiques. L'outil heuristique que représente l'opposition «bruit hardcore» à «vraie et bonne musique légitime» permet d'esquisser un aperçu – aussi fragmentaire soit-il – mais aussi une expression métaphorique des mécanismes engagés pour qu'«une culture» et les contours séparant ce qu'elle est de ce qu'elle n'est pas se fabriquent, se négocient et se réifient dans les activités quotidiennes. Dans ce dessein, avant d'interroger plus spécifiquement l'exemple de l'opposition qui m'intéresse et de «faire parler» les acteurs et leurs pratiques, quelques considérations générales peuvent d'ores et déjà être esquissées. Elles bousculent considérablement la notion de «culture» telle qu'elle s'est distillée dans le sens commun sur la base de l'imaginaire anthropologique «classique» (à un point tel que c'est désormais à l'anthropologue de «déculturaliser»).

Premièrement, comme en témoigne l'exemple du hardcore dont les conventions se partagent sur une échelle «globale» et invitent au gommage des particularités «locales», «une culture» n'est pas forcément associée à un espace clos, à un territoire aux frontières bien définies, comme la découverte et la problématisation des «autres cultures» par l'anthropologie «classique» pouvaient le laisser croire. En effet, le travail de constitution et de renforcement de leurs frontières, qui participait de leur découverte, trouvait alors dans l'espace un allié de choix (Appadurai 2005: 257-283), car les limites territoriales – régionales ou nationales (Wimmer 1996) – venaient tout «naturellement» les circonscrire.

Deuxièmement, dans les sociétés dites «complexes», chaque individu n'est pas «agi», ou «animé» par une seule et même «culture». Le jeune musicien et son père partagent sans aucun doute de nombreuses conventions communes. Mais chacun évolue dans différents régimes d'engagement et d'attachement en «homme pluriel» (Lahire 2005; voir aussi Thévenot 2006). Revenant à l'opposition «hardcore» versus «monde social au sens large» et à son corollaire «bruit» versus «musique légitime», deux questions se posent. Premièrement, comment s'opère la socialisation au hardcore? Comment apprend-on à apprécier une succession de sons saturés et de phrases hurlées qui n'est rien d'autre que du bruit pour la majorité des auditeurs? En d'autres termes, comment le bruit des uns peut-il devenir la musique des autres? Deuxièmement, en offrant une coupe transversale dans les processus qui se jouent

Chapitre 2

---

[2] Etonnamment, cette expression est utilisée aussi bien par les jeunes adeptes du hardcore que par les plus âgés dans leurs discours d'«autodéfinition». Cet usage renvoie à une valeur émique importante, celle du jeunisme, qui se voit constamment exprimée par des slogans du type «young 'til I die».

à l'interface du monde social au sens large et du monde du hardcore, cette dichotomie invite à comprendre comment un «regroupement culturel» trace ses propres frontières et crée la conscience de sa propre existence par le contact avec le non-groupe, l'«anti-groupe» (Latour 2006: 49).

Si la musique hardcore peut s'apparenter à une véritable cacophonie pour l'observateur non averti, elle répond pourtant à des conventions musicales loin d'être désordonnées ou complètement improvisées mais affichant au contraire une remarquable cohérence et participant d'un ensemble sensé. Pouvoir la jouer et l'apprécier relève d'un apprentissage rigoureux. Cette observation est valable pour les conventions musicales mais aussi, plus largement, pour l'ensemble des conventions esthétiques et idéologiques partagées par les *hardcore kids*. Le hardcore ne fait aucunement exception aux autres régimes d'engagement: contrairement à ce que veulent faire croire les acteurs concernés, qui ne disent pas volontiers qu'ils ont «appris» à *être hardcore* – cette «confession» irait à l'encontre de l'idée du «it just came naturally», du «real to the bones» rencontré très fréquemment dans ce monde –, on ne naît pas hardcore: on le devient.

Du point de vue musical, le travail d'apprentissage commence généralement avant l'engagement de la «carrière hardcore» à proprement parler. Il est systématiquement précédé de la découverte d'autres styles de musiques dites «agressives» (punk, skatepunk et metal notamment) et du développement d'un goût pour ce type d'arrangements sonores. Ce pré-apprentissage n'implique pas nécessairement la découverte du hardcore ou le développement d'un intérêt pour celui-ci mais il en est la condition. Une fois la décision prise d'engager une «carrière hardcore», l'apprentissage du hardcore invite le novice à assimiler ses valeurs et ses conventions musicales et à mettre sans cesse son goût naissant à l'épreuve de ceux qui détiennent l'expérience. Par cette confrontation aux autres, à la fois détenteurs et transmetteurs du cadre de référence établissant ce qui *sonne bien*, comme du *bon hardcore* ou au contraire ce qui ne convient pas, le goût du novice va se façonner et s'affiner, et les conventions les plus normalisées se verront inscrites dans les facultés cognitives des *hardcore kids* (sur cette question mais dans d'autres contextes, voir Becker 2006 ou Hennion 2003). Comprendre comment s'apprend le goût pour la musique hardcore conduit alors à s'interroger sur la performance continuelle d'un cadre de référence par les détenteurs de l'expérience. Celle-ci s'opère essentiellement à deux niveaux.

Le premier est discursif. Pour mieux saisir ce processus, j'aimerais mobiliser un exemple ethnographique mettant en scène un groupe de hardcore tokyoïte, *Loyal to the grave*, dont j'ai côtoyé les membres durant mon enquête. Lorsque Manabu, ancien chanteur du groupe, quitta Tokyo pour aller faire carrière – au sens professionnel du terme – à New York, Hiro, guitariste et «décideur» du groupe, se vit contraint de lui trouver rapidement un remplaçant pour les prochains concerts. Discutant des qualités qui faisaient un bon chanteur de hardcore, Hiro évoqua premièrement la nécessité d'avoir «une bonne voix», c'est-à-dire posséder un timbre et un grain hurleur et agressif, et être capable de le conserver pendant une demi-heure de concert. Cette dimension renvoie directement à l'une des premières exigences musicales du hardcore: la transmission de la rage, de la fureur et de l'agressivité. Hiro insista également sur le fait qu'un chanteur doit avoir une large connaissance de la musique hardcore et de son histoire, ce qui signifie implicitement que l'on ne peut faire du «bon hardcore» que si l'on connaît les «classiques». Le hardcore se reconnaît donc à son respect de la filiation, de la «tradition». Hiro souligna la nécessité d'être capable de parler anglais; le hardcore se chante donc en anglais, comme le démontre cet autre exemple: «*I hate to sing in German, it's bullshit style*», me confia le chanteur d'un groupe allemand lors de mon enquête. Hiro cita encore la nécessité d'une bonne performance scénique (c'est-à-dire énergique et charismatique) et de la condition physique qu'elle demande; cette exigence corrobore une idée partagée selon laquelle la musique hardcore ne se déploie véritablement qu'en concert où sont mis en scène rage, fureur et agressivité, aussi bien par la performance des groupes que par les pratiques de danse violente dans le public. Hiro émit enfin le souhait que le futur chanteur du groupe soit *straight edge*; cette expression «indigène» renvoie à un mode de vie adopté par une proportion non négligeable de *hardcore kids* et marqué par l'abstinence de toute forme de drogue, y compris l'alcool et le tabac. Pour satisfaire aux exigences de son propre cadre de référence, la musique hardcore doit toujours être associée à une démarche idéologique. Si, bien souvent, les «carrières» à proprement parler sont précédées d'une socialisation aux musiques dites «agressives» telles que le punk ou le metal, aucun de ces styles musicaux n'invite autant que le hardcore à s'apprécier aussi bien en l'écoutant qu'en lisant – ou, lors des concerts, en chantant en chœur dans une pratique hautement ritualisée nommée *sing along* – les textes des groupes systématiquement inscrits dans les *booklets* des disques.

Un second niveau permet la réification des conventions musicales hardcore et la production du cadre de référence qui leur est lié. Si cette production restait cantonnée à un niveau exclusivement discursif, elle serait situationnelle et éphémère, de sorte que tout point d'ancrage, toute standardisation, toute inscription dans la durée et toute diffusion seraient rendus difficiles. Or les conventions musicales dont il est question ici – ce n'est certainement pas une exception – témoignent d'un caractère hautement réflexif, au sens ethnométhodologique du terme, c'est-à-dire d'un fort potentiel à générer de nouveaux discours, de nouvelles pratiques les prenant pour référence. Elles sont ainsi caractérisées par un très haut niveau de standardisation: si le grain de la voix, le tempo de la batterie, la saturation et les *riffs* de guitares, les arrangements et les enchaînements entre parties au tempo rapide et ralentissements lourds appelés *mosh parts* diffèrent trop des standards, la musique d'un groupe risque de se voir rapidement balayée hors des frontières de ce monde: «ça n'est pas du hardcore», diront les *hardcore kids* en parlant de ce groupe. Dans ce travail de standardisation se retrouve également l'intime imbrication entre musique et concert; les *mosh parts* sont ainsi composées pour satisfaire les danseurs, alors que les performances scéniques des groupes répondent à des enchaînements corporels qui doivent s'inscrire dans la continuité et dans la norme des standards esthétiques hardcore.

Comment s'opère cette standardisation ? Ce cadre de référence voit sa médiation assurée par l'intermédiaire d'un dispositif matériel qui inclut premièrement les disques, support musical et textuel par excellence. Même si ses conventions musicales incorporent fréquemment quelques éléments de changement, le hardcore est un monde où l'innovation n'est pas véritablement perçue comme une valeur positive; au contraire, le fait, pour un groupe, de *sonner* comme un groupe référence est plutôt valorisé. Dans ce processus, le rôle des disques, qui constituent une base de données et de références musicales, est indéniable. La presse «indigène» joue également un rôle prépondérant: les *fanzines* et les *webzines* participent étroitement de la standardisation et de la stabilisation des discours et donc du cadre de référence. Enfin, et c'est un phénomène récent, les images, notamment les vidéos circulant sur Internet, facilitent la diffusion des attitudes corporelles à adopter. En rendant disponibles d'anciennes images de concert de groupes ayant marqué l'histoire du hardcore, ces vidéos permettent aux musiciens des groupes actuels aussi bien qu'aux danseurs d'adopter les mêmes attitudes et manières de se mouvoir que leurs prédécesseurs. Cette fixation matérielle par le texte, l'image ou l'enregistrement favorise la standardisation et la circulation de ces conventions musicales et esthétiques.

J'aimerais maintenant me pencher sur la seconde question qui cherche à mieux comprendre quelles sont les stratégies déployées par les *hardcore kids* pour sans cesse produire et réifier les frontières de leur monde et classer ceux qui appartiennent au dedans ou au dehors. Je conserve ici l'exemple heuristique de l'opposition «bruit» versus «musique» en évoquant une situation d'incompréhension et de dispute similaire à celle rapportée dans l'introduction.

Alors que je passais quelques jours à Lugano en compagnie de quelques *hardcore kids* locaux, l'un d'eux, après une soirée passée à déambuler dans les rues, me ramena en voiture à l'auberge de jeunesse où je résidais. Nous étions accompagnés de son amie. Lorsqu'il poussa de manière ostentatoire le volume de son autoradio qui crachait une chanson hardcore aux accents particulièrement hurleurs, j'eus l'impression d'être projeté dans un conflit de couple antérieur à ce simple épisode. Je m'aventurai dans une question adressée à sa compagne qui semblait, par ses mimiques exprimant l'irritation, y répondre avant que je l'aie explicitement formulée: «Tu aimes cette musique?». «Non, moi je déteste», me répondit-elle en provoquant un mélange d'ires et de rires chez son compagnon. «Je ne comprends pas que l'on puisse aimer ça» ajouta-t-elle pour en finir.

De telles situations d'incompréhension de ses goûts musicaux et esthétiques, chaque *hardcore kid* en a fait l'expérience, et pas seulement dans une dimension intergénérationnelle. Faisant écho à Bourdieu selon qui «le goût est toujours un dégoût» (cité par Hennion 2003: 295), elles sont en fait fondamentales dans l'existence du monde du hardcore car elles participent de la production et de la négociation des frontières le séparant du «reste du monde», insensible et méprisant. Productrices d'identité, il n'est pas étonnant que non seulement les *hardcore kids* ne cherchent pas particulièrement à les éviter mais au contraire aiment les provoquer. Ainsi, les réactions hostiles des parents, des «copines» et des amis – au plus grand désarroi des profanateurs – sont du pain béni pour les *hardcore kids*; elles viennent nourrir la mise en scène d'un éternel combat opposant le hardcore au «reste du monde». Cette incompréhension mutuelle est cristallisée et médiatisée par les discours et les slogans «indigènes»; «*All alone in this world, hated and proud*», revendique par exemple la chanson du groupe Death Threat, alors que le batteur du groupe Terror arbore un ostentatoire «*Fuck you*» tatoué dans son dos. Les exemples de ce type sont nombreux.

En définitive, l'interrogation métaphorique de l'opposition «bruit hardcore» versus «musique» dans le contexte du monde du hardcore et de son interface avec le monde social au sens large m'a permis de dégager quelques observations quant aux phénomènes usuellement associés à la notion de «culture».

Premièrement, elle renverse la perspective selon laquelle chaque individu est agi par une culture quelle qu'elle soit, démontrant au contraire combien chaque acteur participe activement et quotidiennement à sa construction, à son maintien permanent et à la formation de ses frontières. Comme le dit Howard Becker (1999: 31): «les individus ne cessent de créer la culture». A la liste des acteurs à l'œuvre dans ce travail collectif s'ajoute ici celle des acteurs non humains qui participent à la standardisation et à la stabilisation des conventions. Cette prérogative constructiviste, initiée par l'interactionnisme symbolique et poursuivie par des paradigmes tels que l'ethnométhodologie, la sociologie de l'acteur-réseau et la sociologie pragmatique, se présente en porte-à-faux par rapport à une vision déterministe de la culture, qui existerait de manière indépendante des acteurs et viendrait sans cesse «les agir», vision communément partagée et parfois même résiliente en anthropologie.

Deuxièmement, les exemples mentionnés soulignent combien le travail d'identification à un regroupement particulier nécessite la confrontation à l'altérité. Le partage d'une «culture» homogène et totalement isolée du reste du monde est sans doute possible mais la conscience d'appartenir à «un groupe culturel» particulier nécessite toujours l'opposition et la confrontation à l'«anti-groupe»[3]. Ainsi, dans le contexte contemporain où les attachements et les

---

[3] Dans le cas de la scène hardcore, le travail identifiant clairement le «dedans» du «dehors» participe parfois d'âpres négociations. Un exemple témoignant de cet intense travail est celui de l'usage de la catégorie dépréciative *sell out*, «vendu», parfois apposée par les *hardcore kids* aux groupes qui acceptent de «faire de l'argent» et qui ont ainsi «vendu leur âme» au diable, c'est-à-dire à l'industrie musicale de masse. Les groupes qui doivent se défendre d'être des *sell out* ont généralement recours à deux stratégies pour justifier leur professionnalisation. La première consiste à maintenir un discours qui participe de ce que j'appelle dans ma thèse une coupure symbolique avec le «mainstream»

régimes d'engagement sont nombreux, le travail identitaire effectué par la confrontation à l'autre occupe une place importante dans les activités quotidiennes.

Enfin, plus largement, si une seule idée devait être retenue, c'est combien l'adoption d'une posture ne prenant que l'hétérogène et l'instable pour point de départ permet d'échapper à toute forme d'a priori théorique et normatif et rend possible une compréhension plus approfondie des logiques et des compétences déployées par les acteurs dans leurs activités quotidiennes pour homogénéiser l'hétérogène, stabiliser l'instable. Un tel projet, engagé sérieusement, pourra peut-être enterrer définitivement les restes du «grand partage».

Bibliographie

Appadurai Arjun. 2005. *Après le colonialisme: les conséquences culturelles de la globalisation*. Paris: Payot.
Becker Howard Saul. 1999. *Propos sur l'art*. Paris: L'Harmattan.
    2006. *Les mondes de l'art*. Paris: Flammarion. (Champs)
Becker Howard Saul et Alain Pessin. 2005. «Dialogue sur les notions de monde et de champ», in: Gaudez Florent, éd. *Les mondes du jazz aujourd'hui*. Paris: L'Harmattan, pp. 165-180.
Goody Jack. 1979. *La raison graphique: la domestication de la pensée sauvage*. Paris: Minuit.
Hennion Antoine. 2003. «Ce que ne disent pas les chiffres… vers une pragmatique du goût», in: Donnat Olivier et Paul Tolila, éds. *Le(s) public(s) de la culture*. Paris: Presses de Sciences Po., pp. 287-304.
Lahire Bernard. 2005. *L'homme pluriel: les ressorts de l'action*. Paris: Armand Colin.
Latour Bruno. 2006. *Changer de société: refaire de la sociologie*. Paris: La Découverte.
Müller Alain. 2010. «"Worldwide United": Construire le monde du hardcore». Neuchâtel: Université de Neuchâtel. (thèse de doctorat en sciences humaines – ethnologie) [http://doc.rero.ch/record/20818?ln=fr · consulté en ligne le 1er décembre 2010]
Thévenot Laurent. 2006. *L'action au pluriel: sociologie des régimes d'engagement*. Paris: La Découverte.
Wimmer Andreas. 1996. «L'héritage de Herder: nationalisme, migrations et pratique théorique de l'anthropologie». *Tsantsa* (Berne) 1: 4-19.

(Müller 2010) et qui consiste à gommer savamment tout ce qui les y relie, à souligner leur «rejet» des valeurs qu'il représente. La seconde est l'exacte antinomie de la première et consiste à souligner combien cette coupure est illusoire et à mobiliser un argument du type «il faut bien bouffer», insistant sur le fait que si le groupe veut durer, il n'a pas le choix. Les deux stratégies ont cependant un but commun, celui de défendre l'honnêteté du projet artistique, démarche qui peut donner lieu à des revendications du type «We're still true», «nous n'avons rien perdu de notre authenticité».

Bruit ?
Pour une sociologie du volume sonore dans les musiques amplifiées

Gérôme Guibert

> Le volume sonore est l'un des paramètres de la création musicale au sens où il participe à l'expérience d'écoute de la musique. Il peut être ignoré au profit d'autres paramètres – ou bien souvent ne pas être pris en considération par l'évidence qu'il semble y avoir à le fixer à un même niveau d'un bout à l'autre du concert –, mais peut également s'avérer un élément déterminant de la musique produite […]
>
> Matthieu Saladin, musicien et chercheur (2007)

Chapitre 2

> Mon projet était de critiquer le modèle classique qui analyse les conflits sociaux comme des conflits d'intérêts. Or pour moi, il apparaît que les conflits sociaux se comprennent mieux en faisant intervenir des attentes morales, c'est-à-dire en les expliquant par des sentiments d'honneur bafoué, de mépris ou de déni de reconnaissance.
>
> Axel Honneth, philosophe (2006)

Au-delà des clichés caractéristiques de la culture rock et de sa mythologie, se poser la question du volume sonore dans les musiques amplifiées permet de mieux comprendre les polémiques qui occupent l'espace public, qu'elles concernent les questions de santé, de loi, de vie commune ou encore d'esthétique. On le montrera en deux points complémentaires. Le premier abordant le volume sonore par la problématique du risque, le second par celle de l'intensité.

La question du volume sonore et des risques encourus

Schématiquement, le débat se résume à deux visions idéales-typiques antagonistes qui convoquent des logiques de justification, des «systèmes de valeur» différents:
a) il faut baisser le niveau sonore pour limiter les risques potentiels encourus par le public («registre de justification sociétaire et individualiste») *versus*;
b) la législation n'a pas à interférer sur une pratique culturelle choisie par ceux qui décident de s'y investir («registre de justification communautaire et libéral»).

L'hétérogénéité des registres de justification provient de la défense de «biens communs» différents par les personnes qui s'impliquent dans l'action militante:
- les premiers (ceux qui défendent l'assertion a) sont souvent risquophobes, ils utilisent les outils juridiques pour protéger les usagers (logique légaliste), la population étant consi-

dérée comme potentiellement concernée dans son ensemble (logique sociétaire) et peu apte à prendre par elle-même les décisions qui s'imposent;
- les seconds (ceux qui défendent l'assertion b) sont plutôt risquophiles. Hédonistes, ils cherchent à donner aux usagers les informations leur permettant de se responsabiliser et de juger par eux-mêmes de l'opportunité de leurs actions (autoapprentissage). Ils considèrent que toute la population n'est pas concernée par tout type de pratique (logique communautaire): concernant la fréquentation d'un certain type d'événement culturel, certains profils sociaux dominent (en termes d'âge, de sexe ou d'autres variables).

Sociologiquement, d'où viennent les débats autour du volume sonore ?

To be played at maximum volume (David Bowie 1972)
Play it loud (Slade 1972)

Comme le montre Marc Touché (2007), la production de forts volumes sonores en musique ne constitue pas une nouveauté en soi. Dans le cadre des musiques populaires, l'amplification électrique vient toutefois bouleverser le registre des possibles, ceci notamment à partir des années 1970 durant lesquelles son usage devient paroxystique. Le sociologue prend comme exemple l'apparition d'amplificateurs double ou triple corps de plusieurs centaines de watts utilisés avec les guitares électriques. Les systèmes de sonorisation deviennent alors complètement indépendants du volume physique (acoustique) généré par les instruments et peuvent entraîner des risques sérieux de lésion auditive. Ceux-ci ont néanmoins été progressivement identifiés et contenus. On peut même dire que, aujourd'hui, la diffusion à forte intensité est largement apprivoisée et maîtrisée.

Habituellement, ces débats sur les registres de justifications risquophobes/risquophiles apparaissent lors de phases de transition (Boltanski et Thévenot 1991). L'arrivée de l'Etat au sein du monde des «musiques amplifiées» a sans doute amené les différents acteurs en présence à débattre sur les volumes sonores. Davantage que le phénomène physique en lui-même, c'est donc l'évolution des contextes d'usages qui explique le développement des débats.

La prise en compte des musiques amplifiées par l'Etat dès les années 1980, notamment par le biais du champ culturel, a fait passer ces musiques de l'invisibilité «underground» à une certaine officialisation (Guibert 2006). Leur mode de fonctionnement et leurs caractéristiques ont alors pu être mieux perçus.

Issues des cultures populaires, ayant gardé une forte dimension d'oralité tout en adoptant les nouveaux moyens techniques de stockage, de traitement et de reproduction du son, les musiques amplifiées conservent un aspect subversif. Elles participent de la notion de «dépense» théorisée par Georges Bataille (1967).

Alors que les cultures savantes exigent le silence de l'auditoire, les cultures populaires sont traditionnellement familières du bruit. Ceux qui ont effectué des recherches sur la naissance des industries culturelles, comme Dominique Kalifa (2001) par exemple, ont montré que les séances de cinéma muet étaient loin d'être silencieuse au début du XXe siècle: les gens discutaient, riaient et criaient, tout comme ils se permettaient de le faire au café-concert, où le chanteur devait chanter à pleins poumons, voire même hurler pour se faire entendre. Les écrits de Bakhtine (1970) soulignent bien le fond sonore bruyant de la culture populaire, notamment à travers ses descriptions de rires ou de corps opulents.

Aux salles silencieuses, assises, respectant un «art pour l'art» émanant du XIXe siècle et où règne l'autodiscipline des corps, s'opposent des salles avec un public circulant, consommant de l'alcool et du tabac, parfois emporté par la danse mais considérant toujours la musique comme un élément indistinct quoique nécessaire de la fête.

Le passage du son de la sphère publique à la sphère privée

La «pacification des mœurs», selon l'expression de Norbert Elias (1973), a toutefois entraîné une diminution ou en tout cas une intériorisation des pratiques bruyantes. La «sphère intime» (périmètre social infranchissable appartenant à l'individu) s'accroît. Aujourd'hui par exemple, dans certains transports en commun, comme le TGV, le volume sonore se doit d'être extrêmement bas, il ne faut pas déranger son voisin.

Moins de contacts physiques par le toucher ou l'odorat, des goûts aseptisés, un paraître davantage normé sous peine d'être stigmatisé, et bien sûr moins de sons, moins de volume émanant de chacun. On parle plus bas et l'on ne chante plus. On écoute sa musique au casque lorsqu'on est à l'extérieur de chez soi.

Le passage de la communauté à la société, selon les termes formulés par Tönnies au début du XXe siècle, fait que les gens vivent, dans la société moderne, les uns à côté des autres et non plus dans un mouvement homogène. Ils ont des rythmes différenciés (Riesman 1964). Chacun est pris par son emploi du temps, flexibilisé et décalé par rapport à celui de son semblable, ce qui fait que toute manifestation sociale qui, par le volume sonore ou tout autre phénomène lié à l'un des cinq sens, dépasse l'espace privé pour toucher l'espace public peut déranger, et dérange.

Avec la reconnaissance officielle des musiques amplifiées et le développement exponentiel de leur pratique depuis les années 1960 (musiciens ou mélomanes), le volume sonore généré a pu gêner ceux qui ne partageaient pas cette culture ou parfois les mêmes personnes lors de différents temps sociaux et dans différents contextes, ce qu'exprime bien la définition du bruit comme «son non désiré» à un moment donné (Green 1993).

A cette première requête vis-à-vis du monde extérieur à ces musiques (les «effets externes du bruit insupportable») s'en est ajoutée une seconde, qui devait concerner l'intérieur même (les usagers des musiques amplifiées). Limiter le niveau sonore à l'intention des auditeurs, mais aussi augmenter les actions de prévention (bouchon, durée réduite d'exposition…).

Pourquoi un volume sonore élevé ?

Le volume sonore génère une nouvelle dimension

High volume on speakers recommended (Plateformes 2006)

La puissance sonore favorise l'immersion dans la musique. Lorsqu'on arrive sur le lieu d'où émane le son amplifié, on est brusquement coupé de l'environnement perceptif antérieur. Le bruit accapare l'appareil sensoriel en mobilisant l'ouïe, mais aussi le toucher (on ressent le son par le corps) et provoque un déconditionnement. Cette présence physique du son favorise le glissement de l'auditeur consentant vers une expérience onirique. Le volume sonore élevé rend difficile la parole et transforme les rapports sociaux (Hall 1966). Il donne à la matière sonore une épaisseur qui la rapproche des arts plastiques tridimensionnels [1].

Ce qui caractérise l'expérience amplifiée, c'est l'usage limite du volume sonore. Contrairement à certaines assertions, un son physiologiquement trop élevé déplaît à l'auditeur. Les usagers de musiques amplifiées protestent lorsque le son est trop fort. Un groupe qui joue trop fort ne propose pas un «bon concert» (Lucas 1991) mais tend à vider la salle. L'expérience réussie

---

[1] Remarque tirée des entretiens réalisés auprès des spectateurs lors de la tournée française du groupe My bloody Valentine en 1992 (Guibert 1996).

provient plutôt du jeu avec les limites (intensités, hauteurs et plus récemment timbres ou infrabasses – par exemple dans la techno).
Trop cadrer le volume sonore revient à transformer, voire annuler le contexte culturel d'exercice des musiques amplifiées, à désenchanter cette expérience de la frontière.

Le volume sonore comme rite de passage ordalique

Maximum volume yelds maximum results (Khanate 2003)
Play it loud, Mutha (Twisted sister 1986)

Les rites de passage uniformes entre l'adolescence et l'âge adulte tendent à se perdre dans la société contemporaine (conscription, mariage et système religieux). Face à la baisse des prises en charge collectives, c'est à chacun de se construire par lui-même et d'assurer son parcours individuel, dans le cadre d'une jeunesse choisie mais aussi subie (chômage, fragilité du couple…) et de plus en plus longue (Galland 2001). De nombreux chercheurs en sciences sociales ont ainsi souligné un développement des rites de passage ordaliques, c'est-à-dire d'une mise en danger personnelle des jeunes qui, dans le même temps, participent à leur construction singulière et renforcent leur personnalité. On pense par exemple aux sports extrêmes, aux marquages corporels (piercings, tatouages), à la prise de substances psychotropes (alcool ou autres drogues). L'écoute de musique à fort volume peut en faire partie[2]. Selon l'expression consacrée, elle permet de «recharger ses batteries», de donner de l'énergie.

Le volume sonore comme paramètre de création

I suggest listening to the piece at comparatively low levels, even to the extent that it frequently falls below the threshold of audibility (Brian Eno 1975)
This record has been mixed to be played loud. So turn it up (The Cure 1991)

Si le volume sonore a été pointé du doigt dans l'espace public, il s'agit toutefois d'un simple paramètre en matière de création artistique. Mobilisé de toutes les façons imaginables au sein des musiques amplifiées, son usage extrême et constant concerne en définitive très peu de genres dits *extrêmes* (industriel, techno, hardcore). Ceux-ci le convoquent pour des raisons esthétiques et/ou politiques suivant une démarche qui existait déjà au début du XXe siècle chez les futuristes italiens. Plus courant est le travail du son comme matériau alternant signal (le cas échéant fort, voire bruitiste) et silence dans une dialectique subtile d'absence et de retour, par exemple dans le style postrock[3]. Il arrive même que certaines compositions et/ou interprétations s'envisagent à un faible niveau sonore pour permettre une interaction avec les sons environnants, par exemple l'album manifeste «*discreet music*» de Brian Eno (1975).

---

[2] Le rite de passage ordalique tel qu'il est envisagé ici ne concerne pas l'ensemble des auditeurs de musique amplifiée. De la même manière qu'un spectateur peut être soumis involontairement aux dangers qu'entraîne un volume excessif (près des enceintes typiquement), il existe aussi une importante population de musiciens ou de *fans* qui rejette l'abus de décibels. Pour expliquer ce fait, j'observe une homologie entre le rapport au son et le placement physique au concert (entre les premiers rangs à la densité importante, où s'expriment diverses manifestations corporelles liées à la danse, au *pogo* ou au *stage diving* et le fond de la salle, plus dispersé, tranquille et ouvert à la discussion). Or, même si on peut retrouver les mêmes personnes aux deux endroits (en fonction notamment de leur état de fatigue, d'excitation ou d'ébriété), Cohen montre que ce sont habituellement les plus jeunes et les moins expérimentés qui se retrouvent devant (Cohen 1991).

[3] Pour une analyse musicologique de ce courant, voir Cotro (2000).

Cette complexité dans l'utilisation du volume sonore permet de souligner de quelle manière une limitation autoritaire et univoque du «bruit» peut restreindre les possibilités de création. Elle montre aussi comment, au-delà des pratiques réelles, le volume sonore est constitutif de plusieurs mythes fondateurs liés aux cultures et aux musiques populaires. A titre d'exemple, parmi tant d'autres, je citerai le groupe de metal Manowar qui, pour bien souligner qu'il joue à pleine puissance, vend des bouchons d'oreilles à son effigie. Dans un registre voisin, le guitariste du groupe parodique *Spinal Tap* (dans le film éponyme réalisé par Rob Steiner en 1984) possède un amplificateur spécial dont le potentiomètre de volume peut monter jusqu'à 11 (au lieu du chiffre 10 qui marque habituellement le maximum).

Au-delà d'un certain niveau, le son détériore l'oreille. Cela étant, prendre le parti de la sécurité au nom de la «santé» des auditeurs ou de la «qualité» d'écoute semble souvent inapproprié là où une prévention tenant compte de l'histoire et de l'expérience de ces musiques s'avérerait plus adéquate.

Le parti des autorités est celui de la loi générale qui instaure des normes (en France par exemple, le décret n° 98-1 143 du 15 décembre 1998 limite le niveau sonore à un niveau moyen de 105 dB à l'intérieur des salles de spectacles), considérant, selon le principe de précaution, les auditeurs comme des sujets passifs. Il s'oppose à une logique de sensibilisation et d'information qui responsabiliserait les auditeurs, y compris les musiciens, et prendrait acte du libre choix individuel quant aux modalités d'écoute. La question du vivre ensemble (Touraine 2005) implique des garde-fous en termes de niveaux sonores, notamment pour les riverains qui subissent les nuisances de manifestations auxquelles ils sont étrangers ainsi que pour les plus jeunes qui écoutent de la musique sans avoir conscience des dangers potentiels. Cependant, trop légiférer sur cette question risque d'annuler ce qui fait l'originalité de certaines propositions musicales, voire même leurs fonctions de lien social et de catharsis profitables à de nombreux citoyens d'hier, d'aujourd'hui et de demain.

Bibliographie

Bakhtine Mikhaïl. 1970. *L'œuvre de François Rabelais et la culture populaire au Moyen Age et sous la Renaissance.* Paris: Gallimard.

Bataille Georges. 1967. *La part maudite,* précédé de *La notion de dépense.* Paris: Minuit.

Boltanski Luc et Laurent Thévenot. 1991. *De la justification.* Paris: Gallimard.

Cohen Sarah. 1991. *Rock culture in Liverpool: popular music in the making.* Oxford: Clarendon Press.

Cotro Vincent. 2000. *Chants libres: le free jazz en France 1960-1975.* Paris: Outre Mesure.

Elias Norbert. 1973. *La civilisation des mœurs.* Paris: Pocket Agora.

Galland Olivier. 2001. «Adolescence, postadolescence, jeunesse: retour sur quelques interprétations». *Revue française de sociologie* (Paris) 42/4: 611-640.

Green Anne-Marie. 1993. *De la musique en sociologie.* Paris: EAP.

Grynszpan Emmanuel. 1999. *Bruyante techno: réflexion sur le son de la free party.* Nantes: Mélanie Seteun.

Guibert Gérôme. 1996. *Analyse d'un courant musical: l'indie pop.* Nantes: Université de Nantes. [Mémoire de maîtrise de sociologie]

2006. *La production de la culture: le cas des musiques amplifiées en France.* Paris: Mélanie Seteun/IRMA.

Hall Edward T. 1978 (1966). *La dimension cachée.* Paris: Seuil.

Honneth Axel. 2006. «Les conflits sociaux sont des luttes pour la reconnaissance». *Sciences humaines* (Auxerre) 172: 33-47.

Kalifa Dominique. 2001. *La culture de masse en France. 1: 1860-1930.* Paris: La Découverte.

Lucas Jean-Michel. 1991. «Du rock à l'œuvre», in: Mignon Patrick et Antoine Hennion, éds. *Rock, de l'histoire au mythe.* Paris: Anthropos, pp. 77-100.

Riesman David. 1964 (1950). *La foule solitaire: anatomie de la société moderne.* Paris: Arthaud.

Saladin Matthieu. 2007. «Esthétique du bruit: le double jeu des musiques expérimentales». *Esse magazine* (Montréal) 59: 16-19.

Tönnies Ferdinand. 1977. *Communauté et société.* Paris: Retz-CEPL [*Gemeinschaft und Gesellschaft.* 1960. Darmstadt: Wissenschaftliche Buchgesellschaft]

Touché Marc. 1996. «Les lieux de répétition des musiques amplifiées». *Annales de la recherche urbaine* (Paris) 70: 58-67.

2007. «Metal: une culture de la transgression sonore». *Volume! La Revue des Musiques populaires* (Bordeaux) 5/2: 137-152. [entretien réalisé par Gérôme Guibert et Fabien Hein]

Touraine Alain. 2005. *Un nouveau paradigme: pour comprendre le monde d'aujourd'hui.* Paris: Fayard.

LES CRÉCELLES DE L'HISTOIRE

Jean-Marie PRIVAT

> Les appels de la garde: bruits de langue, de gorge, choc de fer sur du fer, de fer sur du bois, petits cris, hoquets, chants brefs, sifflets, qui courent sur les barbelés comme [...] un message codé, barrière aux bruits de la brousse, autour de la cité. (Koltès 1989: 7)

Tel est le monde sonore et inquiétant qui enveloppe l'univers crépusculaire de *Combat de nègre et de chiens**. Le drame [1] se déroule dans un pays de l'Afrique de l'Ouest, sur le chantier de travaux publics d'une entreprise européenne entourée «de palissades et de miradors». Ces appels cryptés et ces signaux sonores intelligibles des seuls initiés sont au principe autobiographique de l'écriture: «Les gardes, la nuit [...], s'appelaient avec des bruits très bizarres qu'ils faisaient, avec la gorge… et ça tournait tout le temps. C'est ça qui m'avait décidé à écrire cette pièce, le cri des gardes.» (Koltès 1999: 11). Ils sont surtout transmis et perçus comme les signes d'une fureur et d'une terreur, dès l'incipit: «Je suis Alboury, monsieur; je viens chercher le corps; sa mère était partie sur le chantier poser des branches sur le corps, [...] elle n'a rien trouvé; et sa mère tournera toute la nuit dans le village, à pousser des cris, si on ne lui donne pas le corps. Une terrible nuit, monsieur.»

Le drame collectif ira *rinforzando*, jusqu'à la tragédie historique et métaphysique finale. C'est en effet le corps de Nouofia – un jeune ouvrier noir assassiné par l'ingénieur Cal et non la victime d'un malheureux accident du travail – corps mort mais non enterré qui hante de son absence toute la communauté des vivants. Les bruits et les cris de *Combat de nègre et de chiens* jouent le rôle de marqueurs ethnotypiques d'une africanité imaginaire «Le chant des crapauds-buffles: ils appellent la pluie.» ou encore d'indices cognitifs de dissonance voire d'altérité culturelle: «Alboury. – Le cri des éperviers [...]. Léone. – Je n'entends pas. Alboury. – Je l'entends.» Mais pas seulement.

---

* Les citations non référencées de cette contribution sont tirées de cet ouvrage que Bernard-Marie Koltès a initialement publié en 1980.

[1] L'argument de la pièce peut se résumer en quelques mots, entre silences de mort et bruits infernaux. La scène se passe en Afrique, au XXe siècle. Un ouvrier noir qui travaillait sur un chantier de travaux publics a été brutalement abattu pour un motif futile par un ingénieur blanc. Sa mort est déguisée en accident du travail. La mère vient réclamer le corps de son fils pour l'enterrer selon le rite du village. Mais le cadavre a été jeté à l'égout… Une figure d'ancêtre apparaît alors et réclame impérieusement la restitution du mort. Une jeune femme invitée par le chef de chantier à partager la splendeur exotique d'un feu d'artifice – voire plus si affinités – se trouve prise entre deux feux, son innocence personnelle et son imagerie africaine. Un combat à mort – à mots armés et à armes réelles – va bientôt mettre aux prises les «nègres» venus de la brousse et les «chiens» de garde d'un monde en perdition, jusqu'à l'apocalypse finale.

Une inquiétante contre-musique

En fait «Ces bruits, ces ombres, ces cris», fonds sonore lugubre et de mauvais augure, participent d'une contre-musique que les ethnomusicologues s'accordent à définir comme l'envers de la musique, c'est-à-dire, très concrètement, «comme un ensemble de phénomènes sonores, intentionnellement structurés et assemblés, situés à la frontière des sons musicaux, vocaux et instrumentaux – et de signaux bruyants» (Marcel-Dubois 1975: 604). La poétique koltésienne orchestre ainsi selon une logique paramusicale inouïe des indices sonores de la tragédie antique comme ce «bruit mat d'une course, pieds nus sur la pierre, au loin», des intersignes verbaux dramatiques comme cet «appel, guerrier et secret, qui [...] s'élève du massif d'arbres jusqu'aux barbelés et des barbelés aux miradors», ou encore comme cet ensemble discordant et puissant de percussions idiophoniques (choc de fer sur du fer, de fer sur du bois)[2] et d'expressions vocales communautaires (chants brefs, sifflets)[3] traversées de vibrations corporelles (langue, gorge, hoquets). Dans l'écriture hétérophonique du texte, cette dissonance bruyante et violente de la bande-son (et des sons de contrebande), ce primitivisme sonore et verbal dont le spectateur est le témoin auriculaire prend à revers Horn, chef de chantier sexagénaire et artificier à ses heures, qui rêve d'un monde où tout ne serait qu'ordre harmonieux et beauté classique: «Horn. – L'équilibre, voilà le mot. [...] C'est ainsi que doit se construire un bon feu d'artifice, dans l'équilibre: organisation des couleurs, sens de l'harmonie, juste mesure [...]. Construire l'équilibre de l'ensemble et l'équilibre de chaque moment.»
Cette esthétique et cette morale, cette vertu des harmoniques sont d'ailleurs inscrites dans la mémoire culturelle et cultuelle de Léone, une jeune femme «A moitié allemande, à moitié alsacienne» promise à Horn et qui découvre, entre fascination et remémoration, les fantômes de l'Afrique et ses mystères magico-religieux: «Léone. – [...] Vous sentez le vent? Quand le vent tourne comme cela c'est le diable qui tourne. Verschwinde, Teufel [...]. Alors, on faisait sonner les cloches de la cathédrale, pour que le diable s'en aille, quand j'étais petite.»[4]
On ne saurait dire plus explicitement combien les consonances sacrées et rituelles sont à l'opposé des disharmonies paramusicales, manifestations dramatiques et comme physiques d'un violent désordre cosmique et cosmologique: «Cal. – [...] Alors, au milieu du vacarme, des éclairs déchaînés, je vois un grand trait de foudre. [...] Et on voit le nègre tomber, au milieu des bruits de tonnerre.» Horn menacera d'ailleurs Alboury d'un châtiment céleste: «La foudre, le tonnerre, mon vieux; règle tes comptes avec le ciel et fous le camp, fous le camp» La tragédie se conclura sur des «visions» de fin d'un monde (visions qui se marient avec le feu d'artifice artisanal que Horn rêvait d'offrir à sa «fiancée»): «Une première gerbe lumineuse explose silencieusement et brièvement sur le ciel [...]. Alors s'établit, au cœur des périodes noires entre les explosions, un dialogue inintelligible entre Alboury et les hauteurs

Chapitre 2

---

[2] Sur la classification des instruments de musique et notamment des corps solides (rigides, flexibles ou tendus), voir Schaeffner (1936: 136-184, 371-377).

[3] Ce système sémiotique, quoique très présent, est redoublé et renforcé par d'autres structurations sémantiques et symboliques qui lient et opposent par exemple le chaud et le froid, le dur et le mou, surtout l'obscur et le lumineux et plus encore le sec et l'humide.

[4] «Disparais, Diable». Le microsystème prédictif (vent / diable) dont le principe culturel est d'ailleurs inscrit dans la langue commune («un vent du diable») est activé dans maintes didascalies. Le vent tourbillonnant est un vent de l'au-delà qui porte la parole errante des mauvais morts (Calame-Griaule 1965: 86-89). C'est ce vent qui porte les «bruits de la brousse» (Koltès 1989: 7) jusqu'au chantier, ce vent encore qui porte le dialogue entre *Le Roi des Aulnes* cité en allemand par Léone – «Qui galope si tard à travers la nuit et le vent...» (Koltès 1989: 58) – et, en ouolof par Alboury, l'ancestral «roi de Douiloff»: «Oui, j'ai entendu les cris des femmes [...], que le vent porte les cris jusqu'ici» (Koltès 1989: 58). C'est ce vent qui – au cœur des ténèbres – signifiera la décision de l'assaut fatal (Koltès 1989: 107): «Jaillit un appel, guerrier et secret, qui tourne, porté par le vent [...]. Cal est touché au ventre, puis à la tête; il tombe.» (Koltès 1989: 106-107).

de tous côtés. [...] langage indéchiffrable qui résonne et s'amplifie, tourbillonne le long des barbelés et de haut en bas [...], règne sur l'obscurité et résonne encore sur toute la cité pétrifiée, dans une ultime série d'étincelles et de soleils qui explosent.»
On pourrait croire à une sorte de cauchemar qui désarticule le langage et déshumanise la cité, à une forme d'Apocalypse biblique: «il se fit un violent tremblement de terre. Le soleil devint noir comme une étoffe de crin, et la lune entière comme du sang. Les étoiles du ciel tombèrent sur la terre.» (*Apoc.*, 6.12-13, TOB). Mais bien sûr cette apocalypse contemporaine est sans espérance eschatologique aucune: «Le jour se lève, doucement. Cris d'éperviers dans le ciel. [...] très loin, et l'on entend à peine sa voix [celle de Léone], couverte par les bruits du jour; [...] mein Kleid geht auf. Mein Gott.»
Combat de nègre et de chiens se donne ainsi à entendre non pas comme un monde cacophonique ou brutalement métissé – «Et voilà le bruit de l'Afrique. Ce n'est ni le tam-tam, ni le pilage du mil, non. C'est le ventilateur [...] et le bruit des cartes, ou celui du cornet à dés.» – mais comme une obscure chambre d'échos où un *lamento* ténébreux et criard est entrecoupé de silences énigmatiques et d'interrogations suspendues: «C'est le bruit de l'eau, c'est le bruit d'autre chose: avec tous ces bruits, impossible d'être sûr. Alboury (*après un temps*). – Tu as entendu ? Léone. – Non. Alboury. – Un chien. Léone. – Je ne crois pas que j'entends. (*Aboiements d'un chien, au loin*).» Un univers en anamorphose où «le moindre bruit s'entend à des kilomètres» et où les orchestrations sonores et verbales sont curieusement *in-audibles*, à la fois imperceptibles et insupportables à entendre...

Un charivari des Ténèbres

L'ancrage africain de *Combat de nègre et de chiens* est certes une dimension sonore culturelle du texte: «La transmission de messages tambourinés est l'annonce d'un danger [...]. L'état de qui-vive, d'alarme, que les populations à l'intérieur de l'Afrique ont connu durant des siècles les a conduites à s'alerter les unes les autres sous une forme réduite à l'essentiel qui consiste de part et d'autre à lancer un avertissement impérieux et à y répondre par des signes d'acquiescement.» (Schaeffner 1980: 118).
Et les charivaris africains connaissent fort bien ce type d'usage des vacarmes rituels (tambours à friction, sifflets, longs hurlements humains) quand un désordre social ou une transgression sacrilège risquent de conduire les hommes au *désastre* (Muller 1979: 77-94). Ces bruits rituels sanctionnent en effet, pour parler comme Claude Lévi-Strauss (1964: 293), une double rupture de codes, «une conjonction répréhensible» (la crécelle des charivaris aux anomalies matrimoniales et aux égarements sexuels) et «une disjonction pleine de risque» (la crécelle des charivaris aux désordres cosmiques). Comme le clame le dicton en son bestiaire domestique et comme l'exige impérieusement la coutume: «Vieux chat et jeune souris, charivari, charivari !». Le vacarme charivarique dénonce un rite de passage illégitime ou mutilé, le vrai-faux mariage par exemple d'un homme âgé, émasculé et cocu (Horn) avec une jeune femme vierge qui pourrait être sa fille (Léone), union blanche, stérile et quasi incestueuse qu'Alboury dénonce brutalement, crachant au visage de la malheureuse: «Démal falé doomu xac bi !» [Va-t'en loin d'ici, hors de ma vue, fille de chien !][5]
Or, l'organologie charivarique (pour nous en tenir ici à ce seul point de vue) se caractérise elle aussi comme un vacarme intentionnel et structuré: «percussion et entrechoc d'instruments de métal, percussion et friction de tambours, secouement de grelots et clochettes, rudiments mélodiques de trompes, [...] émission vocale aux confins du cri et du chant [...]: alternance

---

[5] Traduction du ouolof par l'auteur. Sur l'aversion africaine de cette «chiennerie» (inceste réel ou symbolique), voir Héritier (1981) et Privat et Scarpa (2010).

du grave et de l'aigu, du fort et du faible», etc. (Marcel-Dubois 1981: 52). Cette homologie dans la production rituelle de la dissonance agressive se retrouve dans les charivaris qui manifestent ou sanctionnent des transgressions anthropologiques majeures. On se souviendra par exemple du *Roman de Fauvel* (XIVe siècle) et du charivari de tous les diables que mène la troupe nocturne et vengeresse des morts pour punir des amours illicites et sacrilèges. La crécelle des ténèbres de cette *chasse sauvage*, messagère de l'Antéchrist, est:

> Un engin de roes de charettes,
> Fors, reddes et moult très bien faites,
> Et au tourner qu'eles fesoient
> Six bastons de fer encontroient
> Dedens les moieux bien cloez […].
> Si grant son et si variable,
> Si let et si espoentable
> A l'encontre fesoient donner
> Que l'on n'oïst pas Dieu tonner.
> (Du Bus, XIVe siècle)

Ce lien entre transgression des rites et puissances démoniaques se retrouve dans *Combat de nègre et de chiens* (chez Shakespeare aussi). Si la nuit est obscure et *bruissante*, c'est en effet que le mort et le diable rôdent en une danse macabre autour du couple charivarique et du village noir privé du rite funéraire coutumier. Selon une expressivité mythico-poétique originale, l'écriture baroque de Koltès dit ce chaos car la mort est injuste, le jeune ouvrier est assassiné; le cadavre outragé, son corps est jeté aux égouts; et le rite funéraire impossible, le cadavre reste introuvable: «la famille aurait enterré la calebasse dans la terre». Ces dissonances et discordances étranges et inquiétantes qui finissent par emplir «l'espace tout entier» sont comme un charivari des Ténèbres, variante religieuse des vacarmes cérémoniels. N'est-il pas question «au cœur des périodes noires [de] langage indéchiffrable qui résonne […] règne sur l'obscurité et résonne encore […] et de soleils qui explosent»? Or, on sait que pour signifier le chaos symbolique que représentent la mort du Christ («il y eut des ténèbres sur toute la terre» selon les Evangiles: Mat. 27.45; Marc 15.33; Luc 23.44, TOB) et sa descente aux Enfers (la disparition provisoire de son corps), l'Eglise célèbre du Jeudi au Samedi saints l'Office des Ténèbres selon un rituel sonore très précis: «L'oraison terminée, le Cérémoniaire frappe de la main sur un banc ou sur un livre, et le Chœur fait un peu de bruit de la même manière, jusqu'au moment où le Clerc, qui tient le cierge caché, le fait paraître. Alors, le bruit cesse.» (Le Vavasseur, Haegy, Stercky 1935: 281-285)

Il faut se souvenir aussi que la culture folklorico-liturgique des enfants de chœur-crécelleurs (tout spécialement en Lorraine francophone ou germanique, province natale de Koltès[6]) s'est fait un devoir jusqu'au milieu du XXe siècle, plus ou moins en marge de la liturgie consacrée (Van Gennep 1947: 1214-1239), de conduire dans l'église et hors l'église de véritables charivaris sacrés des Ténèbres: «Les crécelles, les toque-maillets, les tambours à friction tournoyant des Ténèbres ne sont-ils pas réservés à une période où Satan […] devient le maître de l'univers? Et […] ne supplantent-ils pas alors, et pour un temps, les orgues et les volées de cloches que l'avènement de Pâques ressuscitera?» (Marcel-Dubois 1981: 51; Lévi-Strauss 1966: 309-408)[7]. Ici «il n'y a pas de cathédrale», pas de cloche aux sons clairs

Chapitre 2

---

[6] «Pendant le voyage des cloches, les offices étaient annoncés exclusivement par les enfants de chœur-crécelleurs avec des crécelles en bois dur, sortes de moulinets formés d'un cylindre denté venant frapper une planchette flexible et faisant un bruit crépitant» (L'Hôte 1984: 156).

[7] L'ethnomusicologue observe que «la représentation du monde de l'obscurité et de la mort par les instruments de paramusique – crécelle entre autres – ainsi que les sonorités génératrices d'épouvante et comme issues d'un autre monde que ces instruments produisent sont autant de faits qui s'appliquent très exactement à des rites de charivaris aux remariages […], liés dans la croyance populaire à un retour du défunt» (Marcel-Dubois 1965: 51-52).

et célestes, pas de vie. Ici, en guise de résurrection, «à la surface d'égouts à *ciel* ouvert», des (cadavres de) bouteilles de whisky vides qui «se heurtent», comme si le monde de *Combat de nègre et de chiens* était destiné à rester bloqué dans une phase de marge cosmogonique, un temps indéfini de mort symbolique et de chaos existentiel, une sorte de Carême sans Dieu où tout n'est que déréliction et solitude, tristesse métaphysique et morts sans au-delà. Les deux gigantesques arches du pont qu'était censé construire le *pontifex* Horn sont destinées dès le début à rester éternellement disjointes «dans un grand vide de ciel, au-dessus d'une rivière de boue.»

Un camp de la mort (et ses voix hors champ)

Il se pourrait bien que les pensées du texte soient pour le lecteur comme la cosmologie africaine pour un étranger, «entremêlées, obscures, indéchiffrables». Il convient en effet, pour lever *le mal entendu* et entendre le retentissement historique du drame, de rappeler fortement que dans «toute l'Europe» les crécelles rituelles des Ténèbres sont accompagnées par ces paroles (ou leurs innombrables variantes): «Les juifs infidèles sont noirs comme des chiens [...]. Judas infidèle qu'as-tu fait de livrer ton maître aux juifs? En punition tu brûles maintenant en enfer, tu y demeures avec les diables» (Fabre-Vassas 1994: 193). C'est ainsi que le Samedi saint (jour du Sabbat), par les rues, les garçons «chassent le juif» avec leurs armes sonores et leur sauvage théologie [8]. Dès lors, comment ne pas penser par association de rites et de crimes à l'histoire biblique d'Esther et d'Aman? On se souvient qu'Aman avait voué à l'extermination tous les Juifs, «depuis les plus jeunes jusqu'aux plus vieux, jusqu'aux femmes et aux petits enfants» (*Livre d'Esther*, III, 13):

> Que de corps entassés, que de membres épars,
> Privés de sépulture!
> (Racine, *Esther*, v. 321-322)

Or, lors de la Fête de Pourim, à la lecture du *rouleau d'Esther*, chaque fois que le nom d'Aman est prononcé, «les fidèles frappent du pied et agitent des crécelles (*Ra'achanim* en hébreu) en un joyeux chahut» (Wigoder 1993: 891). Il s'agit de fêter le combat victorieux d'Esther contre l'ennemi mortel, jusqu'à «effacer la mémoire» de son nom. Mais ces crécelles de Pourim [9] ne seraient qu'un intertexte festif et virtuel si *Combat de nègre et de chiens* ne se situait dans «un lointain enclos» où travaillent des «hommes-bourricots, des hommes-éléphants, des bêtes de somme». Ce «dépotoir des hommes sans qualification» est en fait un camp entouré de barbelés, de palissades et de miradors, avec leurs projecteurs qui aveuglent dans la nuit. Un camp où les chiens hurlent à la mort et où les hommes sont des chiens pour l'homme (Privat et Scarpa 2010). Un camp peuplé de sous-hommes qui travaillent sous le regard de gardiens «frères» qui vont retourner leurs armes et où les petits chefs blancs se remémorent des images littéraires d'exécutions sommaires – «Cal.– [...] Miller, oui. Quand il fait le rêve où il tue Sheldon d'un coup de pistolet en disant: "Je ne suis pas un Polak!" Tu connais?» Oui, un camp de la mort où l'on parle parfois allemand, où l'on perd la tête en des délires bouffons et d'où l'on s'évade nue, définitivement marquée dans son corps:

---

[8] En Lorraine, «la coutume de *brûler Judas* s'est maintenue jusque dans les années soixante» (Fabre-Vassas 1994: 197; Van Gennep 1947: 1259-1260). La notion de «peuple déicide» a été abolie par le concile Vatican II en 1965.

[9] Selon *Le Livre d'Esther* (IX, 25 et III, 7), «ces jours sont appelés les jours du Phurim, c'est-à-dire les jours des sorts, parce que le Phur, c'est-à-dire le sort, avait été jeté dans l'urne» pour savoir «en quel mois et en quel jour on devait faire tuer toute la nation juive.» On se contentera ici de faire observer que Horn, le chef de chantier, et Cal, l'ingénieur, ne cessent de jouer aux dés, de regarder les dés et de les faire tourner... (scènes III, VIII et X en particulier).

«Léone.– […] nach Paris zurück.» Et, *in fine* l'homme blanc «lève les yeux vers les miradors déserts» et pense peut-être lui aussi à «l'*ensauvagement* du continent» (Césaire 1955: 12), l'un et l'autre, l'un par l'autre. Il songe peut-être à ce qu'aurait pu être un monde civilisé où «je viens réclamer le corps de mon frère que l'on nous a arraché, […] nous avons besoin de sa chaleur pour nous réchauffer, et il a besoin de la nôtre pour lui garder la sienne». Même mort.

Bibliographie

Césaire Aimé. 1955 (2004). *Discours sur le colonialisme*. Paris: Présence africaine.
Calame-Griaule Geneviève. 1965. *Ethnologie et langage: la parole chez les Dogons*. Paris: Gallimard.
Du Bus Gervais. 1914-1919. *Le roman de Fauvel de Gervais Du Bus publié d'après tous les manuscrits connus par Arthur Långfors*. Paris: F. Didot. (coll. Société des anciens textes français, 64)
Fabre-Vassas Claudine. 1994. *La bête singulière: les juifs, les chrétiens et le cochon*. Paris: Gallimard.
Héritier Françoise. 1981. «Le charivari, la mort et la pluie», in: Le Goff Jacques et Jean-Claude Schmitt, éds. *Le Charivari*. Paris/La Haye/New York: EHESS/Mouton, pp. 353-360.
Koltès Bernard-Marie. 1989 (1980). *Combat de nègre et de chiens*. Paris: Minuit.
— 1999. *Une part de ma vie*. Paris: Minuit.
Lévi-Strauss Claude. 1964. *Le cru et le cuit*. Paris: Plon.
— 1968 (1966). *Du miel aux cendres*. Paris: Plon.
Le Vavasseur Léon et Joseph Haegy. 1935. *Manuel de liturgie et cérémonial selon le rite romain*, t. 2. Paris: Librairie Lecoffre [16ᵉ éd. revue et mise à jour par Louis Stercky]
L'Hôte Georges. 1984. *La Tankiote: usages traditionnels en Lorraine*. Nancy/Metz: Presses universitaires de Nancy/Editions Serpenoise.
Marcel-Dubois Claudie. 1975. «Fêtes villageoises et vacarmes cérémoniels, ou une musique et son contraire», in: Jacquot Jean et Elie Konigson, éds. *Les fêtes de la Renaissance*, t. 3. Paris: CNRS, pp. 603-615.
— 1981. «La paramusique dans le charivari français contemporain», in: Le Goff Jacques et Jean-Claude Schmitt, éds. *Le Charivari*. Paris/La Haye/New York: EHESS/Mouton, pp. 45-53.
Muller Jean-Claude. 1976. «Interlude pour charivari et tambour silencieux: l'intronisation des tambours chez les Rukubas (Plateau State, Nigeria)». *L'Homme* (Paris) 16: 77-94.
Privat Jean-Marie et Marie Scarpa. 2010. «*Combat de nègre et de chiens* ou les fantômes de l'Afrique», in: Petitjean André, éd. *Bernard-Marie Koltès: textes et contextes*. Metz: Université de Metz. (coll. Recherches Textuelles, 10)
Schaeffner André. 1936. *Origine des instruments de musique: introduction ethnologique à l'histoire de la musique instrumentale*. Paris: Payot.
— 1980. *Essais de musicologie et autres fantaisies*. Paris: Le Sycomore.
Van Gennep Arnold. 1947. *Manuel de folklore français contemporain: les cérémonies périodiques cycliques et saisonnières: carnaval, carême, Pâques*, t.1, vol. 3. Paris: A. et J. Picard.
Wigoder Geoffrey. 1993. «Pourim», in: Wigoder Geoffrey et Sylvie Anne Goldberg, éd. *Dictionnaire encyclopédique du judaïsme*. Paris: Cerf, pp. 891-894.

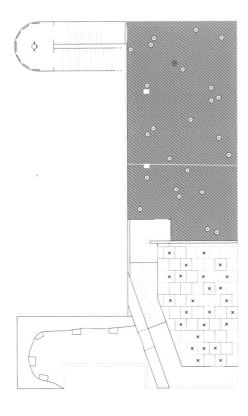

Le murmure de la théorie

Analysé par les philosophes, les folkloristes, les ethnologues, les compositeurs et les journalistes, le «bruit des autres» intègre progressivement les domaines de l'ordre, du sens et de l'esthétique dans un mouvement qui ne cesse par ailleurs d'exclure d'autres formes d'expression sonore tout aussi légitimes. Et qui tend de surcroît à déposséder les usagers de leur «musique» et à en faire la propriété de ceux qui l'ont prétendument décryptée.

La salle des machines invite à faire la connaissance de quelques «craqueurs de codes» ayant redéfini la notion de musique depuis le XVIIIe siècle, de la réhabilitation du folklore par les romantiques aux balbutiements de l'ethnomusicologie, des avant-gardes intégrant la notion de bruit dans la composition à la critique rock contemporaine.

Das Murmeln der Theorie

Die von Philosophen, Folkloristen, Ethnologen, Komponisten und Journalisten analysierten «Geräusche der anderen» integrieren schrittweise die Bereiche der Ordnung, des Sinns und der Ästhetik in eine Bewegung, die ausserdem unaufhörlich andere ebenso legitime Klangausdrucksformen ausschließt und darüber hinaus danach strebt, die Benutzer ihrer «Musik» zu berauben und sie zum Eigentum derjenigen zu machen, die sie angeblich entschlüsselt haben.

Der Maschinenraum lädt dazu ein, einige «Codeknacker», die den Begriff der Musik seit dem 18. Jahrhundert neu definierten, kennen zu lernen – von der Rehabilitierung der Folklore durch Romantiker bis zu den Anfängen der Ethnomusikologie, von den Avantgardisten, die den Begriff Geräusch in die Komposition integrierten, bis zur zeitgenössischen Rockkritik.

Chapitre 3

Murmurings of theory

Analyzed by philosophers, folklorists, ethnologists, composers and journalists, the «noise of others» gradually integrates the spheres of order, sense and aesthetics into a movement that continually excludes other forms of sound expression which are, in fact, just as legitimate. Moreover, this process tends to deprive people of their «music» and leads to it being appropriated by those who have supposedly decoded it.

The engine room is where one encounters some of the «code breakers» that have been redefining the notion of music since the 18th century, from folklore being brought back into favour by the romantics to the first steps of ethnomusicology, from the avant-garde that assimilate the notion of noise into composition to contemporary rock criticism.

Chapitre 3

Réalisation de l'espace Le murmure de la théorie
le 9 août, le 18 août, le 18 août, le 20 août,
le 20 août, le 26 août, le 4 septembre, le 15 septembre,
le 23 septembre, le 23 septembre, le 25 septembre, le 26 septembre 2010

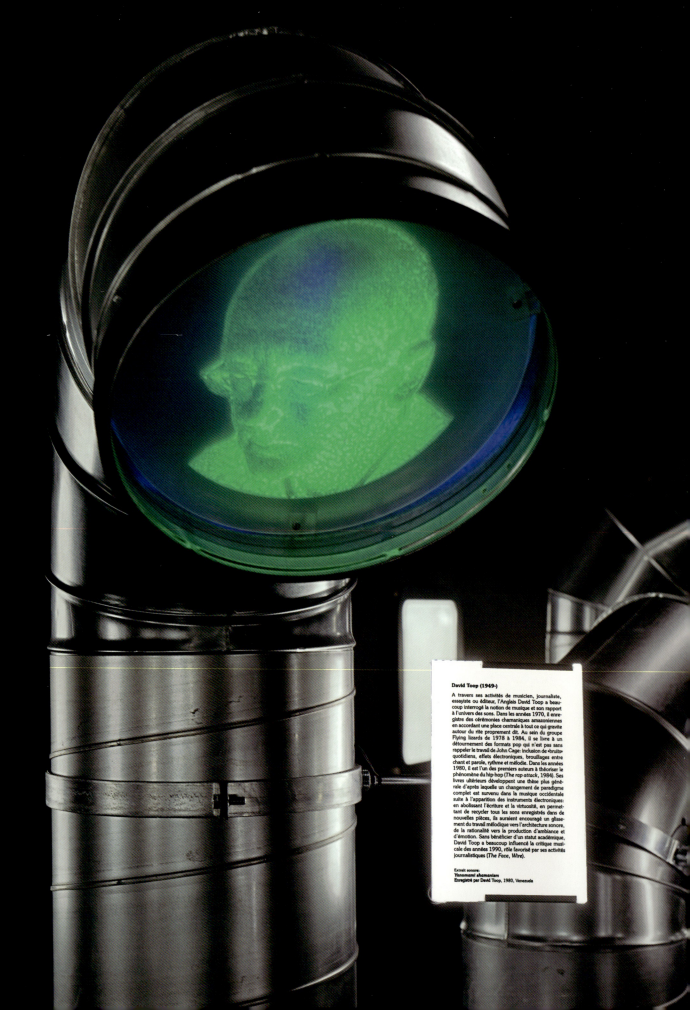

David Toop (1949-)

A travers ses activités de musicien, journaliste, essayiste ou éditeur, l'Anglais David Toop a beaucoup interrogé la notion de musique et son rapport à l'univers des sons. Dans les années 1970, il enregistre des cérémonies chamaniques amazoniennes en accordant une place centrale à tout ce qui gravite autour du rite proprement dit. Au sein du groupe Flying lizards de 1978 à 1984, il se livre à un détournement des formats pop qui n'est pas sans rappeler le travail de John Cage: inclusion de «bruits» quotidiens, effets électroniques, brouillages entre chant et parole, rythme et mélodie. Dans les années 1980, il est l'un des premiers auteurs à théoriser le phénomène du hip-hop (*The rap attack*, 1984). Ses livres ultérieurs développent une thèse plus générale d'après laquelle un changement de paradigme complet est survenu dans la musique occidentale suite à l'apparition des instruments électroniques: en abolissant l'écriture et la virtuosité, en permettant de recycler tous les sons enregistrés dans de nouvelles pièces, ils auraient encouragé un glissement du travail mélodique vers l'architecture sonore, de la rationalité vers la production d'ambiance et d'émotion. Sans bénéficier d'un statut académique, David Toop a beaucoup influencé la critique musicale des années 1990, rôle favorisé par ses activités journalistiques (*The Face*, *Wire*).

Extrait sonore:
Yanomami shamanism
Enregistré par David Toop, 1980, Venezuela

Jean-Jacques Rousseau (1712-1778)

Connu pour son œuvre littéraire et philosophique, Jean-Jacques Rousseau a aussi beaucoup écrit sur la musique. En 1742, il soutient à l'Académie des sciences de Paris un mémoire proposant de simplifier l'écriture musicale et de remplacer le système des notes par des chiffres. Il est éconduit, ce qui ne l'empêche nullement de poursuivre sa réflexion. A partir de 1749, il rédige les articles en lien avec la musique pour *L'Encyclopédie* de Diderot et y témoigne d'un relativisme novateur. D'après lui, le beau n'a rien d'universel et ce qui plaît dans telle société peut paraître cacophonique dans telle autre, phénomène plaidant pour une évaluation en contexte. Lorsqu'il reprend ces textes dans le *Dictionnaire de musique* (1768), Rousseau y ajoute des transcriptions de mélodies populaires ou exotiques, registres qui échappent presque totalement à l'intérêt des musicologues. Y figurent notamment un «air chinois», une «chanson des sauvages du Canada» et un «air suisse appelé Rans des vaches». De manière cohérente, le philosophe rejette les dérives savantes, élitaires ou nombrilistes de la musique dite classique. Par ses compositions, il plaide en faveur d'œuvres simples et accessibles, comme par exemple dans *Le Devin du village* (1752) et *Pygmalion* (1770), qui préfigurent respectivement l'opéra-comique et le mélodrame.

«[…] pourquoi donc sommes-nous si sensibles à des impressions qui sont nulles pour des barbares ? Pourquoi nos plus touchantes musiques ne sont-elles qu'un vain bruit à l'oreille d'un Caraïbe ? Ses nerfs sont-ils d'une autre nature que les nôtres ? pourquoi ne sont-ils pas ébranlés de même ? ou pourquoi ces mêmes ébranlements affectent-ils tant les uns et si peu les autres ?

On cite en preuve du pouvoir physique des sons la guérison des piqûres des tarentules. Cet exemple prouve tout le contraire. Il ne faut ni des sons absolus ni les mêmes airs pour guérir tous ceux qui sont piqués de cet insecte; il faut à chacun d'eux des airs d'une mélodie qui lui soit connue et des phrases qu'il comprenne. Il faut à l'Italien des airs italiens; au Turc, il faudroit des airs turcs. Chacun n'est affecté que des accents qui lui sont familiers».

Jean-Jacques ROUSSEAU. 1989 (1781). «Essai sur l'origine des langues: où il est parlé de la mélodie et de l'imitation musicale», in: Jean-Jacques ROUSSEAU. *Œuvres complètes*, tome sixième: Musique. Paris: Lefèvre, p.128.

Extrait sonore:
Chanson de nègre
Jean-Jacques Rousseau, 1781, Paris

Chapitre 3

Alice Cunningham Fletcher (1838-1923)

Alice Cunningham Fletcher est une figure pionnière de l'ethnomusicologie américaine. Archéologue de formation, elle séjourne parmi les Indiens Omaha en 1881, à l'occasion de fouilles portant sur les vestiges de cette tribu. L'expérience est une révélation. Elle consacre dès lors toute son énergie à documenter et défendre les cultures indiennes, notamment leur musique encore très mal connue et souvent réduite à des clichés primitivistes.

Fondé sur l'enregistrement de terrain, le travail d'Alice C. Fletcher bénéficie d'une collaboration intime avec Francis La Flesche, jeune Omaha qui devient son assistant et son fils adoptif. Celui-ci favorise les relations de confiance avec les autochtones et l'interprétation culturelle des faits sonores étudiés. Dans un contexte de discrimination à l'égard des populations indiennes, l'œuvre de Alice C. Fletcher comporte une dimension politique: elle s'engage d'ailleurs ouvertement auprès du Congrès américain afin de faire respecter les droits et les arrangements territoriaux promis aux Indiens et de protéger leurs sites archéologiques.

«J'ai trouvé difficile d'aller au-delà du bruit et d'entendre ce que les Indiens essayaient d'exprimer. Les trois ou quatre premières fois où j'ai assisté à des danses ou à des festivals, je n'ai entendu qu'un decrescendo de cris déchirés par un tambour battu avec véhémence. Le son m'a paru pénible et je n'ai éprouvé aucun intérêt pour cette musique jusqu'à ce que je m'aperçoive que ce désagrément m'était propre; comme les Indiens s'amusaient énormément, j'ai acquis la certitude que quelque chose échappait à mes oreilles; il n'était pas rationnel que des êtres humains hurlent devant moi pendant des heures et que les sons qu'ils produisaient ne s'apparentent qu'à un vulgaire bruit. J'ai donc commencé à écouter au-delà de ce bruit, tout comme il faut écouter un phonographe, en faisant abstraction du son de la machine qui tend à recouvrir les voix enregistrées.»

Alice Cunningham FLETCHER. 1893. *A study of Omaha Indian Music*. Cambridge: Peabody Museum of American Archeology and Ethnology, p. 7. [traduction MEN]

Extrait sonore:
Song of approach from the Wa'wan
Enregistré par Alice Cunningham Fletcher, 1896, Nebraska (USA)

Carl Stumpf (1848-1936)

Philosophe et psychologue allemand, Carl Stumpf s'intéresse à la manière dont l'esprit humain perçoit le monde environnant, notamment le son et la couleur, dans une perspective héritée de la physique.

Dès 1873, il investigue plus particulièrement l'ouïe et démontre un phénomène bien connu des musiciens, à savoir que, jouées ensemble, certaines hauteurs de son tendent à se fondre dans une même «image sonore». Il observe que l'oreille n'est pas objective: les humains ignorent certaines erreurs afin d'entendre ce qui leur est suggéré ou correspond mieux à leurs habitudes. Cette preuve de relativisme culturel amène Carl Stumpf à s'interroger sur la perception dans d'autres sociétés. Il effectue notamment des tests sur des Indiens Bella Coola qui séjournent en Allemagne puis enregistre les performances d'un orchestre du Siam qui se produit à Berlin. Convaincu de l'intérêt de cette démarche, il fonde la Berliner Phonogramm-Archiv, institution qui a pour but de réunir un spectre aussi large que possible d'échantillons sonores et de les comparer entre eux. Persuadé que la musique résume toutes les informations nécessaires, il tend à négliger l'observation en contexte social.

«La première impression ressentie en écoutant la musique exotique, c'est l'émerveillement, et l'incompréhension. Notre étonnement ne fait que croître en abordant d'autres productions du même type. Nous prenons tellement pour acquis nos échelles, nos différents types de métrique et notre formation mélodique que tout le reste nous paraît anormal, contre-nature et donc désagréable, voire repoussant. C'est bien plus marqué pour la musique que pour les beaux-arts ou la littérature. […]

Plus grand est l'étonnement initial et plus puissante devient la motivation de la recherche, plus vaste l'élargissement des perspectives, plus profonde la compréhension de cette forme d'art ainsi que de toutes les autres, quand les explications surgissent progressivement et nous apprennent à envisager notre Art comme la simple terminaison d'une riche arborescence. Cela ne diminue en rien le plaisir d'écouter les glorieuses créations de nos compositeurs classiques; au contraire, notre compréhension n'en est que plus grande. Qui plus est, grâce à une meilleure perception théorique de ce qui nous rebute dans les compositions exotiques et en apprenant à les apprécier en vertu de leurs propres règles, nous parvenons dans une certaine mesure à nous approprier les œuvres du monde entier. Et quand la délectation esthétique n'est pas au rendez-vous, il reste de nombreux enseignements à tirer pour la science, l'histoire culturelle et l'ethnologie.»

Carl STUMPF. 2000 (1908). «The Berlin Phonogrammarchiv», in: Artur SIMON. éd. *Das Berliner Phonogramm-Archiv 1900-2000: Sammlungen der traditionellen Musik der Welt*. Berlin: Verlag für Wissenschaft und Bildung, pp. 72-73. [traduction MEN]

Extrait sonore:
Kham hom
Enregistré par Carl Stumpf, 1900, Berlin

Béla Bartók (1881-1945)

Compositeur et pianiste, Béla Bartók a largement contribué à la compréhension et à la valorisation de la musique populaire hongroise. En retour, celle-ci a grandement influencé son travail de créateur, l'encourageant à s'affranchir des normes en vigueur au sein des conservatoires.

Marqué à l'origine par le mouvement nationaliste, Béla Bartók perçoit vite que le folklore en vogue parmi les bourgeois relève d'«airs postiches à la mode et plus ou moins triviaux» et que leurs sources n'ont pas été sérieusement étudiées.

Avec son ami et pair Zoltán Kodály, il entreprend alors un travail de longue haleine, sillonnant les campagnes pour enregistrer une foule de matériaux sonores et les documenter scrupuleusement, y compris dans leurs aspects sociaux. Ses recherches l'amènent rapidement à envisager la musique dans une perspective d'échanges continus, ne prêtant guère attention aux frontières nationales. Son champ d'étude englobe ainsi progressivement la Roumanie, la Slovaquie, l'Ukraine et même l'Algérie. De manière prévisible, dans le contexte politique de l'époque, ses thèses fâchent et le contraignent à l'exil peu avant la Seconde Guerre mondiale.

«Comparativement, peu de gens apprécient les mélodies de musique paysanne; en effet, dans un réflexe conservateur, la plupart des musiciens formés les méprisent. C'est compréhensible dans la mesure où quiconque est esclave de schémas coutumiers va naturellement taxer d'inintelligible et d'insignifiant tout ce qui s'en écarte, même un peu. Ce type de musicien ne comprendra rien à une mélodie simple, claire, mais inhabituelle si elle ne correspond pas à son imaginaire. Si son cadre musical ou même celui d'un dilettante est basé uniquement sur la variation triadique de la tonique et de la dominante, comment attendre d'une telle personne qu'elle saisisse des mélodies primitives qui ne font pas usage de dominante au sens harmonique du terme? La musique populaire savante est plus proche de leur monde spirituel; les compositeurs de musique populaire savante n'ont jamais été opposés aux lieux communs et aux schémas rebattus.»

Béla BARTÓK. 1992 (1931). «What is folk music», in: Béla BARTÓK. *Essays*. Londres: Faber and Faber, pp. 6-8. [traduction MEN]

Extrait sonore:
Elhervadt a cidrusfa
Enregistré par Béla Bartók, 1906, Balatonberény

Luigi Russolo (1885-1947)

Avec l'écriture en 1913 de *L'art des bruits: manifeste futuriste*, le peintre et compositeur italien Luigi Russolo ouvre le champ à de nouveaux espaces d'exploration sonore par la conquête de la variété infinie de ce qu'il nomme les sons-bruits. Selon lui, le bruit se développe au XIXe siècle, avec l'invention des machines, tandis que la vie antique n'était que silence. Cette complexification de l'environnement sonore pousse l'être humain à la recherche de nouvelles sensations acoustiques, plus complexes et plus dissonantes.

Les réflexions de Luigi Russolo l'amènent à concevoir diverses machines bruitistes: le piano enharmonique, le «Russolo-phone» ou encore les *intonarumori*, «bruiteurs» composés de «hululeurs», «grondeurs», «crépiteurs», «strideurs», «glougouteurs», «croasseurs», «froufrouteurs», «éclateurs», «sibileurs», «bourdonneurs». Il présente au public en avril 1914 à Milan trois morceaux de sa composition joués par ces «bruiteurs» dont *Risveglio di una città*. Sa conception de la musique va fortement influencer certains artistes comme John Cage.

«IL FAUT ROMPRE À TOUT PRIX CE CERCLE RESTREINT DE SONS PURS ET CONQUÉRIR LA VARIÉTÉ INFINIE DES SONS-BRUITS.

Chaque son porte en soi un noyau de sensations déjà connues et usées qui prédisposent l'auditeur à l'ennui, malgré les efforts des musiciens novateurs. Nous avons tous aimé et goûté les harmonies des grands maîtres. Beethoven et Wagner ont délicieusement secoué notre cœur durant bien des années. Nous en sommes rassasiés. C'EST POURQUOI NOUS PRENONS INFINIMENT PLUS DE PLAISIR À COMBINER IDÉALEMENT DES BRUITS DE TRAMWAYS, D'AUTOS, DE VOITURES ET DE FOULES CRIARDES QU'À ECOUTER ENCORE, PAR EXEMPLE, L'"HÉROÏQUE" OU LA "PASTORALE".»

Luigi Russolo. 2009 [1913]. *L'art des bruits: manifeste futuriste.* Paris: Allia, p. 15.

Extrait sonore:
Risveglio di una città
Luigi Russolo, 1914, Milan

Chapitre 3

André Schaeffner (1895-1980)

André Schaeffner s'illustre d'abord comme historien de la musique et comme secrétaire de l'Orchestre symphonique de Paris. Dans les années 1920, à l'instar de nombreux intellectuels français, il s'intéresse aux «arts nègres» et au jazz. Avec le concours du musicologue André Cœuroy, il publie en 1926 une étude sobrement intitulée *Le jazz*. Malgré d'indéniables qualités, l'ouvrage se borne à étayer une opinion en vogue d'après laquelle jazz et «arts nègres» expriment une même essence africaine, sans accorder beaucoup d'attention aux particularités de l'expérience noire américaine. Cette musique incarnerait une antithèse de l'harmonie blanche classique, une pulsation barbare, primitive, originelle, susceptible de revitaliser la musique occidentale. Malgré la critique de figures comme Constantin Brăiloiu, ce texte fait sensation et permet à André Schaeffner de se lier aux ethnologues jazzophiles du Musée d'ethnographie du Trocadéro. En 1929, Georges Henri Rivière lui confie la section organologique de l'institution. Entre 1931 et 1933, il participe à la célèbre Mission Dakar-Djibouti sous la direction de Marcel Griaule, puis à l'expédition Sahara-Soudan (1935). La pratique de l'ethnomusicologie de terrain l'amène à désavouer plusieurs hypothèses formulées dans *Le jazz*.

«Même en ce grattement ininterrompu auquel le nègre se peut livrer sur une corde ou sur quelque tige de bois ou de fer, dans cette façon d'évoquer jusqu'au suintement de l'air entre les herbes ou à l'orifice d'une cavité quelconque, demeure encore un peu de ce caractère de percussion qui marquait tout objet emprunté tel quel à la nature, se bornant ici à envelopper la pureté des sons comme d'un halo d'infimes bruits. De même tout moyen dont use le nègre pour amplifier les sons ne fait que replonger ceux-ci dans le désordre du bruit: témoin le hurlement de certaines trompes, ou de tels pavillons adjoints aux cuivres du jazz.»

André Cœuroy et André Schaeffner. 1926. *Le jazz.* Paris: Claude Aveline, p. 52.

Extrait sonore:
Heebie jeebies
Louis Amstrong, 1926, Chicago

John Avery Lomax (1875-1948)

Folkloriste américain ou, selon ses termes, «chasseur de ballades», John Avery Lomax a dédié sa vie aux expressions poétiques et musicales populaires. Fasciné par les chants de cow-boys, il en transcrit les paroles dès son jeune âge et ultérieurement les mélodies. Ses travaux donnent lieu à la publication en 1910 de *Cowboy songs and other frontier ballads*, la première anthologie attestant de la spécificité musicale du creuset américain et accréditant l'apport des Noirs.

Au cours des années 1930, grâce à un financement de la Bibliothèque du Congrès, John A. Lomax entreprend d'enregistrer un patrimoine jusque-là peu valorisé: celui des Noirs américains – en particulier le blues – qu'il estime les moins «contaminés par l'influence des Blancs ou par le jazz moderne noir».

Pour ce faire, il voyage dans les Etats du Sud avec son fils Alan (1915-2002). Au-delà d'un travail de sauvegarde, les Lomax souhaitent promouvoir ces airs et s'investissent dans la carrière de certains artistes.

Dans une société où Noirs et cow-boys forment deux groupes culturellement stigmatisés, les recherches de John A. Lomax trahissent une dimension politique. En témoigne encore son ultime contribution à l'anthologie *Lay my burden down*, qui recense les témoignages d'anciens esclaves.

«*Wiergate, Texas, 11 juillet, 1933.*– Hier, j'ai entendu pour la première fois le hurlement d'un bûcheron noir lorsqu'un bel arbre qu'il était en train d'abattre a chancelé, puis est tombé à terre dans un fracas tonitruant. Perçant, rapide, vacillant, le cri a roulé jusqu'à une fin soudaine et spectaculaire quand l'arbre s'est rendu et a enfin touché la terre qui l'avait nourri. C'était à la fois un hymne funèbre au pin mourant et un signal d'avertissement pour d'autres bûcherons.

Il y avait de la musicalité dans ce cri, et du mystère, et de la tristesse mélancolique. Après que nous les avions écouté un moment, un groupe de figures noires ébène et suintantes, torse nu, arrivèrent et chantèrent dans notre appareil enregistreur le requiem de la chute du pin.»

John Avery Lomax. 1947 (1933). *Adventures of a ballad hunter*. New York: The Macmillan Company, p. 119. [traduction MEN]

Extrait sonore:
Cry when tree is falling
Enregistré par John Avery Lomax, 1933, Wiergate

Chapitre 3

John Cage (1912-1992)

Compositeur américain prolifique mais également plasticien et théoricien, John Cage s'inscrit dans la filiation des futuristes, pour qui la révolution musicale est d'abord celle de l'avènement du bruit. Dans cette perspective, il introduit les notions de hasard et d'indétermination, ceci autant dans l'acte de composition, d'interprétation que dans celui de l'écoute de la musique. Son morceau *4'33»* [de silence] en est la manifestation la plus radicale. Composé pour «n'importe quel(s) instrument(s)», le dispositif sonore consiste en un cadre silencieux dans lequel peuvent prendre place les bruits ambiants: tout son devient musique et la pertinence de la notion de silence est remise en question.

A la recherche de nouvelles formes, John Cage innove également au niveau des sons et des instruments. Sa pièce *Imaginary landscape n° 1*, composée en 1939, intègre par exemple deux tourne-disques «joués» en modulant leur vitesse de rotation. Elle est aujourd'hui considérée comme un des tout premiers exemples de musique électroacoustique.

«Où que nous soyons, ce que nous entendons est essentiellement du bruit. Lorsque nous n'y prêtons pas attention, cela nous dérange. Lorsque nous l'écoutons, nous le trouvons fascinant. Le son d'un camion à 50 miles à l'heure. Les parasites entre les stations de radio. La pluie. Nous voulons capturer et contrôler ces sons, les utiliser non comme des effets sonores, mais comme des instruments de musique. Chaque studio de cinéma possède une bibliothèque d'"effets sonores" enregistrés sur bande. Avec un phonographe à film, il est maintenant possible de contrôler l'amplitude et la fréquence de chacun de ces sons, et de lui donner n'importe quel rythme imaginable, et même inimaginable. Avec quatre phonographes à film, nous pouvons composer et exécuter un quatuor pour moteur à explosion, vent, battement cardiaque et éboulement de terrain.»

John Cage. 2003 (1937). «Le future de la musique: credo», in: John Cage. *Silence: conférences et écrits*. Genève: Héros-Limite, p. 3.

Extrait sonore:
Imaginary landscape n°1
John Cage, 1939, Seattle

Zygmunt Estreicher (1917-1993)

Formé en musicologie à l'Université de Cracovie puis de Fribourg, Zygmunt Estreicher poursuit sa carrière à Neuchâtel où il assiste Jean Gabus et travaille notamment sur les enregistrements que celui-ci a réalisés au Canada et en Afrique.

Ses recherches manifestent d'emblée une grande ouverture, s'intéressant à Rousseau et à Beethoven aussi bien qu'aux chants populaires jurassiens ou aux musiques bororo. Après avoir beaucoup travaillé en laboratoire, et notamment conçu une méthode de transcription extrêmement fouillée, il développe une sensibilité plus en phase avec l'ethnomusicologie de son temps: la musique des autres ne peut selon lui être véritablement comprise que sur le terrain, dans son propre contexte. C'est ainsi qu'il part au Niger en 1959 afin d'étudier la musique peul wodaabe, dont il était jusque-là spécialiste grâce à des enregistrements de seconde main. Après une période où il partage son enseignement entre les Universités de Genève et de Neuchâtel, il devient définitivement professeur à Genève en 1969, où il revient à une musicologie plus classique.

«Un rythme rudimentaire, aux yeux d'un Européen, se révèle donc être, pour les indigènes, le résultat d'un emploi ingénieux d'une formule apparemment complexe. Voilà une nouvelle preuve du fait connu mais jamais assez souligné, que la notion européenne de simplicité de structure n'est jamais applicable sans autre aux faits humains non-européens. La régularité des rythmes, ou la pauvreté apparente des échelles musicales, p. ex., loin d'être automatiquement la preuve de la simplicité esthétique ou d'archaïsme, peut au contraire, constituer une conquête esthétique.»

Fragment d'une communication de Zygmunt Estreicher concernant le rythme bororo préparée pour les colloques de Wégimont, septembre 1958, MEN archives Estreicher.

Extrait sonore:
Rythmes bororo
Enregistré par Henry Brandt, 1953, Niger

Chapitre 3

Nik Cohn (1946-)

Se présentant lui-même comme un «adolescent branleur», Nick Cohn débarque à Londres en 1963. Tout juste âgé de 17 ans, il se met à rédiger une chronique dédiée au rock'n'roll dans le quotidien *The Observer*. Le jeune homme envisage cette musique comme une rupture esthétique majeure, susceptible de transformer la société dans son ensemble. A 22 ans, il juge toutefois le style définitivement condamné par son embourgeoisement et sa récupération marchande. Il entreprend alors d'en écrire l'histoire. Cet hommage nécrologique avant l'heure marque l'histoire de la musique non pas en raison de sa valeur scientifique – l'exactitude et même la vraisemblance laissent parfois à désirer – mais en raison de sa fougue et de sa volonté de transmettre «l'esprit» du rock. Engagé, partial, romanesque et somme toute largement autobiographique, ce texte aujourd'hui connu sous le nom de *Awopbopaloobop Alopbamboom* est souvent considéré comme une matrice de la *rock critic* chère aux années 1970 et 1980.

«Bien sûr, les guitares électriques n'étaient pas une nouveauté en soi, elles étaient présentes depuis des années déjà dans le jazz et le rhythm'n'blues, et figuraient même sur quelques succès interprétés par des Blancs, notamment ceux de Les Paul, mais elles n'avaient jamais été utilisées comme matière première de toute une musique. Crues, puissantes, infiniment bruyantes, elles ont déboulé telles [sic] des monstres musicaux venus de l'espace et, immédiatement, elles ont balayé la bienséance qui régnait jusque-là.»

Nik Cohn. 1999 (1969). *Awopbopaloobop Alopbamboom: l'âge d'or du rock*. Paris: Allia, p. 15.

Extrait sonore:
Tutti frutti
Little Richard, 1955, Nouvelle-Orléans

John Blacking (1928-1990)

Enrôlé dans l'armée britannique en Malaisie de 1948 à 1949, John Blacking est frappé par les musiques locales. Alors qu'il visait une carrière de pianiste, cette expérience le conduit à bifurquer vers l'ethnomusicologie. Après plusieurs séjours en Malaisie, John Blacking accepte un travail à la Bibliothèque internationale de musique africaine à Roodeport, en Afrique du Sud. Les brèves missions d'enregistrement qu'il mène alors lui montrent le besoin d'une immersion plus complète pour comprendre la musique: maîtriser la langue, connaître les symboles et les représentations culturelles, intégrer le contexte social. Il entreprend ainsi de mai 1956 à décembre 1958 une recherche chez les Venda du Nord-Transvaal (Afrique du Sud). Les résultats en sont développés dans son fameux ouvrage *How musical is Man?* (1973). L'auteur émet l'idée que la musique est un reflet de la société et vice-versa: seule compte une approche culturaliste du phénomène. Il oppose l'Occident et le reste du monde, le sens musical étant d'après lui une caractéristique humaine plus ou moins encouragée en fonction du contexte social, peu sous nos latitudes et beaucoup ailleurs.

« Ce sont les Vendas d'Afrique du Sud qui ont les premiers renversé certains de mes préjugés. Ils m'ont fait accéder à un nouvel univers d'expérience musicale et à une compréhension plus approfondie de ma "propre" musique. On m'avait appris à comprendre la musique comme un système de mise en ordre des sons, dans lequel un ensemble cumulatif de règles et une série croissante de structures sonores permises avaient été inventées et développées par des Européens que l'on tenait pour doués de capacités musicales exceptionnelles. J'avais associé différents "objets sonores" à diverses expériences personnelles, j'avais entendu et joué maintes fois la musique de certains compositeurs reconnus, ce à quoi s'ajoutait pour le renforcer un choix sélectif qui était considéré comme objectivement esthétique mais n'était pas sans rapport avec des intérêts de classe: de ce fait, je me suis constitué un répertoire de techniques d'exécution et de composition et un système de valeurs musicales qui étaient la conséquence de mon environnement socio-culturel tout aussi nécessairement que les capacités et le goût d'un Venda pour la musique sont une convention de la société où il se trouve. Le bilan essentiel de presque deux ans de travail sur le terrain chez les Vendas et des tentatives pour analyser les données recueillies sur une période de douze ans, c'est que je crois commencer à comprendre le système Venda; je ne comprends plus l'histoire et les structures de la musique "classique" européenne aussi clairement qu'auparavant; et je ne vois pas la nécessité de distinguer les termes "musique populaire" et "musique classique", si ce n'est comme étiquettes commerciales. »

John BLACKING. 1980 (1973). *Le sens musical*. Paris: Editions de Minuit, pp. 7-8.

Extrait sonore:
Tshikona tsha shakadza
Enregistré par John Blacking, 1956, Thengwe

Chapitre 3

Edgar Varèse (1883-1963)

Edgard Varèse est une figure marquante parmi les compositeurs d'avant-garde qui ont cherché à redéfinir la notion de musique durant la première moitié du XXe siècle. Né en France mais ne s'y trouvant pas suffisamment soutenu, il émigre aux USA en 1915. Sa première œuvre locale, *Amériques* (1918-1921), développe un nouveau langage sonore fondé sur l'impression de cacophonie que lui inspire l'environnement new-yorkais. Pressentant la richesse des possibilités offertes par l'électronique, Varese en expérimente les premières déclinaisons instrumentales, notamment le théremine et les ondes Martenot. Sa pièce *Déserts* (1954) associe de façon novatrice orchestre et bandes enregistrées. Par la suite, il ira jusqu'à rejeter le système des notes pour composer à l'aide de sons définis par leurs fréquences et leurs intensités. Cette démarche culmine avec le fameux *Poème électronique*, œuvre qui anime les 450 haut-parleurs du pavillon Philips conçu par Le Corbusier et Iannis Xenakis à l'Exposition universelle de Bruxelles, en 1958. Cette performance est tenue pour l'une des premières «installations sonores» qui intègre vraiment l'espace.

« Les critiques et le public ont très tôt accusé Wagner d'écrire une musique cacophonique tout comme Stravinski et Schoenberg aujourd'hui. Eh bien, le moment arrive où les représentants de la musique contemporaine paraîtront aussi accessibles que Schubert et Chopin. Tout est question de point de vue et d'éducation de l'oreille, d'où notre slogan: une nouvelle écoute pour une nouvelle musique, et une nouvelle musique pour une nouvelle écoute. »

Edgar VARÈSE. 1983 (1916-1928). «Musique expérimentale», in: Edgar VARÈSE. *Ecrits*. Paris: Christian Bourgois, pp. 31-32.

Extrait sonore:
Poème électronique
Edgar Varese, 1957-1958, Eindhoven

Simha Arom (1930-)

Corniste dans l'Orchestre symphonique de la radio israélienne, Simha Arom se voit proposer une mission pour le moins inhabituelle en 1963: se rendre à Bangui, en République centrafricaine, pour y monter une fanfare en vue d'un projet de coopération. Sur place, il est immédiatement subjugué par la richesse et la complexité de la musique vocale pygmée. A tel point qu'il renonce à importer une forme de jeu occidentale et organise plutôt un chœur afin de valoriser le patrimoine local. Cette expérience l'amène à bifurquer vers l'ethnomusicologie et à devenir un spécialiste mondialement connu de l'Afrique centrale.

En termes de méthodologie, Simha Arom innove en exploitant toutes les possibilités offertes par les technologies, notamment le «re-recording», c'est-à-dire l'option d'enregistrer une partie musicale sur une autre déjà captée. Par ce biais, il comprend mieux l'apport des différents musiciens et peut amener chacun d'eux à réagir individuellement face aux pistes des autres, allant même jusqu'à introduire des erreurs pour favoriser le discours émique. Ses travaux rayonnent bien au-delà des milieux universitaires, influençant notamment Luciana Berio, Steve Reich, György Ligeti, voire Madonna par le biais du jazzman Herbie Hancock.

«[…] il y a une vingtaine d'années, "la" musique se résumait pour moi à celle de l'Occident; j'étais conditionné par un environnement culturel dont la spécificité ne facilitait pas l'appréhension d'une réalité musicale si différente, si *déconcertante*, au sens propre du terme. En effet, je me trouvais subitement plongé dans un univers sonore aussi étrange qu'insoupçonné: formations d'instruments percussifs exécutant des rythmes fortement enchevêtrés, orchestres groupant une vingtaine d'instruments à vent où chaque musicien ne jouait qu'un seul et même son, contribuant à tisser une trame polyphonique d'une rigueur et d'une précision extrêmes, chœurs chantant en contrepoint des musiques d'une stupéfiante complexité et d'une parfaite cohérence, et bien d'autres encore.»

Simha AROM. 1985. *Polyphonies et polyrythmies instrumentales d'Afrique centrale: structure et méthodologie*. Paris: SELAF, p. 15.

Extrait sonore:
Hindewhu
Enregistré par Simha Arom, 1965, République centrafricaine

Chapitre 3

Matthew Bannister (1962-)

Matthew Bannister vise d'abord une carrière de musicien à travers différents groupes folk-rock et pop néo-zélandais. Dans les années 1990, estimant qu'il n'a pas «l'étoffe de la rock star», il s'oriente vers le journalisme et les études académiques.

Dans sa thèse publiée en 2006 sous le titre de *White boys, white noise: masculinities and 1980s indie guitar rock*, il s'intéresse aux aspects dissonants (saturation, larsen, parasites) qui marquent la production rock des années 1980. Partant d'une réflexion sur l'art d'avant-garde, registre où le «bruit» est fantasmé comme un dépassement des normes en vigueur, il affirme que ce procédé est devenu une règle, n'abolissant aucun rapport hiérarchique mais offrant de nouveaux territoires à l'expression de la maîtrise technique et de la possession artistique, valeurs fondatrices de la masculinité blanche depuis l'époque romantique.

«Le bruit finit par confirmer l'autonomie et le pouvoir du sexe masculin, parce que son indétermination peut être utilisée tout autant à des fins subversives que conservatrices. Le bruit est pouvoir, pour le meilleur et pour le pire. A l'origine utilisé pour marquer la pureté et l'authenticité de la musique, il a été de plus en plus "rajouté à la source" grâce à l'usage du volume, de la distorsion, de l'accord de puissance et du *feedback*, ceci bien que dans l'*indie*, ces moyens soient utilisés indirectement – une histoire d'hommes tranquilles faisant d'énormes bruits. Le retrait ou la minimisation de la présence ou du corps de l'exécutant, plutôt que d'être vu comme une remise en question de son pouvoir, doit être lu comme une démonstration de la manière dont le pouvoir est manifesté dans la modernité, soit indirectement, à travers la technologie.»

Matthew BANNISTER. 2006. *White boys, white noise: masculinities and 1980s indie guitar rock*. Aldershot: Ashgate, p. 160. [traduction MEN]

Extrait sonore:
Sister ray
The velvet underground, 1968, New York

Raymond Murray Schafer (1933-)

Le compositeur Raymond Murray Schafer s'intéresse aux liens qui unissent l'Homme à son environnement acoustique. Dans les années 1960, il fonde un groupe d'artistes, d'enseignants et de chercheurs dans le but de cartographier le «paysage sonore» mondial. Une première expérience de grande envergure est menée à Vancouver en 1973: la ville est enregistrée sous toutes ses coutures, puis étudiée via ce matériau pour en comprendre les traits distinctifs, les ambiances, l'équilibre de ses paramètres naturels, humains, sociaux, professionnels, etc.

Raymond Murray Schafer n'est toutefois pas un simple observateur: sa démarche affiche une dimension écologique l'amenant à s'inquiéter de la «pollution» sonore en contexte urbain. Son livre *The book of noise* (1970) va jusqu'à plaider pour une réduction et une législation des bruits artificiels, notamment ceux qui ne sont pas connectés à leur source mais diffusés par le biais de haut-parleurs.

Inversement, il juge positive et stimulante l'intégration de faits sonores naturels à son travail de composition, par exemple dans *Waves* (1976), où le rythme est fondé sur le roulement des vagues.

«Pour comprendre ce que j'entends par esthétique acoustique, considérons le monde comme une immense composition musicale, qui se déploierait sans cesse devant nous. Nous en sommes à la fois le public, les musiciens et les compositeurs. Quels sons voulons-nous préserver, encourager, multiplier? Lorsque nous le saurons, les sons gênants ou destructeurs se détacheront suffisamment pour que nous sachions pourquoi il nous faut les éliminer. Seule une conception d'ensemble de l'environnement acoustique peut nous donner les moyens d'améliorer l'orchestration du paysage sonore. L'esthétique acoustique n'est pas uniquement l'affaire des acousticiens. C'est une tâche qui requiert la collaboration de beaucoup de gens: professionnels, amateurs, jeunes – tous ceux qui possèdent une bonne oreille – car le concert de l'univers est permanent et les places à l'auditorium sont gratuites.»

Raymond Murray SCHAFER. 1979 (1977). *Le paysage sonore*. Paris: J.-C. Lattès, pp. 281-282.

Extrait sonore:
Vancouver harbour
Enregistré par Raymond Murray Schafer, 1973, Vancouver

Chapitre 3

Pascal Bussy (1956-)

Economiste et sociologue de formation, Pascal Bussy contribue à l'effervescence musicale des années 1980 en fondant le label discographique indépendant Tago Mago. La structure promeut des artistes qui, du jazz au rock via la chanson, s'éloignent des poncifs, brouillent les frontières établies, expérimentent et de ce fait intègrent volontiers des éléments «bruitistes» à leurs compositions (Pascal Comelade, This Heat, Albert Marcœur, Lol Coxhill, Jac Berrocal). Dès le seuil des années 1990, il poursuit une carrière plus institutionnelle chez Island, Warner jazz, puis Harmonia Mundi où il s'occupe entre autres de musiciens labellisés *world music* (Natacha Atlas, Lokua Kanza, Chucho Valdés).

Pascal Bussy mène parallèlement une activité de journaliste (*Libération*, *Jazz Hot*, *Stéréoplay*, *Compact*, *Vibrations*, France Culture, Radio Nova). Il publie également des livres sur le Krautrock allemand des années 1970, genre qui jette des ponts entre avant-gardes et musiques pop (*The can book*, 1984; *Kraftwerk: man, machine and music*, 1993). Il signe enfin les portraits de grandes figures de la musique comme *John Coltrane* (1999) et *Charles Trenet* (1999) dans la collection Librio Musique.

«"Intermission" est représenté par une sorte de court jingle radio qui se poursuit par quelques instants de silence et des sons qui ressemblent aux tops qui indiquent l'heure. Cette proclamation de minimalisme ultime, bien qu'étant très "wahrolienne", n'était cependant pas quelque chose de spécifique au groupe, John Lennon et Yoko Ono ayant eux-mêmes produit le plutôt long "Two Minutes of Silence". De même, John Cage avait "composé" une plus longue pièce pour piano intitulée "4.33" qui, lorsqu'elle fut récemment rééditée en CD single, peut être désormais considérée comme le summum de ces blagues.»

Pascal BUSSY. 1996 (1993). *Kraftwerk: le mystère des hommes-machines*. Paris: Camion Blanc, p.92.

Extrait sonore:
Intermission
Kraftwerk, 1978, Düsseldorf

David Toop (1949-)

A travers ses activités de musicien, journaliste, essayiste ou éditeur, l'Anglais David Toop a beaucoup interrogé la notion de musique et son rapport à l'univers des sons. Dans les années 1970, il enregistre des cérémonies chamaniques amazoniennes en accordant une place centrale à tout ce qui gravite autour du rite proprement dit. Au sein du groupe Flying Lizards de 1978 à 1984, il se livre à un détournement des formats pop qui n'est pas sans rappeler le travail de John Cage: inclusion de «bruits» quotidiens, effets électroniques, brouillages entre chant et parole, rythme et mélodie. Dans les années 1980, il est l'un des premiers auteurs à théoriser le phénomène du hip-hop (*The rap attack*, 1984). Ses livres ultérieurs développent une thèse plus générale d'après laquelle un changement de paradigme complet est survenu dans la musique occidentale à la suite de l'apparition des instruments électroniques: en abolissant l'écriture et la virtuosité, en permettant de recycler tous les sons enregistrés dans de nouvelles pièces, ils auraient encouragé un glissement du travail mélodique vers l'architecture sonore, de la rationalité vers la production d'ambiance et d'émotion. Sans bénéficier d'un statut académique, David Toop a beaucoup influencé la critique musicale des années 1990, rôle favorisé par ses activités journalistiques (*The Face*, *Wire*).

«Ce qui était aussi important pour moi dans ces enregistrements des Yanomamis, c'est qu'ils n'étaient pas vraiment perçus comme de la musique, mais comme une expression humaine très intense. Il y existe une forme, mais non déterminée par une formalisation musicale raisonnée. Elle est plutôt connectée aux influences extérieures telles que la dynamique de l'expérience des drogues ou la forme typique des rituels de guérison, c'est-à-dire la manière dont les drogues doivent être prises.»

Guy-Marc HINANT et Dominique LOHLÉ. 2008 (2004). *I never promised you a rose garden, a portrait of David Toop through his records collection*. Bruxelles: OME, Sub Rosa. [12'27"-13'25"]

Extrait sonore:
Yanomami shamanism
Enregistré par David Toop, 1980, Venezuela

Chapitre 3

George Sand (1804-1876)

Aurore Dupin, alias George Sand, fait de la musique un thème récurrent à la fois dans sa vie et dans sa production littéraire. Mélomane, elle fréquente plusieurs artistes qui rénovent la composition au XIXe siècle, notamment Frédéric Chopin et Franz Liszt. Comme ce dernier, elle manifeste un intérêt pour les musiques populaires, en l'occurrence celles du Berry où elle a vécu une partie de son enfance et dont elle craint la disparition imminente en raison de profonds bouleversements sociaux liés à la modernité. Tandis que de nombreux contemporains s'improvisent folkloristes et battent la campagne en quête de patrimoines intangibles à sauvegarder, elle valorise et transmet plutôt ce qu'elle en sait à travers ses œuvres de fiction. *La Mare au diable*, paru en 1846, illustre parfaitement cette démarche: elle y évoque en détail les spécificités rurales, dont la musique, le dialecte, les environnements sonores, les appels de labour qui guident et encouragent les bœufs.

«C'est un chant étrange qui doit, comme celui des bouviers de notre pays, remonter à la plus haute antiquité. On ne saurait le traduire musicalement, parce qu'il est entrecoupé et mêlé de cris et d'appels au troupeau, qui relient entre elles des phrases sans rythme fixe et d'une intonation bizarre. Cela est triste, railleur et d'un caractère effrayant comme un sabbat de divinités gauloises. Comme tous les chants conservés par la tradition orale, il y a un nombre infini de versions qui se modifient encore au gré du pastour, mais qui restent toujours dans la couleur primitive. Les paroles sont improvisées le plus souvent. [...] Je parlerai ailleurs du *Chant des bœufs*, qui est une chose superbe et de la même antiquité.»

George SAND. 1856. *Histoire de ma vie,* tome sixième. Paris: Michel Lévy Frères, p. 31.

Extrait sonore:
Appels de labour
Enregistré par Michel de Lannoy, 1986, Poitou

Nicolas Walzer (1980-)

Docteur en sociologie, responsable de labels et rédacteur de webzines, Nicolas Walzer est un des premiers universitaires français à se pencher sur la culture du metal extrême. Caractérisé par un «gros son» de guitares saturées, ce genre musical vise selon lui à briser les codes esthétiques et à mettre en cause les valeurs dominantes, rejoignant sur ce point les avant-gardes de la musique classique.

Dans ses travaux, Nicolas Walzer soutient notamment que l'imagerie satanique mobilisée dans les productions visuelles et sonores de ce genre musical est à comprendre d'un point de vue culturel. Vivace aux Etats-Unis, le phénomène religieux n'aurait pas d'équivalent en France ou en tout cas pas dans les mêmes groupes sociaux. Inscrivant son objet dans l'histoire des musiques populaires stigmatisées par l'Eglise, Nicolas Walzer mobilise les sciences humaines pour tenter d'approfondir un débat réduit à son apparence sulfureuse par des commentateurs qui se satisfont de clichés et n'ont pas de véritable expérience de terrain.

«Le metal extrême n'est pas ce que l'on peut appeler une musique *easy listening*. Comme pour les mélomanes du free jazz ou les *beats* frénétiques des technoïdes, il nécessite un certain temps d'"acclimatation" avant de comprendre puis d'apprécier la musique. D'un premier abord, il est très difficile de la décomposer, les profanes parlent en général d'un bruit assourdissant et cacophonique avec un chanteur qui hurle. Certains musiciens acceptent même parfois ces jugements, avec une pointe de rabaissement qui les caractérise parfois.»

Nicolas WALZER. 2007. *Anthropologie du metal extrême.* Paris: Camion Blanc, p. 190.

Extrait sonore:
You suffer
Napalm death, 1986, Ipswich

Chapitre 3

Lester Bangs (1948-1982)

Leslie Conway Bangs, alias Lester Bangs, est un journaliste américain et une figure centrale de la *rock critic*. Dès ses premiers articles, à la fin des années 1960, il rejette la posture informative de ses confrères et entreprend de théoriser son objet – le rock – en mobilisant son vécu et en assumant sa subjectivité. Cultivant le goût de la provocation, Bangs est renvoyé du magazine *Rolling Stone* pour «manque de respect envers les musiciens». Il poursuit sa carrière dans les pages de *Creem*, revue qui lui donne carte blanche et dans laquelle ses articles peuvent atteindre jusqu'à trente feuillets. Tour à tour vaniteux et brillant, visionnaire et mesquin, l'auteur dévoile une constante: égratigner l'establishment quel qu'il soit, pourfendre le bon goût, mettre en valeur des artistes inconnus, promouvoir de nouvelles expériences sonores, plus particulièrement celles qui flirtent avec le «bruit» de leur temps comme le free-jazz, les incursions industrielles de Lou Reed ou les premières déflagrations du punk. Adepte des paradis artificiels comme ses inspirateurs beat, il meurt à 33 ans d'une insuffisance respiratoire.

«Je suis également fermement convaincu qu'une raison de la popularité du rap, comme de la disco ou du punk avant lui, est qu'il est parfaitement exaspérant pour ceux d'entre nous dont ce n'est pas la tasse de boucan; plus d'une fois ses fans sont venus à hauteur d'une cabine téléphonique sans porte que j'occupais, posant leurs énormes radios sur le trottoir à quelques centimètres de mes pieds, et restant à me regarder en souriant. Ils n'avaient aucune intention de téléphoner, mais il m'est difficile de leur refuser une telle impolitesse allègre, et comment le pourrais-je, après m'être promené dans toute la ville avec un magnétocassette, lui aussi fortement audible, émettant du free jazz, *Metal Machine Music*, "Theme" de Public Image, "Rated X" de Miles Davis ou *Musique électro-acoustique* de Xenakis, qui aux dires du compositeur est pour partie la peinture sonore d'un bombardement en Grèce? Tout ceci est donc de bonne guerre, même compte tenu des différences de goût.»

Lester BANGS. 2006 (1981). «Guide raisonnable pour horrible bruit», in: Lester BANGS. *Psychotic reactions et autres carburateurs flingués*. Paris: Tristram, p. 438.

Extrait sonore:
Bring the noise
Public ennemy, 1991, New York

Emmanuel Grynszpan (1974-)

Musicologue de formation, Emmanuel Grynszpan est un des premiers universitaires à s'intéresser au phénomène des teknivals et free-parties dans l'Hexagone, type de manifestations qui bourgeonnent durant la première moitié des années 1990, en réaction à une double menace: la répression des rassemblements techno par les forces de l'ordre et la normalisation que choisit alors une partie du mouvement. Influencé par les théories d'Akim Bey sur les «zones d'autonomie temporaires», Emmanuel Grynszpan livre une analyse fine des enjeux qui se nouent autour de fêtes caractérisées par le bruit: celui des médias; celui des adultes affolés de ne rien comprendre; celui des moralisateurs associant musique, drogue et criminalité; celui des artistes enfin, qui surjouent l'agression sonore en guise d'ultime provocation face aux normes établies.

«D'une certaine manière, le bruit est une manière de réenchanter le musical. La techno est le penchant populaire de la musique concrète, non pas seulement en terme d'usage de nouveaux instruments, mais dans la volonté de laisser travailler le bruit, de laisser surgir un son inouï, mystérieux et sur lequel le contrôle du créateur n'est pas total. L'élaboration de la musique ne se fait plus en terme de compétence, de maîtrise absolue. Les timbres des instruments acoustiques sont suffisamment connus pour ne plus émerveiller. Dans la techno, le bruit est gratuit, et laissé à l'état brut, non pas métonymique, mais se suffisant à lui même. Le bruit traverse le musicien et frappe directement l'auditeur par son étrangeté. Le jazz et le rock sont constitués de sons maîtrisés par leurs auteurs, et ce contrôle total démythifie le son.»

Emmanuel GRYNSZPAN. 1999. *Bruyante techno: réflexion sur le son de la free party*. Nantes: Mélanie Séteun, pp. 94-95.

Extrait sonore:
Let's make some fucking noise
Deadkirks, 1991, Rotterdam

Chapitre 3

Rob Young (1968-)

Journaliste musical anglais intervenant dans de nombreux journaux et magazines, Rob Young est plus particulièrement associé à la revue *The Wire*, qui depuis sa fondation en 1982 explore avec assiduité les franges novatrices de la musique moderne, tous genres et origines confondus. En charge de la rubrique *Undercurrents: the hidden wiring of modern music*, Rob Young y propose une vision alternative de l'histoire musicale, fondée sur les rapports entre création et technologie. Dans cette perspective, si le «bruit» constitue le pilier autour duquel s'organisent une critique et un élargissement du spectre musical du XXe siècle, conformément à l'intuition des avant-gardes, le fait de l'intégrer exige l'enregistrement et le travail direct sur la matière sonore. Ces idées sont reprises et développées dans l'ouvrage *Electric Eden: unearthing Britain's visionary music* (2010). Par ailleurs, Rob Young s'intéresse aux labels musicaux en tant qu'acteurs centraux des innovations esthétiques. Il a déjà consacré un volume à l'histoire de Rough Trade (2006) et à celle de Warp (2005), pionniers respectivement de la scène postpunk et IDM.

«En leur temps, Pan Sonic ont développé une musique à la hauteur des promesses du Futurisme, en ce sens qu'elle était à l'écoute et s'appropriait les formes, les structures et les bruits du présent – architecturaux électriques, économiques, environnementaux – puis les transformait en un langage à la fois économe et percutant. [...] A l'aube des années 1990, ils ont testé les limites de certaines fréquences, en construisant des résonateurs de 762 cm pour essayer d'atteindre le graal des 16 Hz, seuil qui pouvait théoriquement avoir des effets gênants sur le corps humain. Plus tard, au moment de l'album *Vakio*, tout cela s'est assagi. En 1996, ils m'ont dit qu'ils ne trouvaient pas leur musique terriblement extrême. Ilpo mentionna un ami qui lui avait dit que leur musique "proposait un environnement comme un ascenseur ou une machine à café ou quelque chose d'encore plus à l'écoute… une sorte de… plus proche de toi. C'est plus un ami, davantage qu'une simple machine à café vous préparant une tasse. Vous avez plus de contact avec elle".»

Rob YOUNG. 2010. «Pan Sonic: gravitoni». *The Wire* (Londres) 317, juillet: 59. [traduction MEN]

Extrait sonore:
Alku
Panasonic, 1995, Londres

Paul Hegarty (1967-)

Paul Hegarty enseigne la philosophie et les *cultural studies* à l'Université de Cork en Irlande. Au cours de sa jeune carrière, il a beaucoup écrit sur l'art, le son, l'image, le pouvoir et les formes de résistance qui se négocient à l'intersection de ces multiples champs. Spécialiste de Georges Bataille, Jean Baudrillard et Dennis Cooper (monographies parues en 2000, 2004 et 2007), il s'intéresse plus particulièrement aux manières dont les théories peuvent être mises en pratique et influencer le monde. La musique bruitiste est non seulement un de ses thèmes de prédilection, comme en témoigne le livre *Noise/music: a history* paru en 2007, mais également un sujet de mobilisation personnelle. En effet, bien qu'il récuse l'appellation de musicien, il donne régulièrement des concerts et a enregistré quatre albums apparentés au courant noise.

Se référant volontiers à l'œuvre de Merzbow, Paul Hegarty défend l'idée que, malgré l'institutionnalisation des figures et des moyens historiques, les musiciens bruitistes parviennent sans cesse à trouver de nouveaux biais pour déstabiliser l'auditeur et remettre en cause la notion d'écoute musicale. Tout comme la beauté ou l'harmonie, le bruit est donc un concept en perpétuelle évolution qui a toujours quelque chose de pertinent à exprimer face aux productions dont il se démarque.

«La musique de Merzbow se compose de débris sonores: pulsations, *feedbacks*, sifflements, vrombissements, déflagrations, distorsions, tonalités pures, hurlements, bruits de machine – tous joués extrêmement fort. Mais cette musique offre un bruit "jusqu'au-boutiste" – elle n'accorde aucun espace à des sons musicaux identifiables sur lesquels viendraient se superposer les distorsions (comme dans la musique des années 1980 qui a suivi le punk), juste des combinaisons de bruits qui ne s'organisent pas en pulsation mantrique, une explosion continuelle ("pas du tout de la musique, plutôt une dépense intensive de son et de silence"). L'auditeur se démène pour trouver un chemin à travers ou par-dessus la musique bruitiste, mais finit par renoncer: des rythmes doivent pouvoir être identifiés, des fréquences suivies – *ce n'est pas juste un hasard mais…* – en fin de compte "l'auditeur" est anéanti dans sa croyance qu'il existe un lien. La musique noise devient une ambiance non à partir du moment où vous apprenez à l'écouter, ni celui où vous acceptez son refus de s'établir, mais quand vous n'êtes plus en mesure d'accepter ou de refuser.»

Paul HEGARTY. 2001. «Full with noise: theory and Japanese noise music». CTheory. Victoria: Arthur and Mailouise Kroker. [www.ctheory.net · consulté en ligne le 28 juillet 2010; traduction MEN]

Extrait sonore:
1930
Merzbow, 1998, Tokyo

Chapitre 3

Philippe Simon (1972-)

Philippe Simon est journaliste au quotidien *Le Temps*. Il publie notamment tous les samedis une chronique sur les musiques d'avant-garde, qu'elles soient rock, jazz, électroniques, metal, classiques ou «du monde». Comme pour de nombreux confrères, chercheurs ou artistes, ce goût de l'inattendu provient d'une révélation, d'un moment charnière où l'écoute d'un son, d'un rythme ou d'une mélodie amène à relativiser les certitudes antérieures. Philippe Simon en a vécu au moins trois: la découverte de la guitare électrique saturée, d'abord par le biais du heavy metal puis par celui du punk dans la seconde moitié des années 1980; les bourdonnements de synthèse et les rythmes déstructurés offerts par le groupe Autechre dès le milieu des années 1990; et la synthèse des deux révélations précédentes au cours des années 2000 par le concept de «drone» et la scène «deep listening».

Cette ouverture musicale est également liée aux pratiques successives de Philippe Simon qui passe de la fanfare au collectif dada-punk Pictus Ouarg, puis au duo électronique Les poissons autistes dont la musique associe une vaste palette de sons électroniques, de «bruits» glanés et d'instruments utilisés de manière inhabituelle.

«Posons le décor. Stephen O'Malley et Greg Anderson ont décidé il y a onze ans de réduire le metal à un seul de ses éléments: le bourdonnement de la guitare sursaturée après le riff. Ce fut un coup de génie, Sunn O))) créant avec ce vocabulaire restreint une série d'albums majeurs où les cordes cessent d'être une excuse à la virtuosité et redeviennent de purs générateurs de son. On assistait à la naissance d'un genre ("drone metal", selon les spécialistes) qui dérobait à l'ambient sa construction par stases successives, mais en en offrant une contremarque organique et charbonneuse. Monoliths… fait figure d'un aboutissement pour lequel O'Malley et Anderson se sont entourés d'un backing band de rêve: les guitaristes Oren Ambarchi et Dylan Carlson (Earth), le compositeur et violoncelliste Eyvind Kang, le tromboniste Stuart Dempster, etc. De ce chaudron démoniaque transpire une musique majestueuse dans son art du kidnapping auditif, quelque part entre poème symphonique cavernicole et œuvre au noir: on a beau faire, le son des sous-sols de l'âme est décidément irrésistible…»

Philippe SIMON. 2009. «Monoliths & Dimensions, par Sunn O)))». *Le Temps* (Genève) 3443, 11 juillet: 36.

Extrait sonore:
Orthodox caveman
Sunn O))), 2005, Los Angeles

Claudie Marcel-Dubois (1913-1989)
Claudie Marcel-Dubois suit une formation de pianiste au Conservatoire de Paris avant de poursuivre ses études en ethnologie et en archéologie asiatique. Ayant fréquenté l'Ecole du Louvre, elle gère sous la direction d'André Schaeffner la phonothèque du Musée d'ethnographie du Trocadéro. En 1934, elle fait la connaissance de Curt Sachs, grand spécialiste de l'organologie venu travailler en France pour échapper à l'essor du nazisme. Cette rencontre développe son intérêt pour les instruments et lui fait envisager une forme de recherche plus systématique et plus rigoureuse que celle qui est pratiquée en France à cette époque.

Mue par ces nouvelles ambitions, Claudie Marcel-Dubois participe à la création du Musée national des arts et traditions populaires aux côtés de Georges Henri Rivière et y fonde une section d'ethnomusicologie en 1941. Elle la dirige pendant quarante ans, jusqu'à sa retraite, en prônant une méthodologie transdisciplinaire et en s'intéressant à toutes les facettes de la production sonore humaine, des musiques aux dialectes, des charivaris traditionnels aux cris des supporters. Par son engagement auprès de nombreuses instances universitaires, étatiques ou internationales, Claudie Marcel-Dubois a activement participé à la reconnaissance de l'ethnomusicologie.

«Par sa référence permanente au son, le terme "charivari" est passé dans des expressions courantes désignant des bruits désordonnés et fortuits. De ce fait la signification que revêt l'acte paramusical dans le rituel charivarique se trouve dénaturée et son caractère de tumulte volontaire, organisé, systématique et parfois symbolique en est profondément altéré. En revanche le champ d'application du terme charivari, dans son sens et son rôle d'acte paramusical, s'étend à d'autres circonstances que le remariage. [...] De nos jours les slogans déclamés et rythmés dans les défilés contestataires, les sifflements, les bourdons, les cris de protestations clamés contre des artistes ou des sportifs et autres expressions volontairement bruyantes peuvent être considérés comme des charivaris.»

Claudie MARCEL-DUBOIS. 1981. «La paramusique dans le charivari français contemporain», in: Jacques LE GOFF et Jean-Claude SCHMITT, éds. *Le charivari*. Paris/Paris, La Haye, New York: EHESS/Mouton, pp.48-49.

Extrait sonore:
Supporters
Enregistré par Grégoire Mayor, 2010, Lausanne

Chapitre 3

Au vacarme
au rugissement, si l'on donnait un corps...
Aux sons du cymbalum, à la foreuse perçante
aux trépignements adolescents qui ne savent encore
ce que veut leur poitrine qui est comme si elle allait éclater
aux saccades, aux grondements, aux déferlements
aux marées de sang dans le cœur
à la soif
à la soif surtout
à la soif jamais étanchée
si l'on donnait un corps...

    Henri Michaux. 1967. mouvements.

Bruit de fond / bruit de forme

Béatrice Ramaut-Chevassus

> Le savoir occidental tente, depuis vingt-cinq siècles, de voir le monde. Il n'a pas compris que le monde ne se regarde pas, qu'il s'entend. Il ne se lit pas, il s'écoute.
> Notre science a toujours voulu surveiller, compter, abstraire, castrer les sens, oubliant que la vie est bruyante et que seule la mort est silencieuse: bruits du travail, bruits de fête, bruits de la vie et de la nature; bruits achetés, vendus, imposés, interdits; bruits de révolte, de révolution, de rage, de désespoir... Musique et danses. Complaintes et défis. Rien ne se passe d'essentiel dans le monde sans que le bruit s'y manifeste. (Attali 2001: 11)

A partir de 1977, Jacques Attali se propose de «montrer que la musique est prophétique et que l'organisation sociale en est l'écho» (Attali 1977: 11). A l'idée pythagoricienne d'une musique miroir de l'harmonie du monde, il substitue celle d'une musique témoin figurant et anticipant l'organisation de la société par ses lois et sa systématique: «La musique, organisation du bruit, reflète la fabrication de la société; elle est la bande audible des vibrations et des signes qui font la société» (Attali 1977: 9). Attali ne se contente pas, dans son *Essai sur l'économie politique de la musique*, intitulé de façon emblématique *Bruits*, de relativiser la distinction, bruit *versus* musique, il affirme que «Le statut fondamental de la musique est à décrypter dans celui du bruit: le bruit est une arme et la musique est, à l'origine, la mise en forme, la domestication, la ritualisation de l'usage de cette arme en un simulacre de meurtre rituel» (Attali 1977: 49). Le bruit, inorganisé et inharmonique, dirait l'asocial, et la musique, la société.

Sans chercher à tracer des frontières entre son, musique et bruit, il s'agira de questionner «l'avènement du bruit comme confidence du siècle» (Castanet 1999: 18). S'«il n'a jamais existé de musique "pure"» (Charles 2001: 101), distinguer entre musique et bruit n'est pas qu'une autre manière de dire «le pur et l'impur» (Molino 2003: 665). Le bruit comme trace de la narrativité, le son comme hiérarchisation, stabilisation et contrôle des relations de temps cohabitent en des équilibres sans cesse modifiés. Du simple parasite au murmure ininterrompu d'une temporalité immémoriale, exclus ou inclus, les bruits de fond / de forme, thématisés ou occultés, contribuent à construire un sens.

«L'avènement du bruit comme confidence du siècle»

La musique n'*achève* pas seulement le bruit en un «simulacre de meurtre rituel», elle lui offre, particulièrement depuis le début du XXe siècle, une autre vie. Dans son *Tout est bruit pour qui a peur*, le compositeur et musicologue Pierre Albert Castanet se fait bruitologue dans la veine d'un Bourdieu fondateur d'une sociologie de l'art (Castanet 1999: 8). Il analyse magistralement les innombrables et massives irruptions du bruit dans les musiques populaires mais aussi savantes. Pour Hugues Dufourt (Castanet 1999: 11), lecteur de Castanet, si «Le bruit se situe au plus bas degré de l'échelle des êtres musicaux, la prise en considération de ces êtres sonores inférieurs conduit à associer la critique sociale au déchiffrement esthétique des œuvres.»

Cependant, le bruit n'est pas seulement un être musical inférieur. L'émergence du bruit dans la musique savante est sensible dès le début du XXe siècle. Elle relève tout autant, chez les compositeurs, de la volonté de forger des mondes sonores inouïs que de celle de faire écho à un monde devenu sans cesse plus bruyant. Déjà dans son manifeste *L'art des bruits* de 1913, le futuriste Luigi Russolo (1975: 36) constatait: «Aujourd'hui, l'art musical recherche les amalgames de sons les plus dissonants, les plus étranges et les plus stridents. Nous nous approchons ainsi du *son-bruit*. Cette évolution de la musique est parallèle à la multiplication grandissante des machines.» Alors qu'il n'est pas encore techniquement possible de «machiner» les bruits et de les fixer sur bande, les bruitistes construisent leurs instruments mécaniques et électriques, leurs bruiteurs dont le rumorharmonium, afin de «combiner idéalement» les bruits des machines et de la guerre. Ils tiennent, avec le son-bruit, une arme esthétique et affirment: «Nous sommes sûrs qu'en choisissant et coordonnant tous les bruits nous enrichirons les hommes d'une volupté insoupçonnée» (Russolo 1975: 40). La fortune immédiate du *Pierrot lunaire* (1912) ne repose-t-elle pas aussi sur la conquête d'une variété infinie de sons-bruits? Arnold Schoenberg y fait cohabiter deux mondes musicaux, l'un fondé sur des hauteurs précises, confié à un petit ensemble instrumental à géométrie variable, l'autre sur les inflexions instables de la *Sprechstimme*. Le recours à cette «sorte de bruit blanc, ou coloré» (Boulez 2005: 80) de la récitation vocale, inaugure une hybridation harmonie/timbre dont relève également le son gris de l'accord-timbre, martelé par les cordes au talon de l'archet, dans les «Augures printaniers» du *Sacre du printemps* d'Igor Stravinsky (en 1913). De façon plus spectaculaire encore, Varèse renonce radicalement à la mélodie dans ses compositions réservées à la seule percussion, telle *Ionisation* (1929, créé en 1933), parce que, dit-il, «la percussion a une vitalité que les autres instruments n'ont pas» et que «l'époque l'exige» (Varèse 1983: 96).

Si les individualités inclassables, rares et fragiles de bruits inouïs se font musique, la musique, quant à elle, sait se mouvoir en un bruit uniforme et saturé. Se retournant sur son siècle, Pascal Quignard stigmatise cet état de fait dans son pamphlet de 1996 au titre provocateur, *La haine de la musique*. Il constate que «Sur la totalité de l'espace de la terre, et pour la première fois depuis que furent inventés les premiers instruments, l'usage de la musique est devenu à la fois prégnant et répugnant. Amplifiée soudain d'une façon infinie par l'invention de l'électricité et la multiplication de sa technologie, elle est devenue incessante, agressante de nuit comme de jour, dans les rues marchandes des centres-villes, dans les galeries, dans les passages, dans les grands magasins, dans les librairies, dans les édicules des banques étrangères où l'on retire de l'argent, même dans les piscines, même sur le bord des plages, dans les appartements privés, dans les restaurants, dans les taxis, dans le métro, dans les aéroports…» (Quignard 1997: 198-199). Il ne s'agit plus là du bruit fascinant des machines mais du son lisse et sale de la *muzak* (Castanet 1999: 331-332) ou plus simplement d'une «*noise* pour reprendre un ancien mot de notre langue» (Quignard 1997: 252). La musique pour demeurer musique doit être rare, sinon elle devient bruit. Stravinsky, alors qu'il vivait sur le sol américain, le pressentait très clairement dès 1942. Dans sa sixième leçon donnée à Harvard, il affirmait: «Le temps n'est plus où Jean-Sébastien Bach faisait allègrement un long voyage à pied pour aller écouter Buxtehude. La radio porte aujourd'hui à toute heure du jour et de la nuit la musique à domicile. Elle dispense l'auditeur de tout autre effort que de celui de tourner un bouton. Or le sens musical ne peut s'acquérir ni se développer sans exercice» (*La poétique musicale*, Sixième leçon, 1942). Pour ce compositeur, la radio ne

Chapitre 3

véhicule pas, a priori, ce qui mérite d'être appelé «musique». L'attention de l'auditeur et le sens musical *seuls* accordent à un univers sonore quel qu'il soit le statut de musique. Est-ce à dire que la radio – ou toute prothèse auditive dont le citadin moderne s'augmente – ne véhicule que du bruit?

Tout univers sonore est ainsi susceptible de basculer indifféremment du statut de musique à celui de bruit, en une situation que le siècle dernier a rendue réversible. La nécessité de tracer une frontière entre ce qui serait ou ne serait pas musique est devenue caduque. Une distinction binaire n'a de pertinence ni physique, ni esthétique, ni culturelle. La postmodernité musicale a rendu la question stérile en laissant entrer dans la musique tous les bruits du monde, entre autres sous forme d'objets trouvés (Ramaut-Chevassus 1998). Bruit et musique ne s'opposent plus, le curseur se déplace d'un extrême à l'autre dans un continuum. Un objet, musique ou bruit, est déterminé par son contexte et non par sa valeur intrinsèque. «Une musique qui ferait partie des bruits de notre environnement, qui les prendrait en considération», disait par exemple Erik Satie (Castanet 1999: 147).

«Il n'a jamais existé de musique pure»

Daniel Charles dans ses *Notes sur le devenir de la musique selon Leonard B. Meyer* intitulées «Musique et narrativité: l'écriture du bruit», souligne qu'en 1984 Meyer, dans son ouvrage *Explaining Music*, «se sent obligé de reconnaître la *pluralité concurrentielle* des paramètres. Et, [que] c'est à la faveur de cette reconnaissance que s'opère le retour de ce refoulé qu'est le bruit» (Charles 2001: 110). Or, le retour du bruit, comme «refoulé», passe par une attention particulière au timbre, comme paramètre connexe de l'harmonie mais plus inclassable qu'elle et donc en cela moins pur. Le timbre (avec la durée, la hauteur et l'intensité) définit le grain unique d'un son mais il est aussi constitué des transitoires d'attaque, du souffle, des consonnes, des cliquetis des clés, bref, de tout ce qui parasite le son stable. Cette proportion bruiteuse du son, gommée ou au contraire mise en valeur, constitue une résistance du matériau sonore qui ne peut être tenue pour nulle. Schoenberg à la fin de son *Harmonielehre* en 1911 appelait de tous ses vœux une théorie du timbre mais force est de constater que le timbre est resté rebelle à la formalisation appliquée à tous les paramètres mis en place par les descendants de la seconde école de Vienne.

A contrario, le bruit s'installe ouvertement au cœur de la musique pour faire entendre une crise, c'est-à-dire au sens étymologique un choix qui ne se limite pas au seul champ de l'esthétique. En voici quelques exemples.

Lorsque John Cage compose ses *Sonatas and Interludes*, à la fin des années 1940, il «prépare» un piano en fixant dans la caisse et entre les cordes toutes sortes d'objets (gomme, vis, boulon, papier, caoutchouc…). Il n'adopte cependant pas une attitude bruitiste. Il transforme un piano standard en un instrument à percussion complexe et unique et met définitivement en échec la notation musicale qui n'avait jamais entrepris de consigner le timbre, sauf a minima. Lire la partition des *Sonatas and Interludes* ne permet plus de l'entendre: il faut pour cela «préparer» le piano puis le jouer. La partition consigne des durées et des hauteurs, mais ce n'est en réalité pas le cas puisque à chaque touche du piano (note sur le papier) répond un timbre différent, un son/bruit et non une hauteur dont la couleur connue à l'avance serait celle, unique, du piano. L'expérience est plus radicale encore lorsque Cage écrit pour «n'importe quelle source sonore» – acoustique ou électronique – comme dans *Haïku* en 1958. L'attitude de Cage est alors magistrale, il ne compose plus pour imposer. Son choix est de ne plus en faire. C'est pourquoi il peut affirmer à la fin de sa vie, «Je n'ai jamais écouté aucun son sans l'aimer: le seul problème *avec* les sons, c'est la *musique*» (Cage 1994). Il fuit la musique comme téléologie, celle que Hegel définissait ainsi: «pour autant que le son n'est pas un simple bruit ou une simple sonorité plus ou moins vague, mais reçoit une valeur musicale du fait de sa précision et de sa pureté, il présente, grâce à cette précision […] des rapports directs avec d'autres sons, et ce sont justement ces rapports qui lui donnent sa précision réelle […] en le fondant avec les autres» (Hegel 1979: 344). Cage ne s'intéresse alors ni au bruit, ni à la musique, mais laisse simplement advenir les sons. Son art sonore, désœuvré, doute de la toute-puissance de la rationalité.

Lorsque Helmut Lachenmann écrit sa musique concrète instrumentale, il donne lui aussi à entendre une rébellion artistique et politique contre l'expérience auditive conditionnée par la tonalité et le beau son dont l'aura le hante. Le compositeur allemand prône une nouvelle écoute, interrogeant radicalement l'efficacité stable des métasystèmes. La composition, dans le cas de Lachenmann, peut être définie comme une confrontation, les techniques de jeu traditionnelles constituant des exceptions. Dans *Accanto* (1976), concerto pour clarinette composé comme un contre-chant au célèbre concerto de Mozart, l'instrument ne sonne pas. Il n'est le plus souvent joué que par fragments (bec seul…), le clarinettiste vocifère dans sa clarinette, ne fait entendre que le cliquetis des clés, et mène une introspection complète autour de son instrument. Lachenmann se justifie, «Je veux quant à moi profaner le son, le démusicaliser en le présentant comme le résultat direct ou indirect d'actions et de processus mécaniques, afin de jeter les bases d'une compréhension nouvelle» (Kaltenecker 2001: 45). Une conscience aiguë de l'historicité du son, une attention extrême à la matière musicale brute – souvent comprise comme bruit – fondent une déconstruction du son pour un nouveau surgissement sonore. Le musicien se trouve ainsi au centre plus que le son lui-même. La non-articulation de la musique dit quelque chose d'un cri inarticulé et étouffé de la société. Cette musique dans son rapport d'inclusion/exclusion au bruit relève du geste.

Dans un autre monde, lorsque les rappeurs se veulent poètes urbains, c'est selon Christian Béthune (2004: 56-57) en «relatant des histoires emplies de bruit et de fureur, démantelant la langue dans ses composantes à la fois sémantique et phonétique instaurant une insurrection sonore permanente». Cette insurrection est elle aussi bruiteuse. Si les textes du rap musicalisent la langue en la rythmant et la rimant, leur accompagnement se nourrit selon Pierre Albert Castanet (1999: 148), de «déchets sonores volés au domaine musical capitaliste (technique de récupération du *sampling*, recyclage postmoderne d'échantillons sonores piratés sans scrupule)». La composante sonore de la culture hip-hop cherche en effet à s'imposer non seulement comme une action sociale fondée sur une force mobilisatrice certaine, mais comme un art dans un rapport sans précédent au bruit et au son sale.

Voici donc des musiques qui tirent leur sens d'une négociation explicite avec le bruit, celui, informe ou informé, qui les cerne avant de les habiter.

Bruit de fond et bruit de forme

La célèbre assertion attribuée à Victor Hugo, «La musique c'est du bruit qui pense», mérite plus que jamais de résonner. Ne faudrait-il cependant pas dire *des* bruits – de fond, de forme –, selon la distinction établie par Daniel Charles?

Qu'en est-il du bruit de fond? Lorsqu'il n'est pas une simple nuisance, Castanet le déclare «paradoxal et mythique» (Castanet 2008: 13), sorte de chaos, bruit blanc originel, réserve sonore ne contenant pas une révolte mais la condition d'un passage. On peut penser que la harpe éolienne, entendue par le philosophe américain Henry D. Thoreau, en constitue une image sonore: elle ne manque pas d'intérêt car elle tient à la source même de ce qui génère l'essentiel des bruits de fond que nous connaissons aujourd'hui, à savoir l'électricité. Thoreau, admiré par le compositeur Charles Ives et attentif à la nature modifiée par la main de l'homme, raconte: «j'entendis, à quelque distance, une faible musique dans l'air, comme une harpe éolienne, que je soupçonnai immédiatement de provenir du fil télégraphique en train de vibrer dans la brise du matin se levant à peine, et posant mon oreille contre un des poteaux, je fus convaincu qu'il en était ainsi. C'était la harpe télégraphique qui chantait son message à travers le pays» (Ives 1987: 93). Il y entend, comme Debussy dans le vent ou les vagues, un message des hommes et des dieux. L'omniprésent parasite, tel que l'évoque Michel Serres, constitue un autre exemple de bruit de fond. «Nos langues latines appellent, en effet, parasite le bruit constant qui circule dans les canaux de communication: pas de passage sans cet obstacle, ni langage sans chicane où se risque le sens, […] de canaux sans grésillements accidentels ni de nature, en somme, sans bruit de fond. Le parasite précède toute relation de dire et de don» (Serres 1997: 11). Bruits informes et murmures ininterrompus fondent une temporalité immémoriale, dans une certaine immobilité instable car non hiérarchisée. Cette condition de passage, devenue matériau musical, s'entend dans les débuts et fins de nombreuses pièces de György Ligeti, ou encore dans l'«onde porteuse», substrat de nombreuses œuvres d'André Boucourechliev (*Ombres*, *Le Nom d'Œdipe*…).

Et qu'en est-il des bruits informés ou encore des «bruits de forme»? Pour le compositeur François-Bernard Mâche, il s'agit d'entités qui s'offrent comme des modèles sonores. «Les individualités inclassables des "bruits" ne sont manipulables ni par les algèbres géométriques de la Série ni même par un contrôle statistique, bien qu'on puisse désormais programmer la transformation d'un timbre par ordinateur. […] Leur assemblage s'organise en formes qualitativement perçues et parfaitement précises même si souvent elles ne sont pas transposables. Le choix du modèle repose donc en premier lieu sur la reconnaissance d'une Forme, au sens gestaltiste, et non sur une décision intellectuelle» (Mâche 1983: 116-117). Modèles fascinants – bruits de foule, de guerre ou d'insectes –, «cacophonie des hommes et de leur *dysharmonia mundi*» (Castanet 1999: 19), que relaient et incarnent des instruments de musique du monde entier, des instruments «augmentés» de l'électronique en temps réel. Les ressources sont inépuisables.

Alors que le bruit de fond habitait discrètement le corps de la musique – entre autres avec le timbre –, les bruits de forme, les bruits/désordre du monde, moins rassurants que le bruit de fond thématisé, l'ont investi et pénétré entièrement sans qu'il ne soit plus possible de les ignorer. Quelles sont les conséquences de ce renversement de situation? Tout d'abord, les bruits informes ou informés ne savent être congruents. Les inclure c'est anéantir toute possibilité de clôture, toute résolution, toute fin pour l'œuvre parce qu'ils sont plus que des dissonances et qu'ils relèvent du temps lisse. Ensuite, alors que les bruits de fond et de forme ont longtemps été parqués à l'extérieur de la syntaxe musicale – la notation en témoigne –, leur retour réintroduit la temporalité immémoriale et la narrativité. Pour asseoir cette présence énorme (au sens étymologique de hors-norme) du bruit face aux sillons de rationalité que la musique tente de tracer, Mâche (1983: 13), en tant que compositeur, affirme que «L'informe a d'avance dépassé les formes que nous découpons».

Silence

Les questions «qu'est-ce que le bruit et qu'est-ce que la musique et comment leur sens est-il construit?» ne peuvent aujourd'hui recevoir de réponses qu'engagées et globales, ne portant pas sur ces deux seules entités spécifiques. Pris dans ces interrogations, Jacques Attali diagnostique la fin d'un monde, Michel Serres l'aube d'un nouveau. Pour Attali (1977: 10-11) «L'autodestruction du capitalisme est dans cette contradiction que la musique vit de façon assourdissante: instrument de différenciation, elle est devenue lieu de répétition. […] Elle donne donc à entendre l'essentiel des contradictions des sociétés développées: *une recherche angoissée de la différence perdue, dans une logique où la différence est bannie.*»

Pour Serres (1997: 230), «Le bruit détruit et fait horreur. Mais l'ordre et la répétition plate sont voisins de la mort. Le bruit nourrit un nouvel ordre. L'organisation, la vie et la pensée intelligente habitent l'adhérence entre l'ordre et le bruit, entre le désordre et l'harmonie parfaite». Chacun répond en écoutant bruisser et musiquer notre monde en âpre négociation avec un ensemble de contraintes éthiques tout autant qu'esthétiques.

Il semble que le statut fondamental de la musique et du bruit soit à décrypter aujourd'hui dans celui du silence, pour paraphraser Jacques Attali déjà cité. L'avènement du bruit comme confidence du siècle altère musique et silence. La contamination des bruits, convoqués ou subis, rend l'une et l'autre aussi rares que bouleversants (Quignard 1997: 254). Le silence, dans son statut de bruit de fond originel, est la seule vibration qui permette à la musique mais également au bruit de forme d'advenir. Cage ou Webern l'avaient compris très tôt dans le siècle.

Chapitre 3

Bibliographie

ATTALI Jacques. 1977. *Bruits: essai sur l'économie politique de la musique*. Paris: Fayard.
BÉTHUNE Christian. 2004. *Pour une esthétique du rap*. Paris: Klincksieck.
BOULEZ Pierre. 2005. *Regards sur autrui*. Paris: Bourgois.
CAGE John. 1994. *Je n'ai jamais écouté aucun son sans l'aimer: le seul problème avec les sons, c'est la musique*. La Souterraine: La main courante.
CASTANET Pierre-Albert. 2007 (1999). *Tout est bruit pour qui a peur: pour une histoire sociale du son sale*. Paris: Michel de Maule. [préface de Hugues DUFOURT]
    2008. *Quand le sonore cherche noise: pour une philosophie du bruit*. Paris: Michel de Maule.
CHARLES Daniel. 2001. *La fiction de la postmodernité selon l'esprit de la musique*. Paris: PUF.
HEGEL Georg Wilhelm Friedrich. 1979. *Esthétique*. Paris: Flammarion.
IVES Charles. 1987 (1920). «Essais avant une sonate». *Contrechamps* (Lausanne) 7: 11-98
KALTENECKER Martin. 2001. *Avec Helmut Lachenmann*. Paris: van Dieren.
MÂCHE François-Bernard. 1983. *Musique, mythe, nature ou les dauphins d'Arion*. Paris: Klincksieck.
MEYER Leonard B. 1973. *Explaining Music: essays and explorations*. Berkeley/Los Angeles/Londres: University of Chicago Press.
MOLINO Jean. 2003. «Le pur et l'impur», in: NATTIEZ Jean-Jacques, éd. *Musiques: une encyclopédie pour le XXIe siècle, vol. 1: musiques du XXe siècle*. Arles/Paris: Actes Sud/Cité de la musique.
QUIGNARD Pascal. 1997. *La haine de la musique*. Paris: Gallimard.
RAMAUT-CHEVASSUS Béatrice. 1998. *Musique et postmodernité*. Paris: PUF.
RUSSOLO Luigi. 1975 (1913). *L'art des bruits*. Lausanne: L'Age d'homme.
SERRES Michel. 1997 (1980). *Le parasite*. Paris: Hachette.
VARÈSE Edgar. 1983. *Ecrits*. Paris: Bourgois.

Nature et diversité des bruits : de la salle de concert au-dehors

Pierre Mariétan

> Le bruit court…
> Comme un bruit… le bruit… les bruits… le bruit blanc… le bruit rose… le bruit coloré…
> Un bruit à part…
> Le bruit qui dit rien – qui parasite – qui choque – qui masque – qui brouille – qui assourdit – qui rend fou – le bruit qui tue.
> Le bruit qui dit quelque chose – qui situe dans le temps, l'espace – qui annonce – qui rythme…
> Le bruit qui dit tout…
>
> extrait de l'œuvre radiophonique *Le bruit court*.

Chapitre 3

Les bruits sont de même nature, s'inscrivant dans un processus de création et de pratique musicales ou émergeant de l'environnement. Considérés en tant qu'objet physique les bruits sont des sons et, comme les autres sons, ils peuvent, selon leurs qualités et leur mise en œuvre, être la source d'interprétations multiples. Il n'empêche que leur perception a, pour la plupart des gens, une résonance négative. Leur valeur positive n'est pas reconnue.

Le bruit de l'environnement peut être traité autrement que comme nuisance. *Si trop de bruit n'est pas acceptable, trop de silence ne l'est pas non plus.* Ce qui veut dire que le bruit doit être pris en compte dans la création de l'environnement. L'aspect technique de la lutte antibruit ne suffit plus, ce qui a été fait jusqu'à aujourd'hui en a fixé les limites. Supprimer le bruit n'est qu'une solution extrême. Le bruit fait partie de notre univers.

Notre double système à la fois auditif et phonique nous conduit à communiquer et à nous situer à l'oreille. La musique exerce notre écoute. La recherche et l'application esthétiques devraient être mises à contribution dans la perspective de la maîtrise du son/bruit dans le quotidien.

De plus en plus de compositeurs, dans leurs œuvres, et aussi par leurs installations et performances, s'engagent dans une démarche qui consiste à créer une *exigence de qualité sonore dans le temps et l'espace de la quotidienneté*. Je tente ici d'exposer l'objectif du compositeur qui devrait prendre en compte ce qui se passe *autant au-dehors que dans la salle de concert*.
Une première question apparaît à propos de la capacité d'écoute, dans sa fonction réceptrice et son rapport à la dimension spatiale. Comme il s'agit de diriger le regard, j'aimerais dans un premier temps inciter à diriger l'écoute de l'environnement tel qu'il se présente à l'oreille, dans le temps et l'espace du quotidien. Je voudrais fixer ma réflexion plus précisément sur

l'entité associant le bruit à l'échelle de l'espace dans lequel nous évoluons en soulignant le fait que l'oreille est sensible dans des limites déterminées par sa configuration biologique. Sa fonction permet d'apprécier non seulement la qualité des sons, d'un bruit, mais de fixer leur présence et suivre leur évolution dans le temps et l'espace. Par conséquent l'oreille permet d'en révéler les qualités mêmes.

J'entends par *sonosphère*, au-delà des sons considérés pour eux-mêmes, la conjugaison d'un temps et d'un espace que notre oreille est en mesure de capter. La *sonosphère* est habitée du son que nous produisons et de sources sonores qui nous sont extérieures. C'est un tout sans cesse changeant car il suffit que des sources nouvelles apparaissent, que d'autres disparaissent pour que l'entité *sonosphère* soit modifiée. Il est aussi évident que le temps de déplacement de l'auditeur et des sources sonores joue un rôle déterminant dans la perception des formes spatiales et des contenus sonores. On peut mesurer l'importance de ces facteurs dans l'interprétation de l'espace et, bien sûr, dans la qualité de la communication orale entre humains, à la fois phonateurs et auditeurs. Par conséquent, il ne peut être question d'entreprendre une réflexion sur le bruit sans le situer dans le lieu où il se produit, ni en dehors des conditions temporelles dans lesquelles il se déploie.

Il peut être utile de s'attarder sur le son lui-même, en tant que phénomène recouvrant les domaines physique, affectif et mental. Cinq paramètres (fréquence/hauteur, temps/durée, complexité/timbre, amplitude/intensité, espace/localisation) permettent de discerner les sons les uns des autres en tant que sources. Leur perception, suivant les étapes auxquelles est soumis le son avant que ses effets n'atteignent le cerveau, s'inscrit dans trois modes réglant le dispositif et le fonctionnement auditifs. *Ouïr n'est pas entendre, entendre n'est pas écouter*. La permanence de l'*ouïe* assure sa fonction de veille. *Entendre* permet de capter une globalité sonore dont certains sons ou complexes de sons seront extraits par l'*écoute*, instrument d'interprétation du *message*. (Est-il besoin de souligner que, conjointement à sa capacité d'être le vecteur de toutes sortes de significations, le son peut être porteur de son propre *message*, ce qui est le cas de la musique?)

Connaître les caractéristiques originales du son ne suffit pas pour relier ce savoir à l'expérience de l'écoute. La manière dont le son évolue à partir de la source et à l'instant où il se produit, jusqu'à ce qu'il soit perçu par l'oreille, apporte son lot d'informations pour la reconnaissance du lieu dans lequel il se propage: les qualités de l'espace seront révélées par le son. Les effets de la propagation du son dépendent ainsi d'un grand nombre de critères liés aux proportions se rapportant au volume et à la configuration de l'espace. On peut renverser le postulat et constater que l'espace agit sur le son, le modelant dans ses formes acoustiques: le son, ainsi rendu de sa source jusqu'à l'oreille, n'est plus semblable. Imaginons un son produit dans une cathédrale et le même son écouté dans une petite chambre, leur appréhension sera différente. De plus, on se représente sans difficulté la multiplicité des sources et parcours sonores qui nous entourent se mélanger, se masquer jusqu'à s'annihiler. On ne peut que reconnaître la complexité acoustique caractérisant la *sonosphère*, telle que nous la vivons au quotidien. Ce qui conduit à considérer le bruit comme un phénomène complexe associant la multitude des sons qui nous entourent.

La définition du bruit à laquelle tout le monde se réfère conduit à l'idée d'uniformité. Introduisant une communication récente sur le sujet, je remarquais (Mariétan 2008: 189) que «[…] à l'écoute des faits sonores, on ne peut parler du bruit qu'au pluriel. Un manque de discernement et une commodité de langage font qu'on identifie le bruit exclusivement en tant qu'élément négatif et nuisible. Dans la réalité, le mot bruit recouvre quelque chose de mal défini. Le bruit trouble et dérange. Il masque d'autres données sonores. Il occupe toute la place dans l'échelle sonore. On l'imagine fort, même très fort. Mais il ne l'est pas toujours, ce qui laisse entendre qu'il y a bruit et bruit.» Considérés dans leur dimension objective, les bruits appartiennent à une catégorie du *son* parmi d'autres. Dans mon introduction, je précisais (Mariétan 2008: 189-190) que «le bruit est un son complexe dont quelques aspects peuvent être analysés comme pour tout autre son. Il appartient à un registre de fréquences défini, à moins qu'il n'occupe simultanément l'ensemble des fréquences audibles. Il a comme tout son une amplitude mesurable allant du seuil d'audibilité jusqu'à la limite de la douleur. Il est possible d'en apprécier la durée sinon d'en constater la pérennité (comme est pérenne le bruit de la mer). Il a une origine dans l'espace, à moins qu'il ne l'occupe tout entier. Ce qui différencie le bruit du son identifié principalement par la hauteur ou le timbre, c'est la part échappant à la mesure acoustique conventionnelle. Il reste à définir les critères de qualité qui permettraient de le reconnaître objectivement.»

J'ajoutais que le bruit est partout, même là où l'on croit avoir affaire uniquement à des *sons à fréquences déterminées*, autrement dit des *notes*, que nous sommes en mesure de reproduire, sinon avec toutes les qualités qui les caractérisent, du moins avec celle qui est devenue prédominante dans notre culture auditive et esthétique, la *hauteur* d'un son. En effet, on ne peut ignorer que tout système de production sonore engendre un bruit. Les instruments de musique n'échappent pas à la règle. Le frottement d'un archet sur une corde, le martèlement des marteaux sur les cordes du piano, le pincement des cordes de la guitare, le souffle dans les instruments à vent, a fortiori les instruments de percussion, l'ensemble du dispositif organologique repose peu ou prou sur une production *bruiteuse*. Le bruit organologique se situe à l'instant de la période transitoire qui se passe dans la durée de l'attaque mais aussi au-delà; il se poursuit tout au long de l'entretien du son. Seuls les instruments à sons résonnants s'émancipent du bruit initial dans la durée d'extinction du son. L'instrumentarium électro-acoustique est en mesure de produire des sons *purs*, sans bruit. Ce n'est donc pas sans raison que la «pauvreté» du son électronique est traitée avec des «astuces» apportant, en compensation, quelques enrichissements au spectre sonore synthétique. Au stade de la diffusion de ces musiques, le souffle des haut-parleurs, particulièrement lorsqu'ils sont nombreux et puissants, réintroduit également le bruit dans le discours musical.

On remarque aussi que certaines formes de musiques favorisent le bruit: les jazzmen saxophonistes font presque part égale au bruit du souffle et aux fréquences déterminées (notes) dans le cours d'une mélodie. La présence permanente de la batterie dans le jazz, comme dans les musiques rock et apparentées, a définitivement installé le caractère «bruiteux» du son dans la musique. Les pratiques musicales qui font emploi du bruit le définissent principalement par des adjectifs spécifiques qui procèdent de l'analogie (*rock metal*...) ou font état de la source instrumentale (musiques de percussion). La spécificité catégorielle du bruit exploité dans ces domaines par rapport aux sources instrumentales «classiques» est de ne pas en être une, c'est-à-dire qu'elle ne se laisse pas définir dans le processus établi de la transmission d'un répertoire. Un système homogène de notation, devenu très complexe, s'est développé autour de la prédominance historique du son à «fréquence déterminée». La notation traditionnelle s'applique à un ensemble de sources «familiales» complémentaires – tous les instruments du répertoire, classique jusqu'au contemporain, jouent, malgré cette diversité, dans la cohérence due à leur capacité à produire les «notes» représentatives des hauteurs et durées des sons. Cette notation devient caduque pour exploiter la multiplicité et la diversité des gestes producteurs de *bruits musicaux*.

Le «concert classique» malgré l'homogénéité de ses sources engendre son propre bruit; discret, il n'en existe pas moins. L'hétérogénéité des sources sonores dans la salle du «*nouveau concert*» (sources «concrètes») fait plus fortement écho à la complexité de l'existant sonore propre à l'environnement d'aujourd'hui, considéré dans sa dimension permanente. Cependant, dans les deux *concerts* règne un «accord»: de toute évidence un jeu d'ensemble s'impose, déchiffrable par l'oreille de l'auditeur. Cet ordre existe parce que des choix prédéterminent toute action musicale. Une lisibilité auditive comparable manque à l'extérieur de la salle de concert.

Comment transférer ou exploiter la qualité du sonore *concertant* dans le quotidien ? Avant de tenter de répondre à la question, il est nécessaire d'évoquer les pratiques musicales hors concert. Les installations sonores que l'on voit apparaître de toutes parts représentent une étape dans la prise de conscience de la dimension auditive de l'environnement. Elles sont des révélateurs de l'existant sonore et inscrivent la musique dans le bruit du quotidien, l'associant à son existence. Leurs dimensions formelles s'inscrivent dans une relation particulière au temps. Celui-ci n'est plus considéré en tant qu'élément structurant l'œuvre, il n'est que conséquent à la durée de l'écoute de l'auditeur occasionnel.

Dans le projet *Une Suisse tranquille*, j'ai incité le promeneur à porter son attention auditive sur le site entourant Assens, un petit village du centre du Pays de Vaud, qui, dans une première approche, se présentait comme l'exemple même de la tranquillité des paysages tant vantés par la publicité touristique suisse. Saisissant cette occasion unique (Mariétan 2003: 60-61), «L'idée m'est venue d'en faire apparaître ce que j'imaginai en être les correspondances sonores. Mais, en mission de repérage, très vite mon oreille s'est trouvée perturbée par une présence bruiteuse constante générée par un réseau dense de communication et de transport par ailleurs presque invisible. J'allais abandonner le projet quand la conviction prévalut qu'il fallait en retenir l'idée essentielle, écouter ce qui se passait là. J'imaginai enserrer ces lieux dans une série de séquences, en observer les éléments constitutifs et en rendre compte après les avoir enregistrés… La proposition était faite au visiteur de suivre un parcours, un grand huit inscrit dans le territoire, jalonné de sept points d'écoute. A chaque point, il était proposé de s'arrêter, de frapper dans ses mains, de frotter ses oreilles, fermer les yeux et écouter longuement sonner le lieu et ce qui s'y passait… Plus tard on retrouvait les sons, enregistrés, à l'intérieur d'une cabine téléphonique installée dans l'Espace culturel de Assens. On y comparait les deux écoutes». L'écoute du paysage, sans le voir, révélait l'omniprésence du bruit, alors que, in situ, il s'estompait, le regard prédominant. L'expérience tendait à prendre la juste mesure de l'*existant sonore*, sans préoccupation formelle et temporelle, en invitant à repérer la présence permanente des bruits, dans un but critique, mais aussi avec le souci d'accorder toute l'attention à une interprétation conduisant à la description du paysage à l'oreille.

Chapitre 3

> A quelques mètres, au milieu des champs dépouillés de leur culture, un grand lièvre, dressé sur ses pattes arrière, oreilles pointées, le regard fixé sur les micros, est juste un peu inquiet de ma présence immobile. Nous étions deux à nous écouter, «écouter» un bout d'une Suisse réputée tranquille.
> Je me disais qu'ici au milieu de ces vastes champs, je trouverais le silence. Mais comme partout ailleurs, il n'en est rien, bien que tout se passe dans la discrétion, sans beaucoup de bruit.
> Le lointain et le proche sont présents.
> Le son typé d'une puissante moto, invisible, dévoile les courbes du paysage. Les cris d'insectes se mêlent aux grésillements des câbles haute tension.
> (Point 4, *Une Suisse tranquille*, Assens)

Poursuivons l'analyse de l'observation rapportée ci-dessus: on ne voit pas la moto mais son bruit, en mouvement, décrit le paysage, alors que le regard n'en donne qu'une image floue. Le bruit devient un bruit positif pour qui cherche à découvrir le lieu en l'écoutant. A l'oreille, l'observateur attentif discernera les subtils replis d'une plaine légèrement vallonnée. Les fluctuations de l'amplitude sonore dues aux effets acoustiques créés par les creux et relevés du terrain favorisent ou non la propagation du son. La perception de ce «théâtre sonore» se déroulant sur un plan éloigné est mise en évidence par le silence de l'environnement proche (le lièvre en est le symbole !), un silence valorisé par les petits bruits… *cris d'insectes…* et *grésillements des câbles haute tension*.

Cette observation ramène immanquablement au rapport que les sons et les bruits entretiennent entre eux et avec les silences. *Le son a besoin de silence, le silence a besoin du son*. Sinon comment savoir quelle est la qualité d'un silence, quand il commence, quand il finit ?

La conscience de tout ce qui constitue la *sonosphère* devrait conduire à une plus grande lisibilité de l'environnement pour l'oreille. L'exigence de la qualité à donner au quotidien sonore en dépend. L'expérience de l'écoute est une condition incontournable pour y parvenir. Des outils d'investigation et d'analyse se construisent dans le cours de recherches menées depuis trente ans dans le Laboratoire d'acoustique et musique urbaine dépendant de l'Ecole nationale supérieure d'architecture de Paris La Villette, consacrés à promouvoir des critères définissant l'environnement sonore au-delà du rapport élémentaire *bruit de fond/signal*. Dans cette direction, j'avance l'idée que le *bruit de fond* est une définition imparfaite d'un phénomène qui porte en elle une interprétation paradoxale: le bruit de fond, jugé en tant que son indistinct, n'est pas *écouté*. Dès l'instant où l'oreille *écoute* ce bruit, celui-ci ne peut échapper à une analyse mettant en jeu ses composantes. En acceptant ce postulat, sachant que le rapport *bruit de fond/signal* régit tout le domaine de la mesure acoustique réglementée, à l'origine des normes appliquées aux conditions auditives de notre environnement, il devient possible d'entrevoir des définitions plus subtiles et en même temps plus proches du *sentiment* que nous portons à l'écoute de ce qui nous entoure, tout en restant dans les limites de la plus grande objectivité. Avancer l'idée que le *bruit de fond* n'existe pas, sinon sous une forme abstraite, que ce qu'il est censé définir n'est pas un objet sonore indistinct mais bien un élément, complexe et analysable, faisant partie d'un tout, conduit à une conscience plus grande de notre environnement sonore. Nous pourrions alors envisager de nous situer dans la *sonosphère* avec une exigence plus précise de ce que serait la qualité *musicale* de notre environnement. Nous pouvons avancer que ce qui est considéré comme *bruit de fond*, nommé *rumeur* lorsque l'écoute se manifeste, résulte d'un *complexe acoustique* constitué de la source, elle-même généralement complexe, *et d'un espace* où se propage ce que la source produit. De plus cet espace n'est pas indifférent au résultat perçu par l'oreille (si on veut bien ne pas oublier celle-ci avec sa propre complexité de fonctionnement). Il faut ajouter la dimension temporelle à l'analyse du phénomène dans sa globalité. Au premier abord, la *rumeur* peut être définie dans le sens commun du terme, un phénomène qui n'a pas de début et de fin définissables. C'est le temps accordé à l'écoute qui lui donne forme à l'intérieur d'une *situation sonore*, elle-même entendue comme un tout englobant source, espace et temps. On est alors à même de définir cette entité en la qualifiant de *sonorité* attribuée à un site. Il s'agit de sources sonores distinctes, d'un lieu spécifique et d'une durée, mesure donnée au temps par l'intermédiaire d'un *scénario* lui-même défini par l'écoute d'un fait sonore explicite (par exemple, l'approche, puis l'éloignement d'un pas résonnant dans une rue). Le concept de *rumeur* se définit par son rapport aux *émergences* qui en émanent. L'analyse de la *rumeur* prend en compte ses qualités acoustiques mais fait surtout état d'autres critères, tel son degré de *lissité*, lorsque les émergences se distinguent à peine de la continuité sonore jusqu'à l'apparition, plus ou moins récurrente, d'éléments plus ou moins nombreux. Ces *émergences* sont la preuve acoustique du substrat sonore constitutif de la *rumeur*. Le rapport qu'elles établissent, pour l'oreille, avec la globalité du *bruit/rumeur*, fournit les indices d'une qualification permettant de caractériser le *bruit* d'une ville pour le différencier de celui d'une autre ville. Ce rapport incite à l'écoute et à la prise de conscience de la qualité de ce que l'on nommait indistinctement, et jusque-là, *bruit de fond*. La *sonosphère* prend en compte l'espace en tant que composante participant au donné sonore, en même temps qu'elle se révèle par les dimensions du territoire que l'oreille est en mesure de percevoir. La notion de *rumeur* recouvre un espace rempli de *sons* et de *bruits*, déterminé par des formes acoustiques, représentatives d'un lieu que l'on peut alors nommer. La *sonosphère* est un espace concret mais sans désignation nominale, évoluant sans cesse, au centre duquel se trouve l'*auditeur*. La *sonosphère* se déplace suivant le trajet du sujet qui se situe continuellement en son centre.

Les tentatives de trouver des *outils* pour affiner la perception et la définition de l'environnement sonore en sont à un stade primitif. Il reste difficile de rendre compte d'un lieu et de ce qui s'y passe dans la perspective d'en transmettre l'image sonore. Cette voie est cependant incontournable pour atteindre un seuil de conscience collective qui conduirait à trouver un consensus et des solutions différentes pour traiter le *bruit* autrement qu'en tant que nuisance. Il est temps de prendre au mot ce que dit le dictionnaire lorsqu'il décrit *son silence bruit*, une succession de substantifs où le mot *bruit* est le plus riche en définitions s'appliquant à des sources spécifiques, exprimant des sentiments multiples… le *son* représentatif d'un générique acoustique, certes démonstratif de qualités *musicales* et le *silence* en attente d'interprétation subjective (le *silence dramatique* comme dans un quatuor de Beethoven, un *silence qui parle de lui-même*, et bien d'autres situations qui paradoxalement font la démonstration que le *silence dans l'absolu n'existe pas*). *Son silence bruit*, c'est aussi un postulat…. Où il se trouve que précisément le silence ne peut qu'être *bruissant*! Le bruit est partout, tout le temps, de mille façons, mais aussi subtilement, au seuil de l'audibilité. Russolo n'a pas été que le futuriste bruiteur tonitruant, il écrit (1975: 58): «Et dans un bois, quel orchestre magnifique […] On touche ici, dans le bruit, à d'exquises délicatesses des différents timbres, à des nuances très fines, enharmoniques dans les différents passages de tons, aux rythmes les plus curieux et les plus bizarres». Dans la recherche de l'équilibre *son, silence, bruit*, le travail du musicien doit être toujours exemplaire: la nécessité s'impose à lui de différencier les couches polyphoniques, instrumentales, la superposition d'agglomérats sonores parfois d'une extrême complexité, pour conserver constamment la lisibilité auditive de son propos. Est-ce qu'une règle similaire devrait s'appliquer à l'environnement sonore pour en avoir la maîtrise, de telle sorte que tous les bruits qui se produisent seraient audibles, sans que l'un masque l'autre en permanence? Les *sonosphères* dans lesquelles chacun évoluerait se recouperaient dans des fondus enchaînés constants, subtiles évolutions entre milieux et environnements sonores. Entre dedans et dehors… et pourquoi pas de dehors dedans?

Bibliographie

Barbanti Roberto, Pierre Mariétan et al., éds. 2006-2010. *Sonorités* (Nîmes) 1-5.
Centre culturel Assens. 2003. *L'art au fil du Talent: un chemin de sculpture au cœur du Gros-de-Vaud*. Assens: Centre culturel Assens. (Catalogue d'exposition)
Laboratoire d'acoustique et musique urbaine. 1979-2001. *Rapports de recherche*. Paris: Ecole nationale supérieure d'architecture de Paris - La Villette.
Mariétan Pierre. 1977. «Son silence bruit». *Revue d'esthétique* (Paris) 3-4 (septembre): 245-268.
    1997. *La musique du lieu: musique, architecture, paysage, environnement, textes, projets/réalisations, événements*. Berne: Commission nationale suisse pour l'UNESCO.
    2005. *L'environnement sonore: approche sensible, concepts, modes de représentation*. Nîmes: Champ social.
    2008. «Quel bruit! mais quel bruit?». *Filigrane* (Paris) 7: 189-195.
Murray Schafer Raymond. 1979. *Le paysage sonore*. Paris: Jean-Claude Lattès.
Russolo Luigi. 1975 (1916). *L'art des bruits*. Lausanne: L'Age d'Homme.

Sonographie

Mariétan Pierre. 1972-2001. *Milieu-Environnement-Radiophonie*. Paris: France Culture et GERM. [série de 30 productions; une partie des œuvres sont en écoute à la Médiathèque du Valais, Martigny]
Murray Schafer Raymond. 1973. *The Vancouver soundscape*. Vancouver: Simon Fraser University.

Art sonore ou son dans l'art ?

Caleb Kelly
Traduit de l'anglais par Olimpia Caligiuri

Le son est une composante majeure de la musique (ceci est une évidence). Dans un passé récent, la musique a cherché à coloniser les sons et à les maintenir à l'intérieur de ses frontières, comme en témoigne l'appel de John Cage pour qui tous les sons doivent relever du domaine musical. Pourtant, depuis vingt-cinq ans, un type de pratique connu sous le nom d'«art sonore» a fait son apparition dans le lexique artistique. Comme genre, cela reste un mouvement marginal mais simultanément «les arts visuels» se sont enrichis de sons. Pour rendre la terminologie encore plus trouble, cette expression a été employée, ces dernières années, pour délimiter des domaines de la pratique musicale où le son est utilisé d'une manière qui n'entre normalement pas dans la catégorie de la musique. Ces pratiques relèvent-elles toujours de la musique ? Il est possible de contourner la question en les qualifiant d'«art sonore». Cela est en soi assez banal et je tiens compte dans cet article de différentes réflexions sur la musique expérimentale et ses enjeux. Il y a lieu ici d'entamer un débat autour du «son dans l'art» qui dépasserait la question du genre «art sonore» et prendrait en considération des expériences, aujourd'hui écartées, ayant leur place dans l'art contemporain.

De nombreux problèmes terminologiques proviennent de ces pratiques qui oscillent sans cesse entre les territoires de la musique et des arts visuels. La question plutôt ordinaire «Est-ce de la musique ou est-ce de l'art ?» en devient compliquée, rendue complexe à la fois par ces pratiques et cette terminologie. Par exemple, j'ai entendu dans une exposition un étudiant du Conservatoire de musique de Sydney demander à propos d'une pièce qu'il était en train d'écouter avec un casque: «Mais est-ce de la musique ?» Sur le moment, il m'a paru surprenant de poser une telle question dans une galerie d'art; compte tenu du lieu, on pouvait s'attendre à ce que cette œuvre soit perçue comme de l'art. Alors même que l'artiste avait produit de la musique et l'avait jouée sur scène (le même lieu offrait également un espace pour des performances musicales), elle ne m'apparaissait pas telle avant que j'entende cette question. Ici le son se faufile entre les champs artistiques et musicaux et il me semble désormais être les deux choses en même temps: ces pratiques pourraient être qualifiées de «musique artistique» ou d'«art musical». Je souhaite évoquer certaines questions de terminologie qui me semblent compliquer le sujet, en espérant démêler des problèmes centraux et implicites de la discussion.

Musique expérimentale ?

En 1957, lors d'une conférence, le compositeur américain John Cage a débattu de la nature de la musique expérimentale. Selon lui, le terme «musique expérimentale» s'est révélé utile dès que la musique a été perçue du point de vue du public plutôt que de celui du compositeur: en situation d'écoute, elle est expérimentale pour l'auditeur plutôt que pour le compositeur (Cage 1961: 7). Cage suggère que le compositeur sait exactement ce qui se passe; l'expérience est réalisée au moment de la composition de la pièce plutôt que lors de son exécution. Nous sommes donc confrontés à un autre type d'écoute qui n'est plus à la recherche des gammes, des mélodies et des rythmes connus. L'auditeur de musique expérimentale est sensibilisé à des sons neufs, à de nouvelles juxtapositions de sons et à la façon différente de les organiser. De plus, les œuvres elles-mêmes peuvent comporter des éléments inconnus comme le hasard ou des sons circonstanciels ou accidentels.

La musique expérimentale est aujourd'hui bien connue des compositeurs et du public. C'est précisément là que se situe le problème. Les approches, les sons utilisés et la manière dont ils sont ordonnés font partie d'un bagage commun. Comme les influences et les hommages sont légion, les tendances actuelles de la musique expérimentale sont souvent des pratiques et des styles répétés et copiés. La marginalité a été codifiée au passage et le terme «musique expérimentale» n'apparaît plus si pertinemment dans ce contexte. La réponse stratégique à cette évolution consiste à nommer cette pratique «art sonore». Qualifier ainsi la musique expérimentale permet de la libérer et l'émanciper de la tradition musicale. Cette stratégie qui met en avant un jugement de valeur sur le statut de l'art a quelque chose de cynique puisque l'art est placé au-dessus de la musique: durant les soixante dernières années, celle-ci a en effet été dominée par les musiques populaires, domaine relevant d'une culture au rabais et qui s'adresse aux masses. Depuis quelques années, j'ai constaté que de nombreux musiciens utilisaient le terme «art sonore» – ou même simplement le mot «son» – pour décrire leur travail. Cela paraît étrange lorsqu'il s'agit de diplômés du Conservatoire, qui jouent sur des instruments qu'ils maîtrisent, dans des conditions proches du concert pour de courtes périodes marquées par un début et une fin (signalés par des applaudissements polis). A Sydney, des organisateurs d'«events» ont aussi été fréquemment décrits comme des commissaires d'exposition, autre terme provenant du monde de l'art et qui n'a tout simplement pas sa place dans l'organisation d'un concert. En effet, qu'exposent-ils?

La confusion me semble surgir lorsque le terme «art sonore» est utilisé pour parler de la musique. Suggérant un lien direct entre son et art, il était originellement employé pour décrire un type d'art visuel qui explorait le domaine sonore. L'art sonore, à mon avis, doit être envisagé comme un sous-groupe de l'art, un genre ou un domaine qui concerne la pratique artistique. Si tel est le cas, ce terme ne se rapporte qu'à un nombre restreint de pratiques qui mobilisent le son et n'est pas très utile pour décrire la pléthore de sonorités observables dans les arts. En fait, il serait plus pertinent de lui ajouter un «s» pour former l'expression les «arts sonores». La plupart de ses utilisateurs, en effet, ne voudraient pas le limiter aux arts visuels et pourraient ainsi y inclure la musique, la littérature et la performance.

On pourrait s'attendre à trouver l'art sonore dans des musées ou des galeries d'art et qu'il soit lié à des idées et à des débats relevant du domaine des arts visuels. Or même des livres qui prétendent traiter de la question ne sont pas clairs à ce sujet. Alan Licht, par exemple, l'atteste avec force, «l'art sonore a sa place dans une exposition plutôt que dans une performance» (Licht 2007: 14). Il poursuit cependant en analysant diverses performances de compositeurs comme Steve Reich, John Cage, Francisco López et Karlheinz Stockhausen. Pourquoi la musique a-t-elle tenté de s'approprier l'art sonore? Qu'est-ce que cette stratégie lui permet d'obtenir? Il semble qu'il s'agit en partie d'une tentative dissimulée pour la faire pénétrer dans le musée. Helmut Draxler affirme que «l'adoption par la musique de

Chapitre 3

la catégorie d'œuvre d'art lui a permis de se distancier graduellement de sa définition qui était fondée sur le bon caractère et sur l'euphonie dans la relation entre tonalités.» (Draxler 2009: 28) Il développe son argumentation en déclarant que le fait de définir diverses pratiques musicales comme «art» est la conséquence des changements culturels. Au cours du XXe siècle les définitions mêmes de l'art se sont effondrées; l'art n'est plus simplement de la peinture ou de la sculpture mais plutôt un mélange de pratiques, de l'art vidéo à l'installation, des arts médiatiques aux environnements immersifs. L'art et le monde de l'art sont très ouverts à une abondance d'approches et de modes de faire facilement acceptés comme de l'art. Il ne serait pas difficile de défendre une opinion qui mettrait l'accent sur une compréhension souvent hermétique et strictement réglementée des formes de pratiques considérées comme de la musique. Les libertés offertes à l'art ne s'étant pas étendues à la musique, des éléments du monde musical ont cherché à devenir de l'art.

L'élargissement du domaine de l'art a eu pour effet de «rendre bruyants» les musées et les galeries. Le visiteur a forcément remarqué un changement radical dans l'expérience auditive du musée, puisque celui-ci s'est rempli de sons et de bruits. En devenant sensible à la composante sonore de l'art, le visiteur ne peut s'empêcher de remarquer la palette de sons qui y étaient déjà présents. Comme auditeur, nous écoutons les œuvres d'art ou les expositions et, entre deux présentations, notre attention se porte sur les bruits du lieu, le son des pas, ou du groupe scolaire bavardant dans un coin. Le monde de l'art contemporain est empli d'une abondante activité sonore; le son est au centre de l'installation vidéo, du film, de l'art médiatique, de la performance et de l'esthétique relationnelle. Le musée d'art est loin d'être un environnement feutré. Les visiteurs sont exposés à une gamme d'expériences auditives, du son très élaboré de l'art vidéo (Bill Viola, Doug Aitken) à l'électronique minimale (Ryoji Ikeda, Carsten Nicolai), des bruits d'un groupe scolaire courant d'une salle à l'autre aux casques didactiques décrivant les œuvres exposées. Volontairement inclus dans l'art contemporain, le son fait aussi partie de la vie quotidienne de manière circonstancielle et accidentelle. Pour autant, cette présence grandissante du son dans l'art n'a pas été acclamée par tous. Paul Virilio, par exemple, soutient que le silence a été passé en jugement et que le bruit dans l'art est «sur le point de polluer de manière durable nos représentations» (Virilio 2003: 78). Ici, le désir d'une contemplation calme et paisible va de pair avec la croyance que l'art devrait être séparé de la vie de tous les jours: le bruit quotidien amoindrirait l'expérience de la vie en la polluant.

L'art et le quotidien entrent à nouveau en collision. Nous passons d'*entendre* à *écouter* le quotidien, partiellement à cause de la nature du son dans les genres d'art mentionnés. C'est à peu près la même modification de la situation d'écoute que celle causée par l'accord de sons non musicaux dans *4'33"* (1952) de Cage. Ce travail a notoirement incité les auditeurs à prendre en compte tous les sons qui entourent une composition, en cadrant le silence dans les limites d'une durée précise, dans ce cas quatre minutes et trente-trois secondes. Nous sommes rendus extrêmement attentifs aux sons qui se produisent pendant ce laps de temps; les bruissements, la toux, l'air conditionné, les oiseaux à l'extérieur, le trafic entre autres. Nos oreilles nouvellement accordées nous alertent de ce que nous avions déjà entendu sans l'écouter, et quand nous sortons de la salle de concert, les sons du monde semblent différents de ce qu'ils étaient au moment où nous y sommes entrés. C'est cette pensée qui a conduit à l'exercice de la promenade sonore.

Max Neuhaus a dit à propos de la composition de Cage, «J'ai commencé à questionner l'efficacité de la méthode… La majeure partie des auditeurs semblait plus impressionnée par le scandale que par les sons, et bien peu étaient capables de transposer l'expérience en une appréciation de ces sons dans leur vie quotidienne.» (Neuhaus 1990a) Selon lui, le problème peut être identifié comme contextuel: la composition de Cage était encore située dans les limites de la musique institutionnelle: la salle de concert. Neuhaus a inclus cette expérience auditive dans le monde et l'a ainsi éloignée des contraintes de la musique. Pour le morceau *Listen* (1966-1968) il a regroupé un petit nombre d'auditeurs et a tamponné sur leur main le mot «LISTEN» («ÉCOUTER»). Le public était ensuite conduit à travers divers environnements urbains qui offraient des propriétés acoustiques intéressantes (Neuhaus 1990b: 63). Cet exercice est fondé sur le concept d'écoute des sons du quotidien, de la prise de conscience de leur existence et de la concentration sur des sons qui nous échappent habituellement. Ces sons existent déjà dans le monde et le rôle de l'artiste ou du compositeur est d'attirer notre attention sur eux. Ils ne sont pas transmis par l'intermédiaire de la technologie mais sont mis en forme par l'artiste/le compositeur. Cette approche présuppose que les sons sont intéressants pour eux-mêmes et que nous n'avons pas besoin de créer ou de changer ce qui existe déjà pour vivre une expérience auditive significative.

Par opposition à ces sons naturels, sur lesquels il suffit d'attirer notre attention pour les rendre intéressants, Seth Kim-Cohen (2009: 100) considère qu'il y a «un sentiment général... que le sonore est plus vrai, plus immédiat, moins susceptible d'être manipulé, que le visuel...» Ainsi, les artistes qui mobilisent le son peuvent accéder à la vérité d'une manière interdite aux artistes en arts visuels. Kim-Cohen (2009) s'appuie sur l'œuvre *Sonic Pavilion* de Doug Aitken pour construire son argumentation. L'installation consiste en un trou de 180 mètres de profondeur et de 30 centimètres de largeur creusé dans le sol. Dans ce trou sont placés de nombreux microphones et accéléromètres qui enregistrent les sons de la terre loin de sa surface. Kim-Cohen soutient que la bande audio jouée dans l'exposition est conçue pour donner l'impression que les sons sont des indicateurs de ceux de la terre et qu'ils transmettent une vérité ou une sorte de savoir éternel. Cette façon de croire pose de nombreux problèmes dont le moindre n'est pas que les sons entendus par le public apparaissent comme médiatisés: ils ne viennent pas directement des profondeurs mais sont saisis par des microphones et amplifiés par des haut-parleurs dans l'espace. Cette intervention est cadrée telle l'image d'une vidéoprojection: le cadrage de ces sons n'est d'ailleurs ni naturel ni réel mais esthétique et manipulé.

Christophe Cox a répondu à cette lecture de *Sonic Pavilion* en la prenant pour une approche «idéaliste et humaniste». (Cox 2010: 16) Pour appuyer son point de vue, il mentionne en passant Francisco López, preneur de sons et musicien. Celui-ci est un exemple parlant car il utilise ses prises de son sur le terrain comme matériau de base. Durant ses performances en direct il juxtapose ces enregistrements, en poussant le crescendo jusqu'à l'assourdissement avant de lâcher son audience dans le silence. Parfois, comme le décrit Cox, le cadrage de ces sons semble minimal; par exemple *Wind (Patagonia)* (2007) est un enregistrement d'une «heure, non édité et non transformé, du vent qui balaye la Patagonie argentine». (Cox 2009: 25) Pour Cox, l'enregistrement attire notre attention sur une série de sons auxquels nous ne prenons habituellement pas garde; en règle générale nous entendons le vent plutôt que nous ne l'écoutons. Cette approche doit beaucoup à John Cage et à son *4'33"*: comme dans cette composition le cadrage attire notre attention vers ce qui n'est pas écouté. López a sélectionné le lieu de l'enregistrement (cadrage) et le fait que la bande n'ait pas été éditée ni transformée ne signifie pas qu'il n'y a pas eu de modification. C'est un enregistrement médiatisé et esthétisé qui donne un cadre à l'événement d'une manière artistique et délibérée. Selon moi, cela ressemble fortement à ce que fait Aitken dans son *Sonic Pavilion*.

Dans *The Sound of Red Earth* (2010), Stephen Vitiello met au premier plan la médiation inhérente à ses enregistrements sur le terrain, en transformant avec subtilité ses enregistrements de très haute qualité de chants d'oiseaux. Le passage d'une transcription réaliste à des sons produits, sans doute possible par un traitement électronique, nous prévient qu'il s'agit d'un travail sur le son et pas simplement de la reproduction d'un événement. Cette approche inclut le cadrage de l'enregistrement comme un élément autoréférentiel, méthode habituelle à l'art vidéo et au film. Cette œuvre dépasse la fétichisation du son présente dans l'acte d'enregistrer sur le terrain, et attire notre attention vers le processus. Vitiello ne donne pas de valeur au son en soi et demande plutôt à l'auditeur de questionner la relation entre le son et ce qui le véhicule. Bien que ce genre de débats ait eu lieu depuis plusieurs décennies, j'ai l'impression qu'il n'est pas au premier plan des discussions sur l'art sonore. Si le son veut prendre pied dans les arts contemporains, il doit regagner le terrain perdu par la musique et essayer de s'accorder au domaine considéré comme acquis par les arts visuels.

Bibliographie

Cage John. 1961. «Experimental music», in: Cage John, éd. *Silence: lectures and writings*. Middletown, Conn.: Wesleyan University Press, pp. 7-12

Cox Christoph. 2009. «Sound art and the sonic unconscious». *Organised Sound* 14 (1): 19-26.

2010. «Sound arguments». *Artforum* (New York) 48 (5): 16-18.

Draxler Helmut. 2009. «How can we perceive sound as art? The medium and code of the audible in museum environments». *See this sound: promises of sound and vision*. Cologne/Linz: König: 26-31.

Kim-Cohen Seth. 2009. «The Hole Truth». *Artforum* (New York) 48 (3): 99-100.

Licht Alan. 2007. *Sound art: beyond music, between categories*. New York: Rizzoli International Publications.

Neuhaus Max. 1990a. «Listen». Elusive Sources and «Like» Spaces. Turin: Galleria Giorgio Persano.

1990b. «Listen», in: Lander Dan et Micah Lexier, éds. *Sound by Artists*. Toronto: Art Metropole, pp. 63-67.

Virilio Paul. 2003. *Art and fear*. Londres: Continuum. [1re éd. 2000. *La Procédure silence*. Paris: Galilée]

Chapitre 3

Le diable fait toujours beaucoup de bruit : aperçu anthropologique des relations entre le diable, la musique et la jeunesse

Nicolas Walzer

Il est frappant de mesurer le chemin parcouru entre le Moyen Age – où l'Eglise contrôle de près la musique afin d'en gommer la part lascive, dionysiaque, subversive, bref en un mot «satanique» (selon elle) – et les années 2000 où peut librement s'afficher et prospérer un courant tel que le black metal, sous-culture fondée sur une musique voulue intrinsèquement diabolique.

Le metal, terme générique anglo-saxon comme le rock, désigne un style musical usant de guitares électriques et de sons saturés. Il naît en 1970 avec des formations telles que Led Zeppelin et Black Sabbath, qui connaissent rapidement un succès international. Tandis que ces pionniers s'institutionnalisent dans l'univers du show business apparaissent régulièrement de nouvelles générations de musiciens qui radicalisent les postulats esthétiques du genre. Au tournant des années 1980, des groupes comme Iron Maiden ou Judas Priest durcissent le tempo et la saturation des guitares en même temps qu'ils développent une imagerie inspirée du mal, de la perversion et des films d'horreur. Le mouvement se poursuit avec la vague «thrash» initiée par Metallica et Slayer qui intègrent la nervosité punk à leurs compositions. Les années 1990 voient apparaître le death metal (Death, Morbid Angel, Entombed, Obituary), qui explore plus avant les figures de l'agression sonore à travers un chant guttural, un jeu de batterie flirtant avec les limites du corps (des musiciens comme Mick Harris sont réputés jouer aussi vite qu'il est humainement possible de le faire), des guitares de plus en plus distordues ainsi qu'une imagerie puisant dans les représentations extrêmes de la mort et de la souffrance (imagerie médicale, films gore...). Le dernier avatar en date se développe au seuil des années 1990, d'abord dans les pays scandinaves, sous le nom de black metal. D'un point de vue musical, ce courant greffe aux innovations du metal extrême le spleen de la mouvance gothic (terme englobant des répertoires variés mais dont les artistes cultivent tous un imaginaire enténébré, de Joy Division à Marilyn Manson, même si ce dernier est musicalement beaucoup plus proche du metal): les compositions abandonnent ainsi la course systématique à la vitesse, pouvant intégrer des passages lents et des sons atmosphériques joués au synthétiseur; le timbre de voix s'exprime plutôt dans les aigus; l'imagerie se veut toujours dérangeante mais abandonne l'horreur au premier degré, développant un registre macabre plus conceptuel qui emprunte de nombreux thèmes au christianisme et plus particulièrement à l'imaginaire satanique; les musiciens cultivent l'anonymat derrière des pseudonymes et des maquillages scéniques tapageurs.

Loin de se résumer à un sous-genre confidentiel, le metal connaît aujourd'hui un succès international comparable aux musiques techno ou rap. En 2006, le groupe finlandais Lordi, affichant un look démoniaque ouvertement puisé dans le registre du black metal, remporte l'Eurovision avec le plus fort total de points jamais atteint. Fréquemment, les groupes de metal gothic remplissent des stades de football et chaque année, le festival Hellfest rassemble en moyenne 60'000 personnes près de Nantes.

De manière générale, les amateurs de metal gothic français sont des jeunes de 12 à 35 ans issus de la classe moyenne (Walzer 2007). Ils se distinguent notamment par leurs cheveux longs, leur tenue vestimentaire sombre et le port de symboles diaboliques: croix chrétiennes et pentagrammes inversés, chiffre 666, t-shirts sur lesquels figurent des slogans provocateurs. C'est dans le sous-genre black metal (se percevant comme une radicalisation ultime du metal) que la symbolique religieuse est la plus forte. Un exemple particulièrement frappant est sans doute le t-shirt frappé des mots «Fuck Me Jesus». Des milliers de «métalleux» le portent aujourd'hui à travers le monde. A l'origine, cette phrase ornait le premier disque du groupe black metal suédois Marduk (1991), dont la jaquette représente une femme s'introduisant un crucifix dans l'intimité (l'image est disponible en un clic de souris sur Internet).

Lors des concerts, sous l'égide de la «puissance» de leur musique et du charisme des artistes, les métalleux se dépensent physiquement, à travers des pratiques corporelles cathartiques: headbanging, pogo, jump…

Ces divers éléments de construction identitaire, par leur aspect violent et leur imagerie satanique suscitent l'inquiétude des pouvoirs publics qui ont tendance à leur imputer la multiplication exponentielle des profanations de sépultures en France (en la matière, l'action de la Mission interministérielle de vigilance et de lutte contre les dérives sectaires est critiquée par presque tous les sociologues).

Peur, manque d'informations et amalgames entraînent des tensions entre parents et adolescents, les premiers vivement interpellés par les discours moralisateurs susmentionnés et craignant que leurs enfants ne deviennent réellement satanistes parce qu'ils s'habillent en noir et écoutent du metal.

En 2010, ce rapport conflictuel a occupé le centre de l'actualité par une polémique autour du festival de musique metal Hellfest: action en justice intentée par certains milieux catholiques; interventions d'un député fan de metal à l'Assemblée nationale et réponse du ministre de la culture Frédéric Mitterrand; pétitions pour/contre; condamnations télévisées de Philippe de Villiers et Christine Boutin; demandes de retrait des subventions; lettres adressées aux grandes entreprises subventionnant la manifestation; aspersion d'eau bénite sur les lieux du festival et mise en terre d'objets liturgiques… Résultat: une médiatisation sans précédent du metal en France et un record d'entrée pour le Hellfest (72'000 personnes en trois jours). Accessoirement, il y a lieu de noter que les médias prirent la défense du metal et raillèrent les milieux catholiques en question qui furent déboutés de leur action en justice.

Cette vive controverse résulte, comme souvent, d'un malentendu autour des termes clés *satanique/sataniste/satanisme* ainsi que de la distinction nécessaire entre «imaginaire satanique» et «religion sataniste» (Walzer 2009).

Chapitre 3

Le diviseur devenu unificateur

La figure du diable (dont on peut situer l'apparition au temps du mazdéisme zoroastrien, au VIe siècle av. J.-C.) repose sur une antilogie fondatrice: la division crée du lien. Ceux qui rejettent s'unifient dans leur rejet. Le diable diviseur de la Bible (dia*bolos* étymologiquement) se transforme le diable unificateur des tribus metal gothic (Bobineau 2008). Le noir, couleur de la négation des couleurs, devient l'emblème de ce mouvement. Mobiliser Satan, c'est dire NON.

> Le Non est fédérateur. A partir de ce moment-là, si tu as la force de faire quelque chose là-dessus tu peux lui donner une consistance qui va faire que l'impact ne sera pas juste genre : *Fuck the World* ou des trucs comme *Anarchy Power*, *Fuck The System*… (Kevin, 30 ans, musicien de black metal)

Dans son ouvrage de la collection *Que sais-je ?* intitulé *Le diable* (marqué de quelques erreurs et jugements de valeur), Georges Minois insiste à juste titre sur le fait que Satan «immortalise l'esprit de révolte» (Minois 2000 : 90). Aujourd'hui, il offre également un prétexte d'unification entre métalleux et gothiques : les symboles type «nombre de la bête» (666), croix chrétiennes ou pentagrammes inversés fonctionnent comme signes de ralliement tribal. Paradoxalement, c'est aussi la richesse inépuisable de cette symbolique et le caractère insaisissable du Diviseur qui séduit le public du metal. Historiquement, les Evangiles accordent déjà plusieurs identités au Malin, regroupées sous le terme générique «légions de Satan». Comment dès lors épuiser une notion fragmentaire, contradictoire et anarchique ? Le diable est une entité qui fuit devant ses appellations, que l'on ne sait précisément nommer pour la conjurer. Il n'est pas étonnant qu'il échappe tout au long des siècles aux théories qui veulent s'en accorder le monopole (en témoigne l'émiettement des organisations satanistes à travers le monde).

Le diable est un paradoxe, tout comme le satanisme, sa religion. Artisan du désordre, fauteur de troubles, il attire par le rejet même qu'il provoque. Pour contextualiser cette ambivalence originelle inspirant d'innombrables personnes à travers le monde, citons Edgar Morin qui, en un développement fort heuristique, perçoit l'origine du diable comme annonciatrice du tempérament humain :

Chapitre 3

> Un monde ne peut advenir que par la séparation et ne peut exister que dans la relation entre ce qui est séparé. […] Il est intéressant de noter que, dans le mazdéisme comme dans la religion de Manès, l'origine du monde est diabolique. Sans *diabolus*, pas de monde, puisqu'il ne saurait y avoir de monde sans les séparations du temps et de l'espace, les séparations entre les choses, entre les êtres. Mais sans unité dans le séparé, pas de monde non plus. Disons plus : l'unité du monde englobe les séparations, les limite et les relativise. Autrement dit, ce qui unit et ce qui sépare naissent en même temps (Mazda et Ahriman sont les deux figures antinomiques du même, comme Dieu et le Diable). (Morin 2004 : 27 ; 211-212)

Selon Morin, on ne peut pas isoler un principe maléfique, une entité satanique. Satan ne peut être concrètement l'incarnation du mal humain car celui-ci est diffus, naissant des problèmes psychologiques et sociologiques propres à ses acteurs. Car il ne faut pas confondre le mal artistique – i.e. la fascination de la mort – et le mal crapuleux – dont l'intérêt est seulement égoïste. Le mal passionnel est bien différent du mal quotidien, de la «violence mimétique» des rapports interpersonnels (Girard 1972).

Par extension Michel Poizat envisage le diable comme un résistant au symbolique : «Est défini comme diabolique ce qui résiste au symbolique, ce qui conteste le symbolique. Il n'est donc nullement surprenant de voir la figure du diable hanter le domaine musical, lyrique avec une telle insistance» (Poizat 1991 : 131). L'étymologie de «symbolique» provient du bas latin *symbolicus* («significatif, allégorique»), qui est lui-même emprunté au grec συμβολικός, *symbolikos* («qui explique à l'aide d'un signe», «symbolique»), dérivé de σύμβολον, *symbolon* («symbole»).

Ainsi, dans les arts classiques, le diable est-il envisagé comme un tueur de symbolique. Dans l'esthétique metal, en revanche, il conteste non pas le symbolique en tant que tel mais plutôt son univocité : il y est porteur de sens multiples qui détruisent la voie (-x) unique. Il est à la fois Adversaire, Accusateur, Séducteur, Provocateur, Diviseur, Rebelle…

Le fait que le *sym*bolique soit étymologiquement opposé au *dia*bolique interroge. Satan n'est pas seulement celui qui dit «non», qui s'oppose au divin bien qu'il fasse partie du même ordre. Il «est aussi celui qui siffle ou qui hurle, qui se met aussi hors-loi du temps et de l'espace, faisant ainsi voler en éclats la structure même de l'ordre symbolique, rappelant ainsi que si l'humain se caractérise par l'accès au symbolique, subsiste à jamais en lui cette part irréductible par le symbolique et que l'on nomme précisément: le diabolique» (Poizat 1998: 202).

Pour reprendre cette dichotomie, Satan s'est peu à peu arraché grâce à son *diabolos* de l'ordre divin qui l'a vu naître. Il agite tapageusement le *dia*bolique pour ruiner le *sym*bolique de l'ordre divin.

Parallèlement, le fan de metal gothic fait partie intégrante, qu'il l'accepte ou le refuse, de la culture chrétienne occidentale. Parmi toutes les musiques populaires actuelles, la sienne est sans doute la plus travaillée par le sacré. C'est d'ailleurs le premier critère que donnent certains prêtres, et notamment un moine italien qui est chanteur d'un groupe de death metal, pour expliquer leur passion à l'égard de cette musique. Robert Culat, prêtre catholique à Carpentras, a même mené une enquête statistique durant six ans qu'il a publiée sous forme de livre: *L'âge du metal* (2007).

A travers des sons et des images dures, transgressives, bruyantes, le métalleux veut installer le trouble pour prouver qu'il existe, qu'il a une puissance. Il se «dépense», il sublime sa *part maudite* (Bataille 1967). C'est la fonction cathartique relevée par Aristote.

Si de jeunes musulmans et catholiques sont aujourd'hui en conflit avec leur milieu familial à cause de leurs goûts musicaux, il ne s'agit pas seulement d'une incompréhension générationnelle. Ce débat met en jeu des questions de fond comme la définition du bien et du mal, des valeurs qui fondent la vie en société, du blasphème, avec en toile de fond certains faits divers comme les profanations de sépultures chrétiennes et surtout la banalisation de l'antichristianisme dans la jeunesse (musique, cinéma, BD, mode…).

En examinant l'éducation religieuse reçue par ces jeunes gens, on constate que la plupart ont suivi (*subi* selon leurs propres mots) une éducation chrétienne et pourtant que 80 % se disent aujourd'hui athées. Ils sont tout à fait sensibles au sacré mais, comme beaucoup de Français, rejettent l'institution, le dogme. Ils mobilisent un «sacré de transgression» (Caillois 1950). Pour eux, le religieux est dans le monde, il est temporel alors que le sacré est synonyme de liberté. L'un est respectable – c'est la racine nourricière de tous les possibles; l'autre est méprisable – c'est une excroissance figée. Ces jeunes dissocient le noyau vivant et attirant du sacré de l'enveloppe casuelle du dogme. Au total, ils déploient une culture de la défiance envers les institutions morales (Bobineau 2008 reprenant l'expression du politologue Pierre Rosanvallon) tout en étant, dans l'ensemble, bien intégrés au tissu social.

Suivant nos conclusions, chez les quelques jeunes qui ont eu affaire à la justice (profanation de tombes notamment), la passion artistique ne peut être mise en cause. Ils souffraient tous déjà, avant leur découverte de cet univers, d'un environnement familial problématique, de troubles du comportement ou de l'emprise d'un «grand frère» charismatique.

Immortel, polymorphe et doté du pouvoir d'ubiquité, le diable est par excellence une figure de confusion: il «siffle et hurle» (Poizat 1998); il veut casser le symbolique, diviser là où précisément l'imaginaire chrétien voulait signifier quelque chose d'unifié et de solide. Fauteur de troubles, il nie le sens en corrompant les sens, tout comme les fans de metal nient Dieu en s'abandonnant à divers excès. Le diable pousse à jouir, il signifie l'interdit qu'il est si délicieux de transgresser, l'ordre qu'il est si gratifiant de rompre. Casser la monotonie de la méthode au profit des aléas du danger. La voie (-x) du diable est emplie de péripéties, elle donne accès à un supplément d'âme pour la plupart, à des dérives sectaires et des exactions pour quelques-uns.

Si cette figure permet la négation, elle tend paradoxalement aujourd'hui à forger du consensus parmi la tribu metal. Suivant un long processus délimité par le fil rouge de la censure, elle a été folklorisée par une «échelle pyramidale de subversion»: *blues → rock → hard rock → metal → black metal*, jusqu'à devenir "fashion" pour les médias qui l'exploitent et la relaient aujourd'hui sans vergogne (Walzer 2007). En se popularisant, le tueur du symbolique finit par remplir aujourd'hui les stades de football. Il a été apprivoisé tout comme la voix gutturale des «chanteurs» de death metal ou stridente des «chanteurs» de black metal. Ces voix (ou plutôt ces «bruits» pour une majorité de l'opinion publique) sont énigmatiques au premier abord car elles semblent nier toute mélodie. De fait, Satan ne casse plus le symbolique à proprement parler mais le dilue plutôt dans un enchevêtrement de significations.

On le voit, le lien qui unit le diable, la musique et la jeunesse est profondément anthropologique, c'est pour cela que les musiques metal et gothic ne sont pas des modes qui passent. Les questions qui naviguent entre culture et religion ne meurent pas, elles changent de forme mais conservent la même logique.

Le diable fait toujours beaucoup de bruit alors que de moins en moins de personnes croient en son existence physique. Le Satan de cette jeunesse n'a plus rien à voir avec celui des films comme *L'exorciste* ou *Rosemary's Baby*, il est devenu un symbole de puissance culturelle, à bien différencier de la recherche du pouvoir politique. La mutation de cette figure plurimillénaire est l'une des conséquences importantes des recompositions religieuses de notre temps. C'est d'ailleurs le sens du titre de notre livre: le Satan sacré des Eglises a laissé la place au *Satan profane* (2009) de la boue des festivals.

Chapitre 3

Bibliographie

BATAILLE Georges. 1967 [1949]. *La part maudite (précédé de La notion de dépense).* Paris: Minuit.
BOBINEAU Olivier, éd. 2008. *Le satanisme: quel danger pour la société?* Paris: Pygmalion.
CAILLOIS Roger. 1950. *L'homme et le sacré*. Paris: Gallimard. (coll. Folio)
CULAT Robert. 2007. *L'âge du metal*. Rosières-en-Haye: Camion Blanc.
GIRARD René. 1972, *La violence et le sacré*. Paris: Grasset.
MINOIS Georges. 2000. *Le diable*. Paris: PUF. (coll. «Que sais-je?», 3423)
MORIN Edgar. 2004. *La méthode 6: éthique*. Paris: Seuil.
POIZAT Michel. 1991. *La voix du diable: la jouissance lyrique sacrée*. Paris: Métailié.
    1998. «Diabolus in musica: la voix du diable», in: AGUERRE Jean-Claude, éd. *Colloque de Cerisy: le diable*. Paris: Dervy, pp. 191-203. (coll. Cahiers de l'Hermétisme)
PROUVOST D'AGOSTINO Pierre-Emmanuel. 2006. «Musique et sciences occultes», in: *Dictionnaire historique de la magie et des sciences occultes*, Jean-Michel Sallmann, dir. Paris: Le Livre de Poche. (coll. La Pochothèque)
WALZER Nicolas. 2007. *Anthropologie du metal extrême*. Rosières-en-Haye: Camion Blanc.
    2009. *Satan profane: portrait d'une jeunesse enténébrée*. Paris: Desclée de Brouwer.

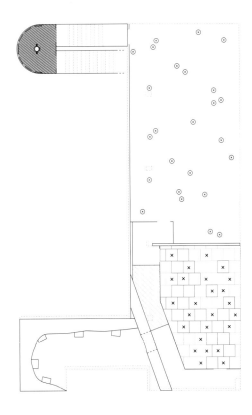

Les sirènes de l'urgence

Confrontés à la transformation rapide des sociétés qu'ils étudient, les ethnologues ont depuis l'aube de leur discipline appelé à préserver la diversité des pratiques culturelles et à retenir par des mots, des images et des enregistrements la riche palette des sons signifiants émis par les sociétés humaines. Ils ont paradoxalement diagnostiqué la fin de leur objet à mesure qu'ils le portaient à la connaissance du public. Tirant avec d'autres la sonnette d'alarme, ils ont alors proposé une mobilisation d'urgence pour sauvegarder ce qui pouvait l'être et développé des programmes visant à dupliquer les mondes menacés par l'extinction, l'uniformisation ou la transformation.

Dans la salle de contrôle, des écrans veillent sur un monde en danger, donnant l'alerte face à la disparition prochaine d'un chant, d'un rite, d'une langue, d'une pratique instrumentale, d'un répertoire de contes ou d'une technique artisanale. Et à travers le périscope, une vision d'apocalypse semble leur donner raison.

Chapitre 4

Die Notsirenen

Die mit der raschen Umwandlung der Gesellschaften, die sie untersuchen, konfrontierten Anthropologen riefen seit den Anfängen ihrer Disziplin dazu auf, die Vielfalt der kulturellen Bräuche zu bewahren und mit Worten, Bildern und Aufzeichnungen die reiche Palette der von den menschlichen Gesellschaften hervorgebrachten bedeutsamen Klänge festzuhalten. Paradoxerweise sagten sie das Ende ihres Anliegens in dem Masse voraus, als sie es der Öffentlichkeit zur Kenntnis brachten. Indem sie zusammen mit anderen Alarm schlugen, regten sie dann zu einem Noteinsatz an, um zu retten, was zu retten war, und stellten Programme auf, die die von Aussterben, Vereinheitlichung oder Umwandlung bedrohten Welten kopieren sollten.

Im Kontrollraum wachen Bildschirme über eine Welt in Gefahr und schlagen Alarm angesichts des bevorstehenden Verschwindens eines Liedes, eines Ritus, einer Sprache, einer Instrumentalpraxis, einer Märchensammlung oder einer Handwerkstechnik. Durch das Periskop hindurch scheint eine Vision der Apokalypse ihnen Recht zu geben.

Emergency sirens

Chapitre 4

Confronted with the rapid transformation of the societies they study, anthropologists have, ever since the emergence of their discipline, called for the preservation of the diversity of cultural practices, as well as for the safeguarding – through words, images and recordings – of the rich palette of meaningful sounds that are produced by human societies. Paradoxically, they have determined the end of their objective by bringing it to the attention of the public. They and others have sounded the alarm and called for immediate action in order to save that which can be saved. Moreover, they have developed programmes aimed at duplicating worlds threatened by extinction, standardization or transformation.

In the control room, screens watch over a world in danger, giving the alarm when faced with the coming disappearance of a song, a rite, a language, an instrumental practice, a repertory of stories or an artisanal technique.

Réalisation de l'espace Les sirènes de l'urgence
le 18 août, le 14 septembre, le 18 septembre,
le 23 septembre, le 27 septembre, le 29 septembre 2010

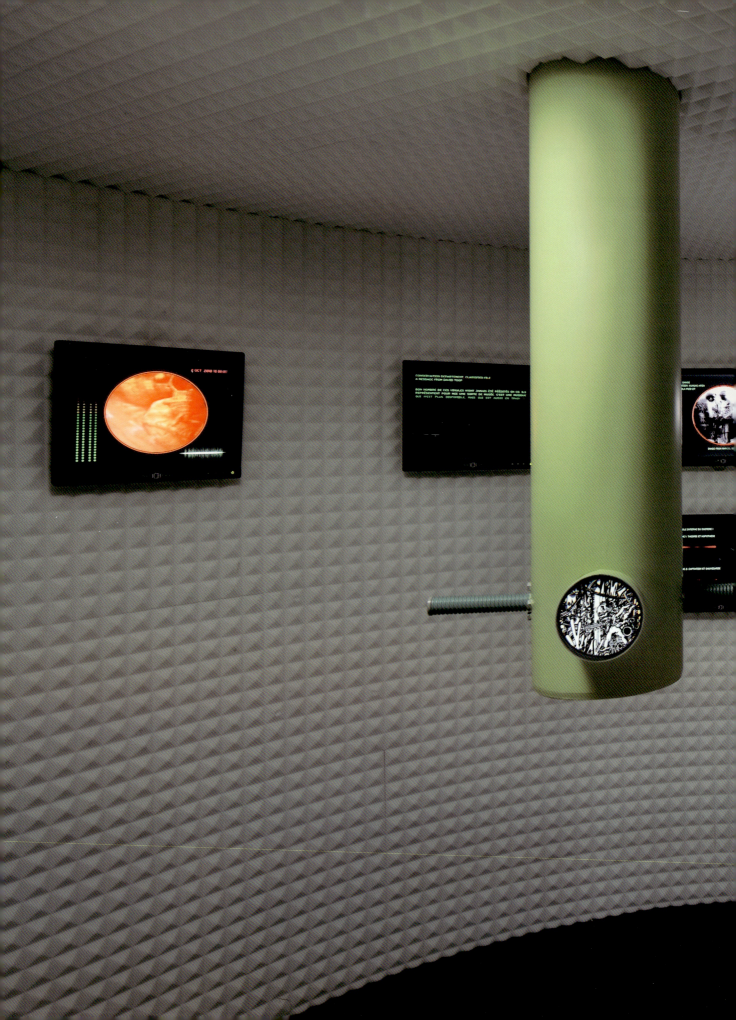

Chapitre 4

Chapitre 4

Détail de Bastocalypse
M.S Bastian / Isabelle L.
2008-2010
Collection M.S Bastian / Isabelle L.

Bruits | Les sirènes de l'urgence 141

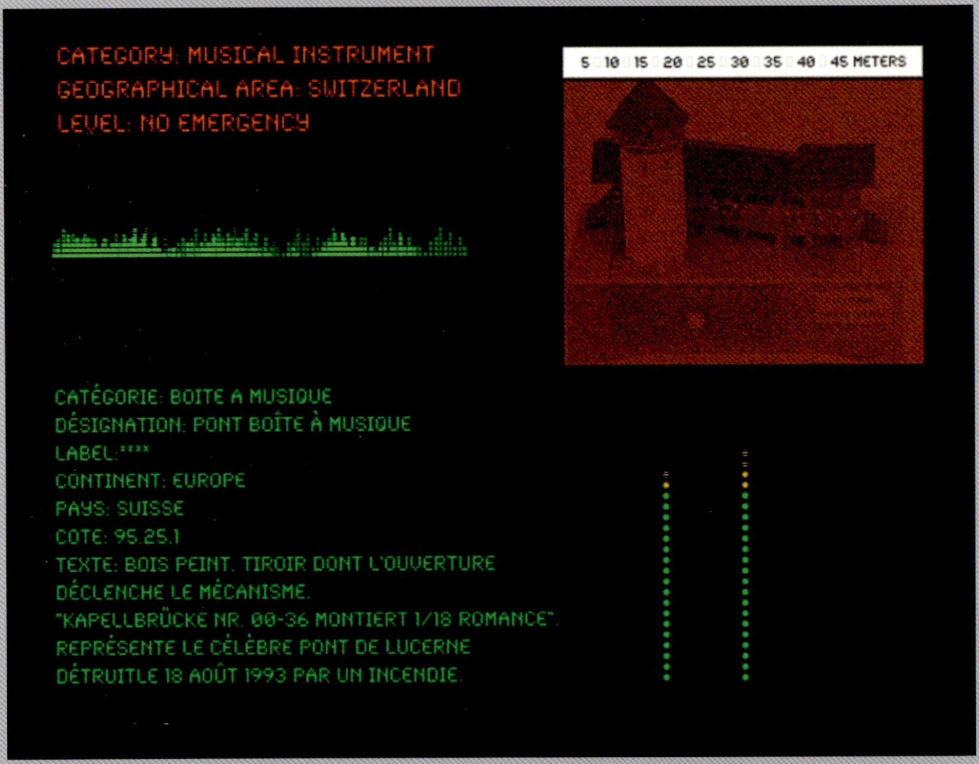
CATEGORY: MUSICAL INSTRUMENT
GEOGRAPHICAL AREA: SWITZERLAND
LEVEL: NO EMERGENCY
CATÉGORIE: BOITE A MUSIQUE
DÉSIGNATION: PONT BOÎTE À MUSIQUE
LABEL:****
CONTINENT: EUROPE
PAYS: SUISSE
COTE: 95.25.1
TEXTE: BOIS PEINT. TIROIR DONT L'OUVERTURE
DÉCLENCHE LE MÉCANISME.
"KAPELLBRÜCKE NR. 00-36 MONTIERT 1/18 ROMANCE".
REPRÉSENTE LE CÉLÈBRE PONT DE LUCERNE
DÉTRUITLE 18 AOÛT 1993 PAR UN INCENDIE.

Chapitre 4

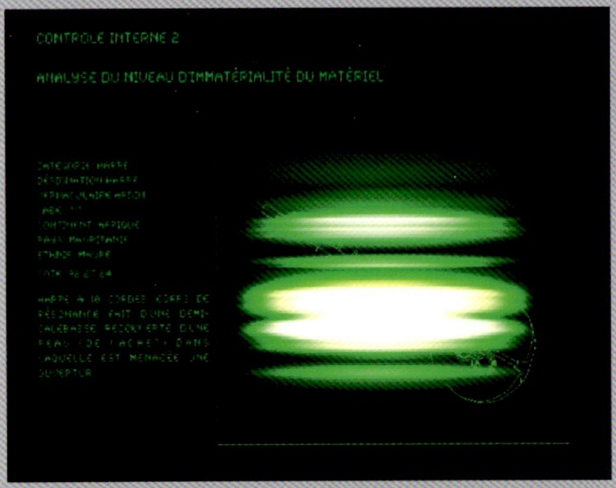
CONTROLE INTERNE 2
ANALYSE DU NIVEAU D'IMMATÉRIALITÉ DU MATÉRIEL

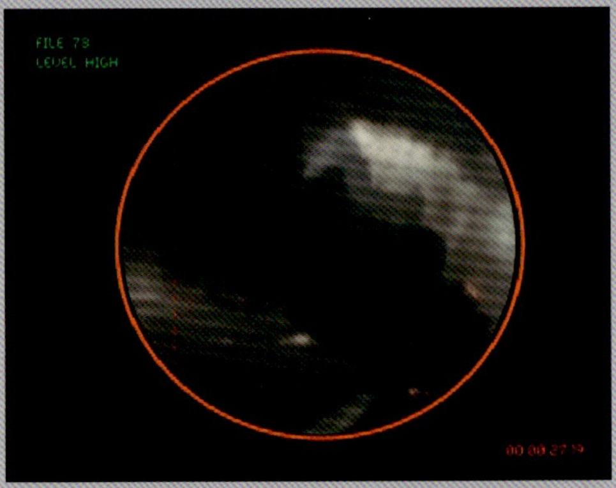
FILE 78
LEVEL HIGH

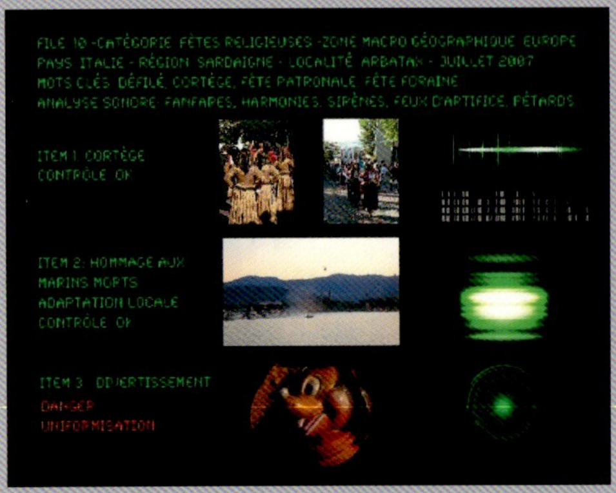
FILE 10 -CATÉGORIE FÊTES RELIGIEUSES -ZONE MACRO GÉOGRAPHIQUE EUROPE
PAYS ITALIE - RÉGION SARDAIGNE - LOCALITÉ ARBATAX - JUILLET 2007
MOTS CLÉS DÉFILÉ, CORTÈGE, FÊTE PATRONALE FÊTE FORAINE
ANALYSE SONORE FANFARES, HARMONIES, SIRÈNES, FEUX D'ARTIFICE, PÉTARDS
ITEM 1. CORTÈGE
CONTRÔLE OK
ITEM 2: HOMMAGE AUX
MARINS MORTS
ADAPTATION LOCALE
CONTRÔLE OK
ITEM 3 DIVERTISSEMENT
DANGER
UNIFORMISATION

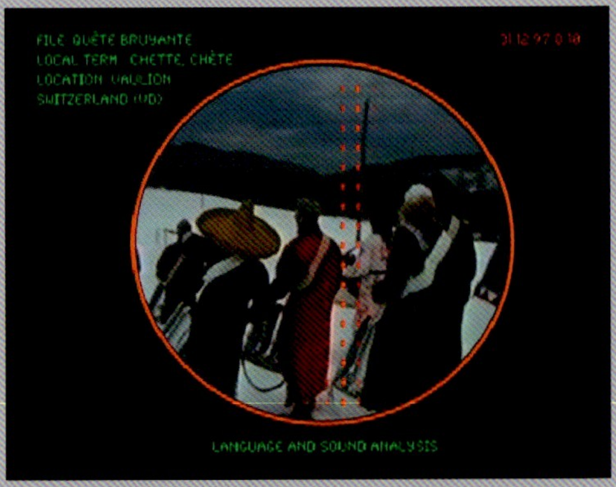
FILE QUÊTE BRUYANTE
LOCAL TERM CHETTE, CHÈTE
LOCATION VALLION
SWITZERLAND (VD)
LANGUAGE AND SOUND ANALYSIS

ATTENTION! INCOMING MESSAGE FROM UNESCO, 12.08.2010

POUR RESTER VIVANT, LE PATRIMOINE CULTUREL IMMATÉRIEL DOIT ÊTRE PERTINENT POUR SA COMMUNAUTÉ, RECRÉÉ EN PERMANENCE ET TRANSMIS D'UNE GÉNÉRATION À L'AUTRE. LE RISQUE EXISTE QUE CERTAINS ÉLÉMENTS DU PATRIMOINE CULTUREL IMMATÉRIEL PUISSENT MOURIR OU DISPARAÎTRE FAUTE D'AIDE, MAIS SAUVEGARDER NE SIGNIFIE PAS POUR AUTANT FIXER OU FIGER LE PATRIMOINE CULTUREL IMMATÉRIEL SOUS QUELQUE FORME «PURE» OU «ORIGINELLE». LA SAUVEGARDE DU PATRIMOINE CULTUREL IMMATÉRIEL CONSISTE À TRANSFÉRER LES CONNAISSANCES, LES SAVOIR-FAIRE ET LES SIGNIFICATIONS. LA CONVENTION INSISTE DAVANTAGE SUR LA TRANSMISSION, OU COMMUNICATION, DU PATRIMOINE DE GÉNÉRATION EN GÉNÉRATION QUE SUR LA PRODUCTION DE MANIFESTATIONS CONCRÈTES TELLES QUE LES DANSES, LES CHANTS, LES INSTRUMENTS DE MUSIQUE OU L'ARTISANAT. DANS UNE LARGE MESURE, DONC, TOUTE MESURE DE SAUVEGARDE S'INSCRIT DANS LA PERSPECTIVE DU RENFORCEMENT ET DE LA CONSOLIDATION DES CONDITIONS DIVERSES ET VARIÉES, MATÉRIELLES ET IMMATÉRIELLES, QUI SONT NÉCESSAIRES À L'ÉVOLUTION ET L'INTERPRÉTATION CONTINUES DU PATRIMOINE CULTUREL IMMATÉRIEL, AINSI QU'À SA TRANSMISSION AUX GÉNÉRATIONS À VENIR.

WWW.UNESCO.ORG/CULTURE/ICH/INDEX.PHP?LG FR&PG 00012

Chapitre 4

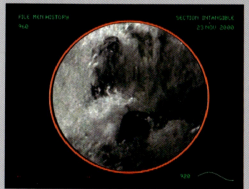

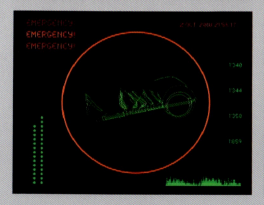
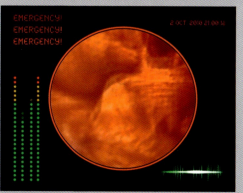

Chapitre 4

```
CONSERVATION DEPARTEMENT, CLASSIFIED FILE
A MESSAGE FROM DAVID TOOP


BON NOMBRE DE CES VINYLES N'ONT JAMAIS ÉTÉ RÉÉDITÉS EN CD. ILS
REPRÉSENTENT POUR MOI UNE SORTE DE MUSÉE. C'EST UNE MUSIQUE
QUI N'EST PLUS DISPONIBLE, MAIS QUI EST AUSSI EN TRAIN DE
S'ÉTEINDRE, COMME CELLE QU'ON ENTEND ICI. [...] A CAUSE DU
CHANGEMENT DE CULTURE, DE L'ORGANISATION DE LA SOCIÉTÉ, DE
L'EXTINCTION DE LA TRADITION SONORE, DE L'HÉGÉMONIE DE LA
MUSIQUE POPULAIRE À TRAVERS TOUTE LA PLANÈTE. CERTAINES
FORMES PLUS CLASSIQUES OU RELIGIEUSES POURRONT PERSISTER,
MAIS D'AUTRES FORMES MUSICALES PLUS FRAGILES COMME CELLE-CI,
INTÉGRÉES À UNE MANIÈRE DE VIVRE TRÈS SPÉCIFIQUES, J'EN SUIS
CERTAIN, VONT COMPLÈTEMENT S'ÉTEINDRE.

DAVID TOOP IN HINANT GUY-MARC, LOHLÉ DOMINIQUE. 2008 (2004). I
NEVER PROMISED YOU A ROSE GARDEN, A PORTRAIT OF DAVID TOOP
THROUGH HIS RECORDS COLLECTION. BRUXELLES: OME, SUB ROSA.

1
```

> **ATTENTION!**
>
> WHAT STILL REMAINS OF EXOTIC MUSIC AND LANGUAGE MUST BE COLLECTED WITH ALL HASTE.
> THE EXTINCTION OF PRIMITIVE PEOPLES TOGETHER WITH THE INVASION OF EUROPEAN CULTURE FORCE US TO ACT URGENTLY.
>
> STUMPF CARL. 2000. «THE BERLIN PHONOGRAMMARCHIV» IN SIMON ARTUR, ÉD. COLLECTIONS OF TRADITIONAL MUSIC OF THE WORLD, THE BERLIN PHONOGRAMM-ARCHIV, 1900-2000: COLLECTIONS OF TRADITIONAL MUSIC OF THE WORLD. BERLIN: VWB – VERLAG FÜR WISSENSCHAFT UND BILDUNG, P.82 [1908]

Chapitre 4

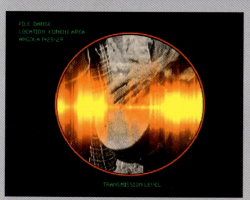

Chapitre 4

IMPORTANT MESSAGE FROM ARTHUR ROSSAT

C'EST LE MOMENT DE RÉAGIR!

IL FAUT QUE NOTRE BELLE ET SAINE CHANSON POPULAIRE REPRENNE LA PLACE PRÉPONDÉRANTE QU'ELLE N'AURAIT JAMAIS DÛ PERDRE, ET DÉTRÔNE LE RÉPERTOIRE ACTUEL, QUI MENACE DE SUBMERGER NOTRE PAYS.

C'EST LÀ UNE ŒUVRE PATRIOTIQUE D'ASSAINISSEMENT MORAL QUE LA SOCIÉTÉ SUISSE DES TRADITIONS POPULAIRES AURA EU L'HONNEUR DE COMMENCER ET QU'ELLE POURRA, ESPÉRONS-LE, MENER À BONNE FIN.

ROSSAT ARTHUR. 1917. LES CHANSONS POPULAIRES RECUEILLIES DANS LA SUISSE ROMANDE. BÂLE ET LAUSANNE: SOCIÉTÉ SUISSE DES TRADITIONS POPULAIRES ET FOETISCH FRÈRES SA. TOME PREMIER. VOL. 14. P. 27

URGENT
URGENT
URGENT

A MA CONNAISSANCE, RIEN A ÉTÉ FAIT JUSQU'À PRÉSENT EN SUISSE ROMANDE – À LA DIFFÉRENCE D'AUTRES PAYS – POUR ENREGISTRER CES RÉCITS PAR LE SON ET L'IMAGE

POURTANT LE TEMPS PRESSE

LES CONTES ONT DÉJÀ COMPLÈTEMENT DISPARU SOUS LEUR FORME TRADITIONNELLE DANS LA PLUPART DES RÉGIONS DE NOTRE PAYS

GRAND PHILIPPE 1982 «À LA RECHERCHE DES HISTOIRES DE MON ENFANCE», IN DETRAZ CHRISTINE, GRAND PHILIPPE, ÉDS. 1982 CES HISTOIRES QUI MEURENT CONTES ET LÉGENDES DU VALAIS SIERRE MONOGRAPHIC SA. P 13 (COLLECTION MÉMOIRE VIVANTE)

ATTENTION ATTENTION ATTENTION
NEW MESSAGE FROM HIPPOLYTE FORTUL
TO LOUIS NAPOLÉON 1852

LES CHANTS POPULAIRES ONT ÉTÉ, DEPUIS LE COMMENCEMENT DU SIÈCLE, L'OBJET DES RECHERCHES DE L'ÉRUDITION. NOTRE PAYS POSSÈDE PLUS QU'AUCUN AUTRE DE PRÉCIEUX RESTES DE CES POÉSIES AUSSI BIEN DANS LA LANGUE NATIONALE QUE DANS LES IDIOMES PROVINCIAUX QU'ELLE A REMPLACÉS MALHEUREUSEMENT CES RICHESSES QUE LE TEMPS EMPORTE CHAQUE JOUR DISPARAÎTRONT BIENTÔT, SI L'ON NE S'EMPRESSE DE RECUEILLIR TANT DE TÉMOIGNAGES TOUCHANTS DE LA GLOIRE ET DES MALHEURS DE NOTRE PATRIE

MESSAGE TRANSFERED BY VALIERE MICHEL 2009 «APPROCHES DE LA LITTÉRATURE ORALE ET DU FOLKLORE MUSICAL EN FRANCE DE 1880 A 1939» IN GONDIEC MARIE BARBARA, ÉD. LES ARCHIVES DE LA MISSION DE FOLKLORE MUSICAL EN BASSE-BRETAGNE DE 1939 P PARIS CTHS DASTUM P 21

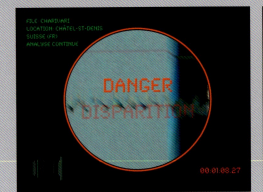

FILE CHARIVARI
LOCATION CHÂTEL-ST-DENIS
SUISSE (FR)
ANALYSE CONTINUE

DANGER
DISPARITION

00:01:08.27

TAKE CARE
READ CAREFULLY - NEW MESSAGE FROM THE EXPERT!

QUE NOUS MANQUE-T-IL ?

LE NOMBRE DES SPÉCIALISTES EST TRÈS RÉDUIT À TRAVERS LE MONDE ET LES ŒUVRES À COLLECTER, CES ŒUVRES IMPALPABLES, ÉVANESCENTES, SONT CONSIDÉRABLEMENT NOMBREUSES

NOUS DEVONS DONC PROFITER DE TOUTES LES BONNES VOLONTÉS, (QU'ELLES SOIENT PARFOIS INTÉRESSÉES, PEU IMPORTE), DE TOUS LES GENS QUE PASSIONNENT DE TELLES RECHERCHES

CONDOMINAS GEORGES 1993 DISCOURS, CONSULTATION INTERNATIONALE SUR LE PROGRAMME DE L'UNESCO PATRIMOINE IMMATÉRIEL – NOUVELLES PERSPECTIVES

URGENT NEED OF PERSONAL IN THE AREA !!!

ATTENTION, SECOND CREW TO THE FIELD, FOLLOW THE INSTRUCTIONS!

IT IS NOT ENOUGH TO COLLECT MELODIES FOR PURELY ARTISTIC REASONS IN ORDER TO LATER SELECT ONLY THOSE WITH MUSICAL VALUE. THE PRIMARY CONSIDERATIONS SHOULD BE PURELY SCIENTIFIC: ALL MELODIES STILL IN CIRCULATION SHOULD BE COLLECTED, REGARDLESS OF THEIR ARTISTIC ATTRIBUTES. AND THE MUSICIAN SHOULD NOT RELY ON HIS EAR ALONE, BUT SHOULD USE EITHER A PHONOGRAPH OR A GRAMOPHONE, EVEN IN CASES OF THE SEEMINGLY SIMPLEST MELODIES. THIS IS BECAUSE FOLK SINGING IS FULL OF CHARACTERISTIC PECULARITIES DESERVING OF PRECISE ANNOTATION, SUCH AS, FOR EXAMPLE, THE VOCAL PORTAMENTO, IRREGULAR RHYTHM, AND SO FORTH, NONE OF WHICH CAN BE RECORDED WITH THE AID OF CONVENTIONAL MUSIC SIGNS. IT IS ALSO EQUALLY IMPORTANT THAT EACH MELODY IN THE COLLECTION SHOULD BE REPRESENTED BY SEVERAL VARIANTS WHICH CLEARLY TESTIFY TO THE AUTOCHTHONOUS CHARACTER AND VITALITY OF TRUE FOLK MELODIES. IT CAN BE STATED HERE WITH ABSOLUTE DECISIVENESS THAT A MELODY WHICH HAS NO VARIANTS AND NO BASIS IN ANOTHER SIMILAR MELODY CANNOT BE CONSIDERED REAL FOLK MUSIC QUALIFIED FOR SCIENTIFIC STUDY.

BARTÓK BÉLA. 1993. « HUNGARIAN FOLK MUSIC (1929) », IN SUCHOFF BENJAMIN, ÉD. BÉLA BARTÓK ESSAYS, FABER&FABER, P. 4

Chapitre 4

RÉCOLTEZ!

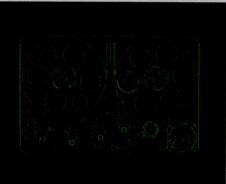

COLLECT! COLLECT! COLLECT!

Chapitre 4

```
29.09.2010
MESSAGE DE:
CANTON DE NEUCHÂTEL - CHANCELLERIE D'ÉTAT- BUREAU DE LA COMMUNICATION
IMPORTANCE: HAUTE! DOIT ÊTRE ETABLI POUR LE PRINTEMPS 2011!

PATRIMOINE CULTUREL IMMATÉRIEL
LE CANTON DE NEUCHÂTEL VA DRESSER UN INVENTAIRE DE SES TRADITIONS
VIVANTES

EN 2008, LA SUISSE A RATIFIÉ LA CONVENTION POUR LA SAUVEGARDE DU
PATRIMOINE CULTUREL IMMATÉRIEL DE L'UNESCO. CETTE CONVENTION PRÉVOIT UN
INVENTAIRE DES TRADITIONS VIVANTES, DONT LA RÉALISATION A ÉTÉ DÉLÉGUÉE AUX
CANTONS. DANS LE CANTON DE NEUCHÂTEL, LES TRAVAUX ONT COMMENCÉ. DÈS
AUJOURD'HUI, LE PUBLIC, MAIS SURTOUT LES DÉTENTEURS DE PATRIMOINE
NEUCHÂTELOIS SONT INVITÉS À FAIRE PART DE LEURS PROPOSITIONS SUR LE SITE
INTERNET DE L'ETAT À L'ADRESSE WWW.NE.CH/CULTURE.
```

RECORD! RECORD! RECORD!

URGENT NEED OF A INTERVENTION CREW

JE PRÉCONISE L'ETHNOMUSICOLOGIE D'URGENCE POUR CES MUSIQUES DE TRADITION ORALE, NÉES DANS DES UNIVERS CLOS, PRODUITES PAR LE CORPS, DES MOYENS MÉCANIQUES SIMPLES, MEMBRANES, CORDES OÙ L'ON PEUT ENCORE ESPÉRER DÉBUSQUER UNE LOGIQUE, UN SYSTÈME, CE QUI EST LE BUT DE L'ETHNOLOGIE, DE L'ETHNOMUSICOLOGIE OU DE L'ETHNOLINGUISTIQUE. LES MUSIQUES PRODUITES PAR LA TECHNOLOGIE INDUSTRIELLE ÉCHAPPENT À TOUTE CONTRAINTE, ET IL N'EST PLUS QUESTION DE TROUVER UN QUELCONQUE SYSTÈME. OR, L'IDÉE CONTEMPORAINE DE LA DÉSTRUCTURATION, PEUT-ÊTRE UN PHÉNOMÈNE DE MODE, DONNE À CROIRE QUE TOUTE RECHERCHE D'UNE CONSTANTE EST VAINE ET ILLUSOIRE.

ROUGET GILBERT, 1997 «JE PRÉCONISE L'ETHNOMUSICOLOGIE D'URGENCE POUR CES MUSIQUES DE TRADITION ORALE»

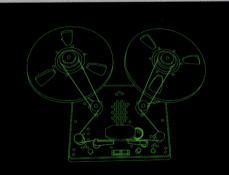

```
URGENT!


GIVE NOT, GIVE NOT THE YAWNING GRAVE ITS PLUNDER,
SAVE, SAVE THE LORE FOR FUTURE AGES' JOY :
THE STORIES FULL OF BEAUTY AND OF WONDER
THE SONGS MORE PRISTINE THAN THE SONGS OF TROY,
THE ANCIENT SPEECH FOREVER TO BE BANISHED —
LORE THAT TOMORROW TO THE GRAVE GOES DOWN!
ALL OTHER THOUGHT FROM OUR HORIZON BANISH,
LET ANY SACRIFICE OUR LABOR CROWN.

PEABODY HARRINGTON JOHN IN BRADY ERIKA, ÉD. 1999. A SPIRAL WAY :
HOW THE PHONOGRAPH CHANGED ETHNOGRAPHY. USA: UNIVERSITY
PRESS OF MISSISSIPPI, P. 52
```

Chapitre 4

```
ATTENTION
URGENT MESSAGE
LEVEL: HIGH PRIORITY!


THE TIME WAS LATE, THE DARK FORCES OF INVASION HAD ALMOST DONE
THEIR IGNORANT WORK OF ANNIHILATION

TO THE FIELD THEN!

WITH NOTEBOOK AND PENCIL, RECORD, RECORD, RECORD


KROEBER ALFRED IN KROEBER THEODORA 1970 ALFRED KROEBER A
PERSONAL CONFIGURATION BERKELEY AND LOS ANGELES UNIVERSITY
OF CALIFORNIA PRESS, P. 51
```

APPEL AUX DÉTENTEURS
DE PATRIMOINE CULTUREL

LE TEMPS EST PROCHE

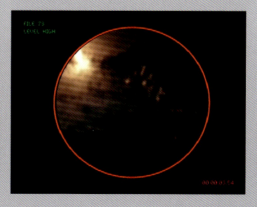

Chapitre 4

150 Bruits | Les sirènes de l'urgence

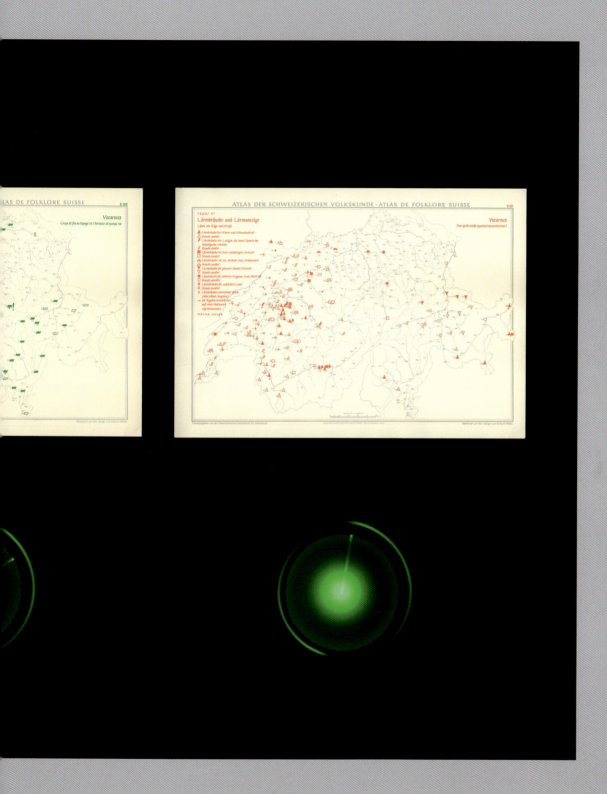

Chapitre 4

Bruits | Les sirènes de l'urgence 151

On retourne à la ritourn[elle]

André Velter . 2000

[dans] de monde

...qu broie du silence et du songe et du noir sur les...

...ein Grab in den Lüften...

L'écho de l'immémorial

Gaetano Ciarcia

Chapitre 4

Pourquoi et dans quelle mesure la notion d'«immatériel» est-elle parlante pour les acteurs locaux de la patrimonialisation dans des contextes très différents et éloignés? Je vais ici esquisser des hypothèses sur la convergence entre les rhétoriques composant avec cette notion et la fabrication d'une dimension épique que j'ai observée dans des contextes disparates comme la construction d'une mythologie à la matrice ethnologique en pays dogon (Mali); le souvenir vécu et joué de la traite négrière dans les villes historiques du Bénin méridional; les inventaires de pratiques et de lieux de mémoire de l'esclavage à la Martinique; la création d'«archives sensibles» du territoire en Languedoc-Roussillon (Ciarcia 2006; 2008). Dans chacun de ces espaces qui, tout en constituant le réservoir ethnographique de mon analyse, ne seront qu'évoqués, les actions de valorisation des éléments immatériels de la culture gravitent autour du rôle attribué à des «passeurs». Ces personnalités m'ont paru incarner et transmettre, entre autres, l'aura perdue (et à retrouver) d'une qualité immémoriale de gestes anciennes.

Les opérations contemporaines de mise au présent de l'intangibilité du passé que véhicule le recours à l'existence du «patrimoine immatériel», semblent réactualiser l'implication philosophique classique entre *matière* et *mémoire*. Dans un article très largement commenté, «Mémoire collective et sociologie du bricolage» (1970), Roger Bastide, en se proposant de résoudre en partie l'opposition classique entre les perspectives bergsonienne et halbwachsienne, a fait référence aux phénomènes historiques concernant la résistance et l'adaptation des cultures «noires» dans leurs nouveaux mondes issus de l'esclavage. Si, d'après Bastide, les mémoires personnelles des origines perdues, en communiquant entre elles, réorganisent les vides provoqués par l'oubli, se souvenir signifierait alors reconstruire le sens socialement partagé de ses propres actions, en errant parmi les ruines du passé. En ce sens, l'imaginaire mythique instaure une tension entre le futur et l'autrefois à travers laquelle les tentatives de construire une mémoire cohérente ou solidaire sur le plan collectif intègrent des inventions culturelles individuelles qui peuvent parfois transposer les événements dans de nouvelles formes. De telles configurations provoquent la rotation des perspectives qui sont à la disposition des acteurs. Nous pouvons envisager ces mouvements comme intrinsèques à des échanges conflictuels ou consensuels entre visions et volontés à la fois antagonistes et complices.

Les intentions très disparates de retrouver, en les fabriquant, des sources identitaires, président à la métamorphose théâtrale de certains espaces comme lieux d'une mémoire sociale exotique à elle-même. Le terme d'*exotisme* exprime ici la recherche distanciée d'un temps qui fut autre pour ses héritiers d'aujourd'hui. Une stabilité immémoriale est alors imaginée comme le fonds de repères matériels familiers, visibles et pourtant désormais intangibles et spirituels. En ce sens, nous observons la mise en scène d'entités perçues et conçues comme étant à la fois en perdition et susceptibles d'une conservation. Ces productions peuvent instituer les origines que l'on voudrait encore «vivantes», et pourtant déjà «muséales» au sens large, d'un territoire, d'un savoir, d'un savoir-faire, à travers son aménagement architectural, la valorisation de restes archéologiques, de pratiques cultuelles populaires, de narrations littéraires ou érudites. Dans mes précédents travaux, j'ai envisagé ces entités comme les miroirs ou les écrans d'une *perte durable*, voire de la paradoxale obsolescence de temporalités échues à valoriser en vue du développement des lieux qui inspirent leur commémoration généalogique contemporaine. D'une manière implicite, les rhétoriques de la «perte» justifiant l'injonction à la thésaurisation – sous forme de listes, index, archives, répertoires – évoquent la condition périssable des individualités qui personnifient l'immatériel. Les sirènes de l'urgence, qu'elles soient enchanteresses ou indicatrices de péril (cela dépend de quelles sirènes on parle), bouleversent sans cesse le sens de la caducité endémique de toute mémoire et de ses porteurs/auteurs. Si le chant des sirènes, êtres fabuleux, charme et attire dangereusement ceux qui l'entendent, les sirènes, émettrices sonores d'une alerte, semblent plutôt les mettre en garde contre une durée pressante, celle qui affecte les biographies des messagers/détenteurs mortels de «biens culturels». En ce sens, loin d'être son altérité non monumentale, l'immatériel subsume la présence physique individuelle comme réceptacle animé de la préservation patrimoniale. Invention bureaucratique de *traditions* intangibles, suspendues entre effort de souvenir et constat d'oubli, il s'incarne alors dans ses praticiens/passeurs.

En marge de milieux populaires représentés comme des foyers menacés mais «encore» authentiques, la notion d'immatériel est également un produit de la surexposition présentiste du savoir et du temps qui furent. Les images contemporaines de la «culture» recherchées par les élites patrimoniales ont pour fonction de stabiliser les constructions mouvantes, communautaires et savantes d'un passé ressenti comme vénérable ou fabriqué comme épique. Elles peuvent également véhiculer la nostalgie d'une prétendue intégration à jamais perdue des hommes avec, par exemple, leur environnement de jadis, l'apprentissage gestuel de techniques, l'adhésion initiatique aux rituels. Les prises de conscience des ressources symboliques et économiques dont la tradition serait porteuse peuvent alors s'exprimer à travers la reconnaissance érudite et institutionnelle d'un héritage qui s'affirme comme un résidu fondamental. Avec ses zones d'ombre, ce reste mythique n'aurait pas encore été «trouvé», c'est-à-dire exproprié de façon définitive par des activités perçues comme allogènes et homogénéisantes. Sa (sur)vie secrète, et pourtant potentiellement publique – elle doit être vue ou aperçue comme si elle était sur scène – demeurerait donc en possession de ses passeurs contemporains. Dans ce cadre, la dimension immémoriale du bien culturel joue un rôle tout à fait particulier. Il ne s'agit pas seulement d'un âge à la chronologie incertaine mais aussi d'une résonance prometteuse d'avenir. Le passé est censé *revenir*, tel un écho d'un temps lointain, à ses héritiers en tant que gage d'un futur guéri des traumatismes de l'histoire. De nos jours, les situations marquées par un legs procédant d'une époque tragique, comme celle de l'esclavage et de la traite négrière, font l'objet d'une métamorphose sous forme d'utopies prêtes-à-penser. Dans le Bénin méridional comme à la Martinique, une distanciation se voulant objectivante et conservatrice participe à la création d'itinéraires interprétatifs balisés de vestiges d'une économie morale. Supposée promouvoir les reprises mémorielles individuelles et collectives, la quête des preuves physiques ou visibles de ce passé égaré peut amplifier, en lui conférant les traits d'une recherche volontariste des causes et des espoirs du présent, le prestige du patrimoine *in fieri*. Tout à la fois savantes et populaires, affectives et calculées, publiques et individuelles, «indigènes» et hétéronomes, ces traces, conventionnelles ou théâtrales,

Chapitre 4

explicitent la rhétorique édifiant les origines d'altérités révélées à leurs visiteurs/observateurs étrangers mais aussi à leurs possesseurs locaux. L'institution d'un tréfonds mémorial devient à la fois un territoire de la pensée identitaire et un domaine socio-économique à sensibiliser et à alimenter en souvenirs, à travers les opérations relatives à la valorisation émanant des diverses instances locales et internationales impliquées ou touchées par le marché politique et monétaire de la culture. Les études ethnologiques, archéologiques, historiques ainsi que les fictions littéraires peuvent être utilisées comme preuves d'une autorité discursive. Une telle logique traduit une relation de réversibilité. Des groupes sociaux mis en condition de sources d'une connaissance ou d'une création artistique puisent dans les productions scientifiques ou esthétiques pour recréer leur propre authenticité en sursis, à la fois révolue et actuelle. Au cours d'un tel processus, l'exotisme ne se limite pas à participer d'une vision réductrice de l'ailleurs, il est également une composante politique de la production mythique des origines en perdition d'un peuple, d'une civilisation, d'une cité, d'une ethnie, d'un savoir.

Evoquée fréquemment par des «personnes-ressources» ayant parfois progressivement remplacé, dans la relation ethnographique, les informateurs privilégiés ou les érudits locaux, la présence d'une immémorialité qui échapperait aux filets de l'histoire semble caractériser – sans en épuiser, bien entendu, les significations et les interprétations possibles – les usages actuels du passé. Cet héritage incarné par ses récipiendaires modernes faire fi, parfois, des contraintes de la chronologie. Ainsi sur la *Route de l'Esclave* au Bénin, la commémoration de la «distance morale» (Tchitchi 2001: 11) parcourue par les captifs d'antan peut cohabiter avec la célébration de la dynastie esclavagiste aboméenne et la fabrication du vodun comme religion patrimoniale diasporique. En ce sens, dans les friches de l'économie patrimoniale, la construction archéologique au sens large d'une dimension épique paraît se fonder sur une «matérialité minimale» (Schnapp 1993: 64) viable désormais à une échelle planétaire d'espaces «de croyances sans croyants» (de Certeau 1990: 264).

Les passeurs d'épopées culturelles ont conscience que l'invisible, l'indicible et l'intangible – voire l'oubliable – de leur capital mémoriel reposent sur des supports précaires et susceptibles d'analyses et d'appropriations conflictuelles. Le clivage – entre un autrefois qu'il faudrait restituer à ses divers publics contemporains et la rareté des traces (ou les vides) ayant survécu à cet ailleurs temporel presque disparu – peut être perçu par ces acteurs comme une conjoncture favorable à l'invention d'un passé immémorialisé à rejouer. A travers les silences, les amnésies, les fictions, les superpositions temporelles ou les approximations dont l'anamnèse cognitive est le moteur, les traditions qu'ils «portent» expriment le théâtre du renouveau de la tradition. Sur cette scène, l'immatériel de la culture se donne souvent à voir comme lieu physique où il est possible de surprendre *in vivo* la «culture» presque disparue en train de se refaire et de se repenser.

Il ne s'agit pas seulement d'une dialectique irrésolue entre l'apparent et l'invisible mais aussi entre les dimensions permanentes et mouvantes d'imaginaires mémoriaux. Car l'immatérialité reconnue par les acteurs du patrimoine opère également comme un miroir qui reflète les conditions évolutives des procédures et des savoirs locaux à l'œuvre dans l'action créatrice d'éléments désignés comme significatifs. Ces éléments deviennent à la fois des indices qui acquièrent valeur de preuves de l'intérêt exercé sur les «biens» par des opérations de conservation du paysage, de l'architecture dite vernaculaire, de phénomènes rituels, et par la reprise rhétorique et dynamique à la fois de mythes fondateurs ou savants que des élites suscitent et se réapproprient.

Tout comme dans les phénomènes de qualification du patrimoine dit matériel, la perception de l'immatérialité est l'effet produit par une distanciation intellectuelle, qui est aussi mémorielle, instituant une adhésion morale à d'autres manières (devenues exotiques) de vivre et de se représenter le monde. Un ensemble de documents parfois antinomiques peut se constituer à l'intérieur d'une économie de la tradition culturelle et de l'imaginaire historique. Des modalités fluctuantes, contradictoires et conflictuelles, affirment ainsi les intentions collectives et individuelles de *faire-savoir* un passé oscillant entre un devoir de mémoire et ses oublis créateurs. De par la disparition paradoxalement progressive mais jamais définitive de sa matière, ses «archives vivantes», l'édification de l'immatériel nous apparaît corrélée à l'attente et l'avènement de ce moment mémoriel où, comme le dit Maurice Merleau-Ponty dans son essai *La prose du monde*, «ce qui était ruine devient maquette» (1969: 48).

Les acteurs locaux du patrimoine répètent sans cesse à leurs usagers et à leurs observateurs que la densité anthropologique de l'autrefois est désormais passée sans pourtant être expirée. Un rapport d'intermittence se produit entre des durées distinctes mais virtuellement synchronisées: la quasi-disparition du passé semble communiquer avec son accomplissement sous forme de patrimoine. Une telle relation peut être appréhendée comme «immatérielle» dès qu'elle apparaît jointe à des processus d'immémorialisation. Par cette formule, nous pouvons définir une activité de mythification des traces d'une entité culturelle dont le passé *presque* disparu – son contexte structurant d'antan – serait *désormais* une référence en train de devenir légendaire et pourtant menacée par la perte. Ce passé n'est pas forcément immémorial par défaut de repères généalogiques mais peut l'être par excès de réitération discursive. Comme dans le pays dogon devenu un théâtre ethnologique, il n'arrive pas à faire cesser ses représentations stéréotypées. A cause de la mise au jour des «biens» symboliques dont des collectivités données seraient les héritières, ce passé n'arrive pas non plus à commencer. Son identification historique avec une époque déterminée est en effet brouillée par des fictions qui établissent une relation entre le retentissement contemporain de sagas ou d'épopées et les origines imaginées comme dynamiques, c'est-à-dire perçues comme opérationnelles en vue du «développement durable» des espaces socioculturels concernés. Les acteurs du temps exhumé et exposé se situent alors dans l'intervalle séparant et mettant en communication à la fois l'époque actuelle et celle, mythique, qui aurait fait naître objets, savoirs, gestes et rituels aujourd'hui évoqués en tant que vecteurs d'une portée immatérielle. Ponctuellement, l'archivage d'espaces traditionnels devrait permettre aux héritiers et aux visiteurs de biens devenus sensibles de parcourir à rebours cette distance. L'institution de ce temps immémorial, composé d'anachronismes performatifs, est l'effet d'un échange entre les «communautés» locales (ou plutôt leurs élites intellectuelles, financières et politiques) et les instances extérieures qui interviennent dans la production du territoire de leur patrimoine. La valeur ajoutée détenue par le passé présentifié finit par englober l'idée que la valorisation symbolique des lieux passerait par la synchronisation contemporaine des qualités et des usages – souvent touristiques ou folkloriques – de la tradition culturelle.

Chapitre 4

Le patrimoine immatériel est aussi une réserve symbolique de ce qui aurait pu disparaître, englouti par les changements de l'histoire; la collecte et l'exposition de ses documents peuvent alors produire un effet de sublimation. Ainsi, autour de la rhétorique de l'immatériel, nous est donnée la possibilité d'observer des entités «vaincues» qui font l'objet d'une conquête généalogique les adoubant du prestige qui leur est dû en tant que stigmates de l'histoire, condition nécessaire à la construction de leur «qualité épique» (Kracauer 2006: 100).
Rendre intemporelles et efficaces les significations dont les personnes, les objets et les lieux sont censés être les réceptacles et mettre en images et en discours actuels leur condition expirée ou finissante, tel paraît être le paradoxe de l'opération de «magie sociale» par laquelle on confère une valeur ajoutée aux choses et à leurs symboles, demandant aux uns cette part de *mana* qui manque aux autres, et vice versa. Il faut en même temps souligner que le terme de «paradoxe» n'est du point de vue des acteurs sociaux impliqués que partiellement approprié. Car les modes opératoires de l'arène culturelle ne dérivent pas d'une logique démonstrative au sens scientifique ou juridique mais s'inscrivent plutôt dans une économie

sémiotique fondée sur les apparences d'une «fortune visible» (Gernet 1976). Ce n'est pas l'apurement d'une vérité que les paroles, les actes et les écritures de l'héritage immatériel visent mais la transmission (à ceux qui veulent/doivent la recevoir) de faits accomplis devenus presque immémoriaux, c'est-à-dire de faits dont le souvenir, comme Victor Segalen dans son récit d'une fiction ethnologique *Les Immémoriaux* (1907) en avait eu l'intuition littéraire, est inextricablement lié à la «mémoire du vide» (d'après le titre d'un roman de Marcello Fois) affectant une part qui fut maudite ou oubliée du passé. Résiduelle *à jamais*, la substance de cette mémoire perdue peut aujourd'hui être retrouvée comme une source intangible mais *encore* créatrice de matière à croyance patrimoniale.

Chapitre 4

Bibliographie

BASTIDE Roger. 1970. «Mémoire collective et sociologie du bricolage». *L'Année sociologique* 21: 65-108.

CERTEAU Michel, de. 1990 [1980]. *L'invention du quotidien. 1: Arts de faire*. Paris: Gallimard.

CIARCIA Gaetano. 2006. *La perte durable: rapport d'étude sur la notion de «patrimoine immatériel»*. Paris: Ministère de la culture. (Carnets du Lahic n° 1) [http://www.lahic.cnrs.fr/spip.php?article327 · consulté en ligne le 27 novembre 2010]

2008. *Inventaire du patrimoine immatériel en France: du recensement à la critique*. Paris: Ministère de la culture. (Carnets du Lahic n° 3) [http://www.lahic.cnrs.fr/spip.php?article394 · consulté en ligne le 27 novembre 2010]

FOIS Marcello. 2008 [2006]. *Mémoire du vide*. Paris: Seuil.

GERNET Louis. 1976 [1956]. «Choses visibles et choses invisibles», in: GERNET Louis, éd. *Anthropologie de la Grèce antique*. Paris: François Maspero, pp. 405-414. [1re éd.: *Revue philosophique* 146: 79-86]

KRACAUER Siegfried. 2006 [2005]. *L'histoire des avant-dernières choses*. Paris: Stock.

MERLEAU-PONTY Maurice. 1969. *La prose du monde*. Paris: Gallimard.

SCHNAPP Alain. 1993. *La conquête du passé: aux origines de l'archéologie*. Paris: Editions Carré.

SEGALEN Victor. 1907. *Les Immémoriaux*. Paris: Plon.

TCHITCHI Toussaint Yaovi, éd. 2001. *Dossier d'inscription de la route de l'esclave au Bénin sur la liste du patrimoine mondial de l'Unesco*. Cotonou: Direction du patrimoine culturel.

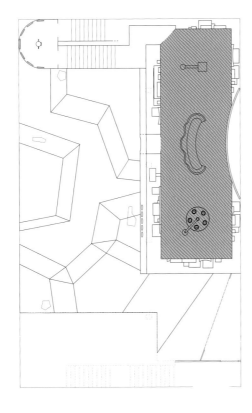

L'écho des réserves

Les programmes de conservation et de sauvegarde ont abouti à la création d'impressionnantes bases de données qui tendent à se constituer en réseau. Face à l'obsolescence rapide des machines et des supports d'enregistrement, elles sont confrontées à d'incessantes remises en question et à de constants transferts. Elles témoignent à leur manière de la surenchère des techniques et du poids de l'immatérialité.

Que leur attention se porte sur le tangible ou l'intangible, dimensions toujours liées dans le projet ethnographique, les bons samaritains ne réunissent qu'une somme toujours incomplète. Et si les arches patrimoniales qu'ils constituent offrent une alternative à la perte et à l'oubli, elles se résument trop souvent à faciliter le deuil, à entériner le tri et à offrir la jouissance d'un passé idéalisé et schématisé.

En six tableaux, la médiathèque du sous-marin invite à découvrir les collections audiovisuelles du MEN et à mieux cerner l'imbrication de ces patrimoines aussi bien physiques qu'immatériels.

Das Echo aus den Lagerbeständen

Chapitre 5

Die Erhaltungs- und Rettungsprogramme führten zur Einrichtung eindrücklicher Datenbanken, die bestrebt sind, sich zu einem Netz zu konstituieren. Angesichts des raschen Veraltens der Geräte und Träger haben sie mit unablässigen Infragestellungen und ständigen Transfers zu kämpfen. Auf ihre Weise zeugen sie von der gegenseitigen Überbietung der Techniken und von der Last des Immateriellen. Ungeachtet dessen, ob sich ihre Aufmerksamkeit auf das Greifbare oder das Unantastbare richtet – Dimensionen, die im ethnographischen Projekt immer miteinander verbunden sind –, tragen die barmherzigen Samariter lediglich eine stets unvollständige Summe zusammen, und obwohl die so angelegten Kulturarchen somit eine Alternative zu Verlust und Vergessen bilden, laufen sie allzu häufig darauf hinaus, die Trauer zu fördern, die Auslese gutzuheissen und den Genuss einer idealisierten und schematisierten Vergangenheit zu bieten.

Die Mediathek des Unterseeboots lädt in sechs Bildern dazu ein, die audiovisuellen Sammlungen des MEN zu entdecken und die Überschneidung dieser sowohl physischen als auch immateriellen Kulturgüter besser zu erfassen.

The echo of reserves

Archiving and backup programmes have led to the creation of impressive databases linked into networks. Since machines and media rapidly become obsolete, these databases are continually being challenged and so tend to be transferred onto other media. Preserving all that is within the realm of the immaterial becomes a difficult task technically.

In spite of all the best intentions, it seems impossible to assemble an entirely complete collection, whether this concerns the tangible or the intangible, dimensions always linked in an ethnographic project. Furthermore, if the patrimonial arks thus formed are an alternative to loss and oblivion, it too often comes down to their facilitating mourning, confirming selection and enjoying an idealized, simple life.

In the submarine's multimedia library, six exhibition boards display the MEN's audio-visual collections, allowing one to better understand the interweaving of these heritages, both physical and intangible.

Chapitre 5

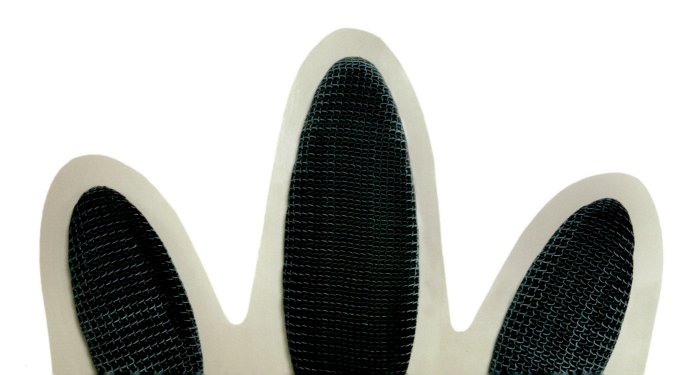

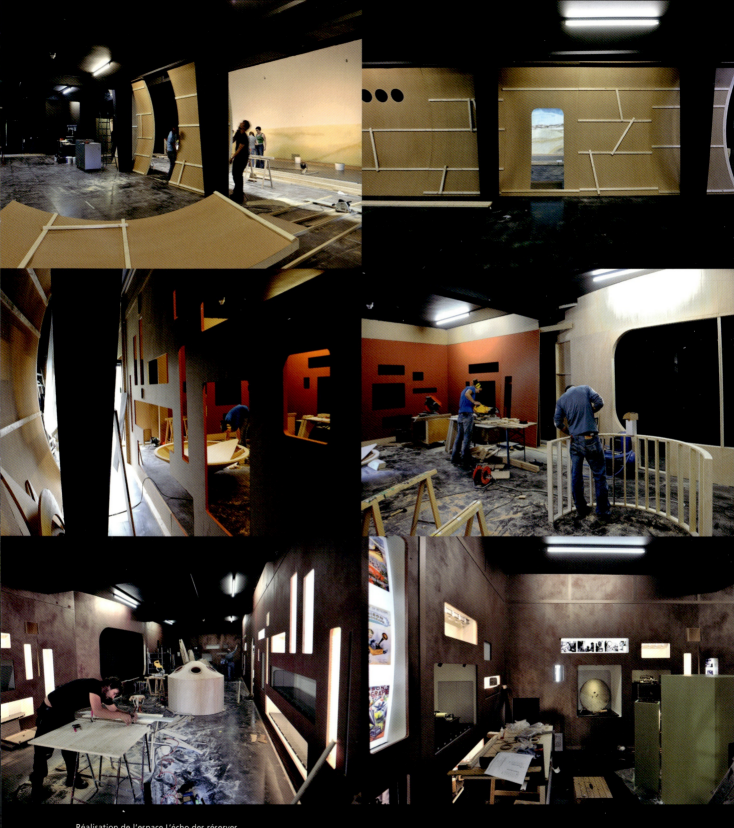

Réalisation de l'espace L'écho des réserves
le 2 août, le 4 août, le 4 août, le 9 août,
le 20 août, le 4 septembre, le 7 septembre, le 7 septembre,
le 12 septembre, le 12 septembre, le 14 septembre, le 27 septembre 2010

Lors nous jeta sur le tillac pleines mains de paroles gelées, et semblaient dragées perlées de diverses couleurs. Nous y vîmes des mots de gueule, des mots de sinople, des mots d'azur, des mots de sable, des mots dorés. Lesquels, être quelque peu échauffés entre nos mains, fondaient comme neiges, et les oyons réellement, mais ne les entendions, car c'était langage barbare.

RABELAIS François. 1552. *Le quart livre*. LVI: comment entre les paroles gelées, Pantagruel trouva des mots de gueule.

Images et son tirés de la vidéo de la Guggenmusik au pas de la boille
Etudiants du cours d'anthropologie visuelle, Institut d'ethnologie de Neuchâtel, 22 mars 2010, Carnaval d'Avenches, Suisse

Chapitre 5

Images et son tirés de la vidéo du concert de *Sentence*
Alain Mueller (Institut d'ethnologie de Neuchâtel) et Bertrand Pot, 28 juillet 2002, Goodlife Festival, Leffinge, Belgique

Images et son tirés de la vidéo du crieur Pierrot Bonnet
Alice Sala (Institut d'ethnologie de Neuchâtel), 26 mars 2010, Loto de Cortaillod, Suisse

-5°   -10°   -20°

TRAD'ICER

Images et son tirés de la vidéo
Milongo el Pote
Yvan Schulz (Institut
d'ethnologie de Neuchâtel),
5 février 2010, Zurich, Suisse,
avec la participation de Solange
Chaperon et Gonzalo Orihuela

Images et son tirés de la vidéo
d'un atelier de réparation
d'horloges anciennes
Hervé Munz (MIDAS Touch,
Institut d'ethnologie de
Neuchâtel), 26 août 2010,
Tramelan, Suisse, avec
la participation de
François Gagnebin

Chapitre 5

La lecture se fait par page
de gauche à droite et de haut en bas:

Harpes *kundi*
Afrique centrale
H.: 33 à 71 cm
MEN 54.3.75, MEN 54.3.74,
MEN 54.3.77, MEN 54.3.78,
MEN 54.3.87, MEN 54.3.63,
MEN 54.3.73

Luths *khalam*
Afrique de l'Ouest
H.: 63 à 85 cm
MEN 54.3.107, MEN 54.3.104,
MEN 54.3.102, MEN 54.3.101

Chapitre 5

Bruits | L'écho des réserves 175

Le goût du navire est toujours joie de s'enfermer parfaitement, de tenir sous sa main le plus grand nombre possible d'objets. De disposer d'un espace absolument fini : aimer les navires, c'est d'abord aimer une maison superlative, parce que close sans rémission, et nullement les grands départs vagues : le navire est un fait d'habitat avant d'être un moyen de transport.

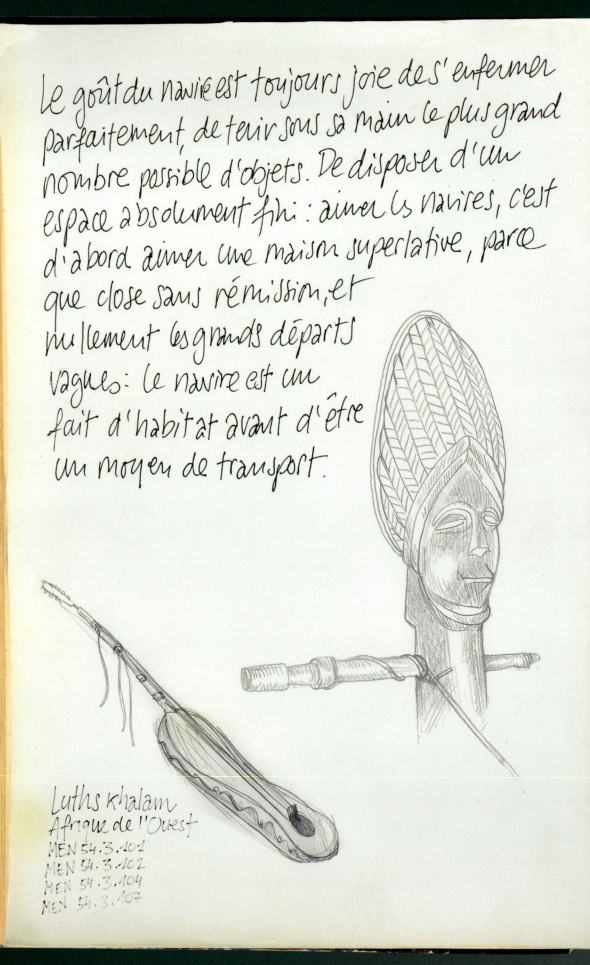

Luths khalam
Afrique de l'Ouest
MEN 54.3.101
MEN 54.3.102
MEN 54.3.104
MEN 54.3.107

Or tous les bateaux de Jules Verne sont bien des "coins du feu" parfaits, et l'énormité de leur périple ajoute encore au bonheur de leur clôture, à la perfection de leur humanité intérieure. Le Nautilus est à cet égard la caverne adorable : la jouissance de l'enfermement atteint son paroxysme lorsque, du sein de cette intériorité sans fissure, il est possible de voir par une grande vitre le vague extérieur des eaux, et de définir ainsi dans le un même geste l'intérieur par son contraire.

Roland Barthes 1957. Mythologies

Harpes kundi
Afrique centrale
MEN 54.3.63
MEN 54.3.73
MEN 54.3.74
MEN 54.3.75
MEN 54.3.97
MEN 54.3.98
MEN 54.3.59

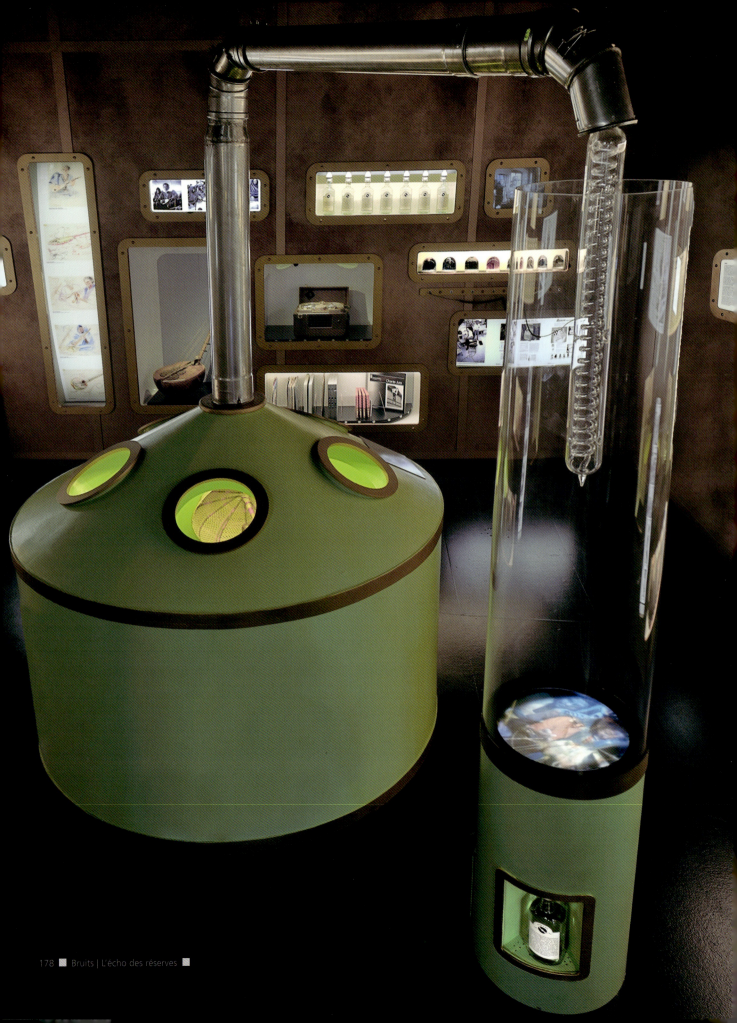

Objets ayant appartenu à Albert Nicod

Bouclier
Ethiopie
D.: 44 cm
MEN 09.29.40

Sabre *gwärade*
Ethiopie
L.: 117 cm
MEN 09.29.32 a-b

**Portrait photo
dans un cadre en vannerie**
Ethiopie
64 x 56 cm
MEN 09.29.254

Plateau en vannerie
Ethiopie
D.: 43 cm
MEN 09.29.103

Panier avec couvercle
Ethiopie
H.: 25 cm
MEN 09.29.95 a-b

Tambour double
Ethiopie
D.: 57 et 31 cm
MEN 09.29.27

Chasse-mouche
Ethiopie
H.: 45 cm
MEN 09.29.249

Chaise *bärch'uma*
Ethiopie
H.: 86 cm
MEN 09.29.19

Ombrelle
Ethiopie
H.: 127 cm
MEN 09.29.26

Casquette
Ethiopie
D.: 29 cm
MEN 09.29.265 a

Costume d'apparat
Ethiopie
MEN 09.29.265 b-d

Chapitre 5

Baguette
Ethiopie
L.: 55 cm
MEN 09.29.230

Croix de procession
Ethiopie
H.: 47 cm
MEN 09.29.232

Médailles et décorations militaires
Ethiopie
H.: 5 à 11,5 cm
MEN 09.29.154
MEN 09.29.155
MEN 09.29.162

Chapitre 5

> O Bouteille
> Pleine toute
> De mystères,
> D'une oreille
> Je t'écoute:
> Ne diffère,
> Et le mot profère
> Auquel pend mon cœur.
> En la tant divine liqueur,
> Qui est dedans tes flancs reclose,
> Bacchus, qui fut d'Inde vainqueur,
> Tient toute vérité enclose.
> Vin tant divin, loin de toi est forclose
> Toute mensonge et toute tromperie.
> En joie soit l'âme de Noach close,
> Lequel de toi nous fit la tempérie.
> Sonne le beau mot, je t'en prie,
> Qui me doit ôter de misère.
> Ainsi ne se perde une goutte
> De toi, soit blanche, ou soit vermeille.
> O Bouteille
> Pleine toute
> De mystères,
> D'une oreille
> Je t'écoute:
> Ne diffère.
>
> RABELAIS François. 1564.
> *Le cinquième livre*. XLIV:
> *comment la pontife Bacbuc présenta Panurge devant la dive bouteille.*

Chapitre 5

CUVÉE À 4,5%
Après avoir dirigé les fanfares de Granges-Marnand et de Payerne, l'instituteur vaudois Albert Nicod prit en charge à la demande d'Hailé Sélassié la formation et la direction de la musique militaire de la Garde impériale d'Ethiopie de 1929 à 1936, puis de 1946 à 1958. L'usage des cuivres influence durablement et profondément la pop éthiopienne qui se développe à partir des années 1950.

Yann LAVILLE. 2010. Texte rédigé pour l'exposition *Bruits*.

La société de musique *La Broyarde* de Granges-Marnand, Albert Nicod au centre
Photographe inconnu, années 1920, Suisse, fonds photographique Nicod conservé par Sylvette Nicod-Vittoz et Roger Vittoz

La fanfare impériale à la gare attend les invités pour le couronnement d'Hailé Sélassié
Photographe inconnu, 1930, Addis Abeba, Ethiopie, fonds photographique Nicod conservé par Sylvette Nicod-Vittoz et Roger Vittoz

Cours de théorie en plein air, l'*hymne vaudois* sous la direction d'Albert Nicod
Photographe inconnu, 1932, Ethiopie, fonds photographique Nicod conservé par Sylvette Nicod-Vittoz et Roger Vittoz

Les cadres de la musique formés par Albert Nicod
Photographe inconnu, 1934, Ethiopie, fonds photographique Nicod conservé par Sylvette Nicod-Vittoz et Roger Vittoz

CUVÉE À 12.5%
Dans les années 1960, Hailé Sélassié visite la Jamaïque. Il y est accueilli comme un dieu vivant. Cette adoration permet de supposer que l'Ethiopie, sa culture et plus particulièrement sa musique, influencent le genre qui se développe alors sur l'île, à savoir le reggae. L'œuvre de Nicod aurait-elle perduré par des voies détournées ?

Yann LAVILLE. 2010. Texte rédigé pour l'exposition *Bruits*.

CUVÉE À 40%
Dans les années 1960-1970, la Jamaïque vibre au son du reggae. Toutefois les orchestres sont rares, les salles inexistantes et les moyens limités. Le genre se consomme plutôt par les soundsystems, installations de disquaires ambulants qui remplissent également la fonction de disco-mobile. Les DJs et les toasters (animateurs, chanteurs et harangueurs de foule) s'imposent comme de nouveaux acteurs de création musicale. L'œuvre de Nicod se serait-elle transformée grâce aux nouvelles technologies ?

Yann LAVILLE. 2010. Texte rédigé pour l'exposition *Bruits*.

CUVÉE À 90%
Durant les années 1970, de nombreux Jamaïcains s'exilent pour des raisons économiques. Parmi eux, le jeune Clive Campbell – alias DJ Kool Herc – emporte avec lui le concept des soundsystems à New York. Il se produit notamment à l'occasion de block parties, fêtes de quartier en plein air où les recettes jamaïcaines fusionnent avec les genres locaux, débouchant sur le hip-hop. Digérée, détournée mais bien vivante, l'œuvre de Nicod aurait-elle enfin trouvé une reconnaissance planétaire ?

Yann LAVILLE. 2010. Texte rédigé pour l'exposition *Bruits*.

Chapitre 5

Phonographe à rouleau de cire

Si la paternité de l'invention fait toujours débat, le phonographe est breveté par Thomas Edison en 1877. Il grave mécaniquement le son sur des rouleaux de cire capables de contenir deux à quatre minutes d'enregistrement. La restitution musicale n'est à l'origine qu'un usage secondaire de cet appareil vendu comme dictaphone, aide à l'apprentissage des langues, outil pour corriger certains problèmes d'élocution et machine à mettre en boîte des souvenirs familiaux.

Malgré ses limitations techniques (rendu approximatif, prise de son limitée, fragilité des supports), le phonographe intéresse beaucoup les mélomanes et, parmi eux, les chercheurs qui travaillent sur les musiques non écrites, c'est-à-dire les folkloristes et les premiers ethno-musicologues. En effet, l'enregistrement révolutionne de fond en comble leurs champs d'étude: la transcription peut enfin être vérifiée, la subjectivité du chercheur corrigée et son attention libérée de l'écriture pour s'ouvrir au contexte social entourant l'exécution. L'ethno-musicologie moderne commence ainsi à se développer aux USA autour de figures telles que Alice Cunningham Fletcher, Frances Densmore puis Franz Boas; en Allemagne autour de Erich Moritz von Hornbostel; en Hongrie et en Roumanie autour respectivement de Béla Bartók et de Constantin Brăiloiu.

Si le phonographe atteint Neuchâtel dans son usage consumériste – en témoigne la riche collection réunie par Francis Jeannin et léguée au Département audiovisuel de la ville de La Chaux-de-Fonds (DAV) – l'invention n'y suscite pas de velléité scientifique. Les archives du MEN possèdent toutefois quelques enregistrements effectués sur rouleaux de cire. Il ne s'agit pas d'originaux mais de copies sur bande magnétique des prises sonores effectuées par Ludwig Zöhrer en 1935 chez les Touaregs du Hoggar. La présence de ces matériaux à Neuchâtel atteste que, parallèlement à l'industrie musicale, il existe une circulation plus ou moins officielle entre institutions de recherches et que, au fil du temps, les copies acquièrent le statut d'archives à part entière.

Images et son tirés de *My fair lady*
George Cukor, 1964, USA: Warner Bros. Entertainment

Images et son tirés de *Discours d'un Bushman enregistré par un phonographe*
Rudolf Pöch, 1908, Vienne: Phonogrammarchiv

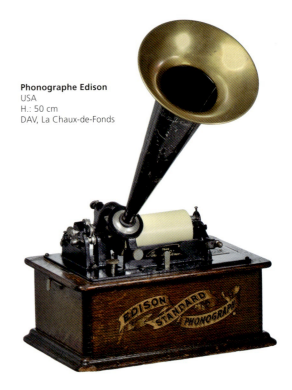

Phonographe Edison
USA
H.: 50 cm
DAV, La Chaux-de-Fonds

Publicité «The Edison phonograph»
1900-1904, collection Audiorama

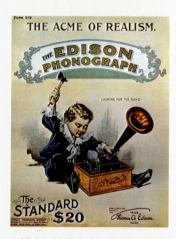
Publicité «The Edison phonograph»
1900-1904, collection Audiorama

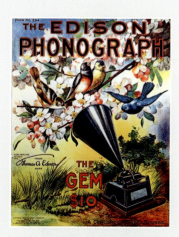
Publicité «The Edison phonograph»
1900-1904, collection Audiorama

CUVÉE TECHNOPHILE
Sans l'aide du phonographe, nous sommes plantés devant les vitrines du musée dans lesquelles sont conservés des instruments figés dans un bête silence d'outre-tombe, source d'émerveillement mais vides de sens. Ils demandent à être complétés d'urgence par une collection phonographique.

Carl Stumpf. 2000 (1908). «The Berlin Phonogrammarchiv», in: Artur Simon, éd. *Das Berliner Phonogramm-Archiv 1900-2000: Sammlungen der traditionellen Musik der Welt*. Berlin: Verlag für Wissenschaft und Bildung, pp. 72-73. [trad. MEN]

CUVÉE TECHNOPHOBE
Mais le danger d'une confiance excessive dans l'esclave automatique n'est pas là. Il est dans la naïve et trop durable conviction de certains que le détail d'une musique supposé parfaitement reproduit et irréprochablement transcrit, nous n'aurions plus rien à apprendre sur son compte, alors qu'en réalité elle ne nous aurait rien révélé de sa nature propre.

Constantin Brăiloiu. 1973 (1958). «Musicologie et ethnomusicologie aujourd'hui», in: Constantin Brăiloiu. *Problèmes d'ethnomusicologie*. Genève: Minkoff Reprint, p. 128. [textes réunis et préfacés par Gilbert Rouget]

L'ethnomusicologue Frances Densmore enregistrant un chef indien blackfoot avec un phonographe Edison
Harris & Ewing, 1916, Smithsonian Institution

CUVÉE PARADOXE
Le rôle prédominant du phonographe dans la culture populaire aurait accéléré le processus de corruption et de décomposition des modes de vie traditionnels – c'est ce que déclarent de nombreux ethnologues. Ironiquement, beaucoup d'entre eux ont choisi le phonographe – l'agent de la corruption lui-même – comme leur outil de prédilection pour préserver les restes de ces modes de vie.

Erika Brady. 1999 (1952). *A spiral way: how the phonograph changed ethnography*. Jackson: University Press of Mississippi, p. 2. [traduction MEN]

CUVÉE «HAS BEEN»

Les cylindres usés des phonographes à ressort d'avant 1913 étaient trouvables facilement car les disques s'étaient emparés du marché privé de l'enregistrement de loisir. Techniquement dépassés mais solides et facilement réparés, on pouvait les acheter dans les magasins d'occasions jusque dans les années 1930. Certains scientifiques ont préféré ces machines pour leur travail de terrain – George Herzog a recommandé leur usage jusqu'en 1936, vingt-trois ans après l'abandon de leur fabrication.

Erika BRADY. 1999 (1952). *A spiral way: how the phonograph changed ethnography*. Jackson: University Press of Mississippi, p. 25. [traduction MEN]

CUVÉE ZÖHRER

Du Musée de l'Homme de Paris et du Völkerkundemuseum de Berlin, nous avons pu obtenir des copies d'enregistrements de musique touarègue (Lhote 1948, Zöhrer 1935) qui complètent de la manière la plus précieuse notre propre documentation.

Ernst LICHTENHAHN. 1976. «Ethnomusicologie». *Ville de Neuchâtel: bibliothèques et musées 1975* (Neuchâtel) [29]:105.

L'interminable mer de sable du Sahara
Ludwig Zöhrer, in: ZÖHRER Ludwig. 1954. *Ritter der Sahara*. Vienne: Europa-Verlag [page de titre]
Extrait sonore: musique touarègue, enregistrements originaux sur rouleaux de cire par Ludwig Zöhrer, 1935, Hoggar, Algérie, extrait présenté issu de copies sur bande magnétique confiées au MEN par Franz Födermayr en 1975 et transférées sur CD en 2000

Chapitre 5

Compact disque *Musique touarègue*
H.: 12,5 cm
MEN ethnomusicologie

Bande magnétique
Musique touarègue
H.:13 cm
MEN ethnomusicologie

Rouleaux de cire
H.: 11,5 cm
DAV, La Chaux-de-Fonds

Chapitre 5

Tant qu'on parle de cylindre, on vend au public un phonographe parleur mais aussi enregistreur, c'est-à-dire une pièce qui se vend en France à crédit (147 francs, sept francs par mois), avec X cylindres gravés et des cylindres vierges sur lesquels les clients peuvent enregistrer leur voix.
Je dois vous dire en passant qu'il n'en reste pas grand-chose car les cylindres sont très difficiles à conserver du fait des champignons et autres détériorations. Et si l'enregistrement n'est pas méthodiquement fait, on ne discerne pas grand-chose à l'arrivée. Mais il ne faut pas oublier cette option car, du moment où l'on parle de disque, on n'a plus pu enregistrer, du moins jusqu'à ce qu'apparaissent les graveurs. Mais le disque plat tel que Pathé, Berliner ou la société du gramophone l'ont conçu ne pouvait pas enregistrer. Ce qui changeait tout de même un peu les paramètres de vente.

Francis Jeannin lors de l'émission *Revue 13-17* de la Télévision Suisse Romande
Photo TV Suisse, 7 décembre 1968, Bibliothèque de la Ville, La Chaux-de-Fonds, P2-3753
Extrait sonore: *Histoire de la machine parlante*, conférence de Francis Jeannin, 1989, DAV, La Chaux-de-Fonds, BB250-251

Photographie de classe
Photographe inconnu, 1902, Fonds Privat, collection CRiéE (Communauté de recherche interdisciplinaire sur l'éducation et l'enfance) Genève, 6011 / P 552/7
Extrait sonore: *Salut glacier sublime*, chant des élèves de l'école Privat, 1901, Genève, DAV, La Chaux-de-Fonds/CRiéE

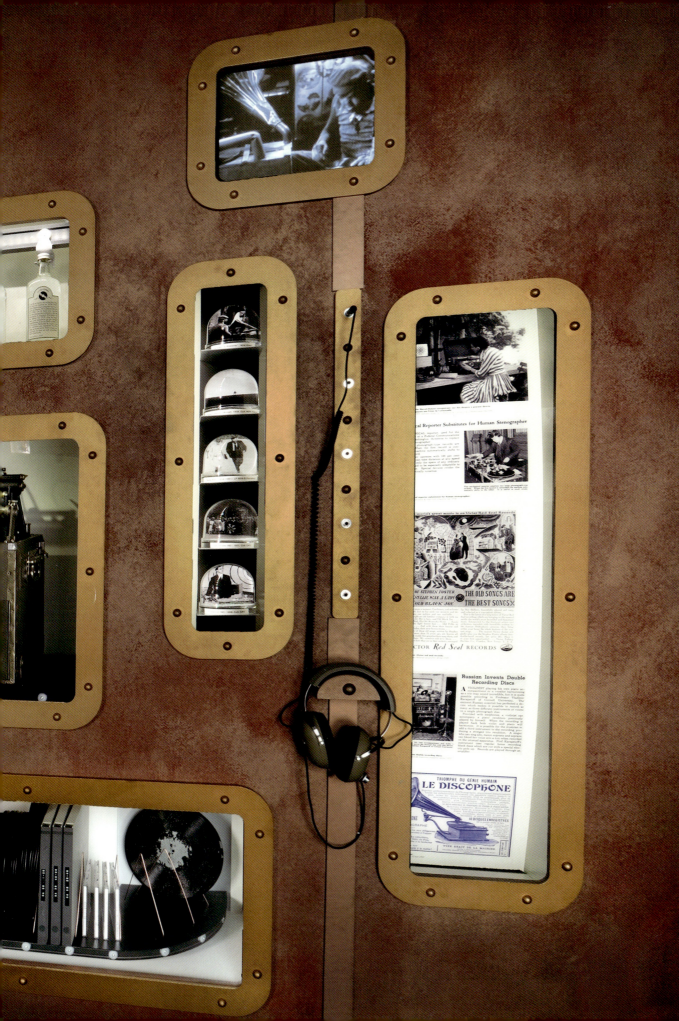

Tourne-disque à gravure directe

Dans les années 1920, le phonographe et les rouleaux de cire sont graduellement abandonnés au profit du disque 78 tours. Si le format n'est pas nouveau (la firme Berliner en a produit dès 1894), il bénéficie des progrès de l'enregistrement électrique par microphone. Se prêtant mieux à la production en série, il est privilégié par les entrepreneurs qui peuvent ainsi augmenter la qualité de leurs produits, faire baisser leurs coûts de fabrication et stimuler la consommation des musiques enregistrées. Ce phénomène a pour conséquence d'uniformiser l'écoute (on entend partout la même version d'une œuvre), de favoriser le vedettariat et de cantonner le public à un rôle passif. En effet, bien que ce soit techniquement possible, les tourne-disques sont rarement dotés d'une fonction d'enregistrement. De fait, les ethnomusicologues n'utiliseront pas beaucoup ce genre d'appareils, préférant amortir leurs vieux phonographes, qui sont en outre plus compacts, plus simples au niveau mécanique et donc plus faciles à réparer sur le terrain.

A Neuchâtel, le futur conservateur du Musée d'ethnographie Jean Gabus va pourtant faire l'acquisition d'un tourne-disque à gravure directe pour documenter la mission qu'il effectue chez les Inuit Caribous de la baie d'Hudson en 1938-1939. Ce choix est probablement lié au fait qu'il est encore journaliste à cette époque et que Radio-Lausanne utilise ce type de machine pour ses reportages en extérieur.

Jean Gabus se fait néanmoins construire un appareil sur mesure par l'entreprise Von der Mühll à Zurich, les modèles standards ne répondant visiblement pas à ses exigences. Si les prises de son réalisées n'ont pas le caractère systématique de l'ethnomusicologie, elles sont malgré tout bien documentées, traduisant les ambitions scientifiques de l'explorateur et rendant leur contenu significatif aux yeux des spécialistes. Elles constituent aujourd'hui un témoignage unique sur ce peuple dont le mode de vie a beaucoup changé par la suite.

Tourne-disque à gravure directe
Suisse
H.: 48 cm
Collection Audiorama, Territet

Appareil de Radio Lausanne similaire au modèle unique aujourd'hui disparu qu'utilisait Jean Gabus.

Article «Mechanical reporter substitutes for human stenographer»
paru dans *Modern mechanix & inventions magazine*, juin 1936

Publicité «Victor red seal records»
parue dans *National geographic*, février 1929

Article «Russian invents double recording discs»
paru dans *Modern mechanix & inventions magazine*, janvier 1937

Publicité «Le Discophone»
parue dans *Paris qui chante*, 12 avril 1903

CUVÉE KILLER

Ceux qui récoltent des ballades sont pires que des voleurs parce que, lorsqu'ils capturent et emprisonnent une chanson folklorique, ils la tuent en même temps. Une fois qu'un modèle fixe existe pour comparaison, ses chances d'évoluer et de grandir ne sont plus assurées. […] Il y a donc une part de tristesse dans le fait d'emprisonner une chanson folklorique en la typifiant. La chanson devient en effet adulte d'un coup; elle ne grandit plus. La forme imprimée devient la norme, un standard fixe.

John Avery LOMAX et Alan LOMAX. 1994 (1934). *American ballads and folk songs.* New York: Dover Publication, p. XXXV. [traduction MEN]

L'ethnologue Claudie Marcel-Dubois enregistrant des sonneurs aux Fêtes de Cornouaille sur des disques à gravure directe
G. Franceschi, juillet 1949, Quimper, Musée des civilisations de l'Europe et de la Méditerranée (MuCEM)

Images et son tirés de *L'Atalante*
Jean Vigo, 2008 (1934), France: Gaumont

Enfants paallirmiut autour du microphone de Jean Gabus
Jean Gabus, 1938-1939, Arviat (Eskimo Point), baie d'Hudson, Canada, MEN archives GABJ P. 92.4

Paallirmiut autour de l'enregistreur de Jean Gabus

Chapitre 5

CUVÉE PADLEIRMIUT

Et cette nuit-là sur les fourrures chaudes, la tradition est un peu oubliée, car j'ai le droit de m'asseoir à côté des vieillards… le tambour bat, il bat comme il n'a jamais battu, il bat comme le cœur de la race esquimaude, ce cœur qui palpite à nu sous les tentes de caribou.
Au petit jour, Okratchiar jette le tambour à mes pieds: «Prends-le, il est à toi, tu es un Padleirmiut!»

Jean GABUS. 1941. *Iglous, chez les Esquimaux-caribou: mission ethnographique suisse à la baie d'Hudson 1938-39*. Neuchâtel: Victor Attinger, p. 246.

Tambour sur cadre *qilaut* et battoir
Paallirmiut, Arviat (Eskimo Point), baie d'Hudson, Canada
D.: 77 cm; L.: 35,5 cm
MEN VI.278; MEN VI.279

Enfant paallirmiut jouant du tambour sur cadre *qilaut*

Jeune paallirmiut jouant du tambour sur cadre *qilaut*

Paallirmiut tendant la peau du tambour *qilaut*

CUVÉE ZORRO

Lors de sa mission de recherches chez les Inuit du Caribou en 1938-1939, Jean Gabus avait enregistré une trentaine de disques 78 tours à gravure directe. En 1946, ces 61 faces sont copiées sur des disques plus résistants, afin de permettre à Zygmunt Estreicher de les utiliser. En 1974, tous les originaux sont transférés sur des bandes magnétiques, puis en 2009 confiés à la Fonoteca Nazionale de Lugano qui les numérise aux standards d'archivage professionnels. Entre-temps, les supports de base se sont complètement détériorés.

François BOREL. 2010. Texte rédigé pour l'exposition *Bruits*.

Chapitre 5

Disque gravé en décomposition
D.: 25 cm
MEN ethnomusicologie

Image tirée de *Esquimaux*
Jean Gabus, claquements de fouet, 1938-1939, Arviat (Eskimo Point), baie d'Hudson, Canada, MEN archives
Extrait sonore: danse au tambour *pisiq* (*piherk*) enregistrée par Jean Gabus dans une tente indigène, août 1938, probablement à Arviat (Eskimo Point), baie d'Hudson, Canada, MEN archives GA38-43

Chapitre 5

Erich Moritz von Hornbostel (et Jacques Handschin)
Photographe inconnu, crédit: Université d'Amsterdam, in: SIMON Arthur. éd. *Das Berliner Phonogramm-Archiv 1900-2000: Sammlungen der traditionellen Musik der Welt*. Berlin: Verlag für Wissenschaft und Bildung, p. 96
Extrait sonore: *Lagu kebiar*, Gamelan gong, Bali, in: HORNBOSTEL Erich Moritz von, éd. 1951 (1934). *Music of the Orient*. USA: Decca Gold label series.

CUVÉE MARCHAND DE TAPIS
Les traces d'une approche scientifique sont encore très évidentes dans «Musique de l'Orient» mais elles sont utilisées d'une autre manière. L'anthologie elle-même devient le lieu d'un spectacle de par son emphase du visuel et de la dramaturgie musicale; elle devient musique du monde-divertissement de par le message qu'elle envoie aux consommateurs cosmopolites. A l'aube du XXIe siècle ces deux vastes catégories génériques dominent les anthologies de musiques du monde autant qu'elles le faisaient au début des années 1930.

Philip Vilas BOHLMAN. 2002. *World Music: a very short introduction*. New York: Oxford University Press, p. 32. [traduction MEN]

Coffret de disques
Music of the Orient
H.: 31 cm
MEN
ethnomusicologie

Là, on n'a plus affaire à ce sacré pavillon mais au microphone. Qu'est-ce que le microphone ? A l'époque, c'est une espèce de téléphone, une plaque vibrante avec une bobine. Deux fils arrivent à un amplificateur et le graveur reçoit du courant électrique. C'est une révolution dans l'industrie du disque, sans doute la plus grande de toute l'histoire. L'enregistrement présente déjà une impression d'acoustique du lieu, paramètre qui pose passablement de problèmes aux techniciens. Dans les dictionnaires top secret des studios, ceux qu'on ne montre jamais à personne, il est d'ailleurs écrit au sujet de l'acoustique: «science des sons inventée dans l'unique intention de rendre fou les techniciens. Aucun autre usage n'a été découvert jusqu'à aujourd'hui»

Francis Jeannin lors de l'émission *Revue 13-17* de la Télévision Suisse Romande
Photo TV Suisse, 7 décembre 1968, Bibliothèque de la Ville, La Chaux-de-Fonds, P2-3753
Extrait sonore: *Histoire de la machine parlante*, conférence de Francis Jeannin, 1989, DAV, La Chaux-de-Fonds, BB250-251

Société de chant *La Pensée*
Photographe inconnu, 1938, Bibliothèque de la Ville, La Chaux-de-Fonds, P2-662
Extrait sonore: *Le chasseur suisse*, chant de la chorale neuchâteloise *La Pensée*, 1931, Paris, disque HMV/«La voix de son maître», DAV, La Chaux-de-Fonds

Chapitre 5

Soundmirror

Si le principe de l'enregistrement magnétique est officiellement connu depuis 1928, le Soundmirror est sa première déclinaison à l'usage du grand public. Il est commercialisé aux USA en 1946 par Brush Development Company (Ampex) et fonctionne avec un ruban de papier kraft sur lequel est posée une couche d'oxyde magnétisable (papertape), support qui sera très vite abandonné au profit du plastique.

Etant donné son exploitation très courte, il est surprenant de voir cette machine utilisée par Jean Gabus, notamment pendant la mission Tahoua-Kano en 1948 au Nigéria et au Niger. Ce fait traduit une attention marquée aux progrès de l'enregistrement révélatrice de l'ethnographie prônée par le conservateur neuchâtelois: tout collectionner, tout documenter, de la manière la plus exhaustive possible, par tous les moyens disponibles.

Dans la mesure où Jean Gabus n'aborde le champ sonore que de façon annexe, à l'intérieur d'un programme plus vaste, ses enregistrements n'ont pas toujours la rigueur de l'ethnomusicologie. Ils constituent cependant le début des collections sahariennes qui deviendront ultérieurement le point fort de l'ethnomusicologie neuchâteloise, étayée par les recherches de Zygmunt Estreicher, Ernst Lichtenhahn et François Borel.

La maîtrise des technologies révèle un enjeu de pouvoir. Le conservateur en chef s'arroge le privilège d'enregistrer et d'exploiter le son, notamment à l'occasion de conférences universitaires ou radiophoniques. Significativement, à la même époque, il engage l'ethnomusicologue autrichien Ludwig Zöhrer, spécialiste des musiques touarègues, mais lui interdit explicitement de travailler sur cette thématique, l'affectant à une mission d'encadrement auprès de son assistante Yolande Tschudi.

Chapitre 5

Enregistreur Soundmirror
Cleveland, USA
H.: 60 cm
MEN 06.33.1

Images et son tirés de *Niger: musiciens*
Jean Gabus, 1948, Niger, MEN, bobine 4,
postsynchronisation effectuée en 1986
par François Borel

Joueur haoussa de luth *gurumi*
Jean Gabus, 1948, Tahoua, Niger,
MEN archives GABJ 48

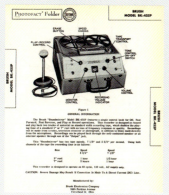

Lettre de Radio-Lausanne à Jean Gabus
Lausanne, 16 mai 1949, MEN archives Gabus

Liste des émissions de Jean Gabus pour Radio-Lausanne
1949, MEN archives Gabus

Publicité «Soundmirror» BK-401
parue dans *The saturday evening post*, 11 octobre 1947, collection Phantom production, inc.

Fiche technique du Soundmirror BK-455P
1953, collection Phantom production, inc.

CUVÉE AUTEUR

L'hypothèse émise sur la propriété personnelle des chants s'est révélée exagérée: dès leur création, qu'ils soient épiques ou laudateurs, les chants peuvent être interprétés par n'importe quel chanteur, à moins qu'il s'agisse d'un poème satirique particulièrement méchant ou moqueur qui se transmet alors «sous le manteau», dans un réseau restreint d'interprètes.

François Borel. 1988. «Ethnomusicologie». *Ville de Neuchâtel: bibliothèques et musées 1987* (Neuchâtel) [41]:118-119.

CUVÉE COME BACK

L'enquête a démarré avec l'identification d'anciens chants enregistrés en 1948 par Jean Gabus dans la région de Kao, pour lesquels il n'existait que peu de renseignements. Après bien des tâtonnements, le chanteur lui-même a été identifié: il s'agissait d'un poète connu dans la région, Buwen ag Baley, dont quelques poèmes récités avaient été enregistrés en 1981. Agé maintenant de soixante ans, il éprouva une vive émotion à l'écoute de sa voix vieille de quarante ans, d'autant plus qu'il n'avait jamais été enregistré depuis comme chanteur.

François Borel. 1988. «Ethnomusicologie». *Ville de Neuchâtel: bibliothèques et musées 1987* (Neuchâtel) [41]:118.

CUVÉE VARIATIONS

Lorsque les informations ainsi recueillies sont contredites par d'autres sources, il importe d'en confronter toutes les versions différentes, d'en choisir la plus plausible et de la mettre en évidence parmi les autres.

François Borel. 1988. «Ethnomusicologie». *Ville de Neuchâtel: bibliothèques et musées 1987* (Neuchâtel) [41]:118.

Chapitre 5

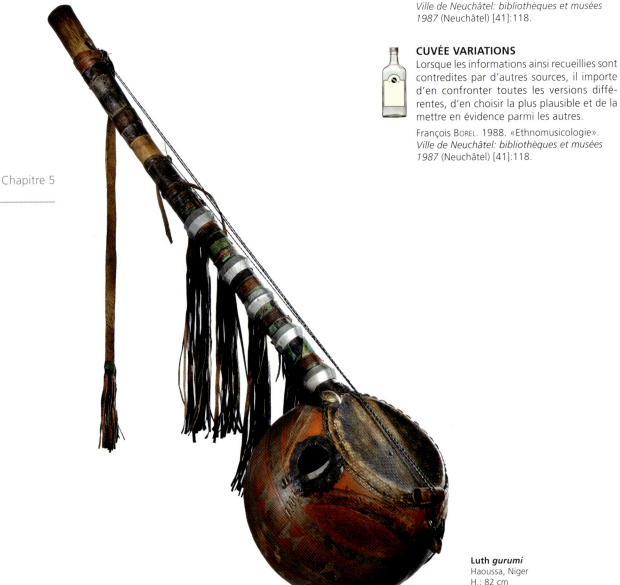

Luth *gurumi*
Haoussa, Niger
H.: 82 cm
MEN 49.3.185

Le goumier Buwen ag Baley
François Borel, 30 décembre 1987, région de Kao, Niger, collection Borel
Extrait sonore: *Ghallawet*, chant touareg interprété par Buwen ag Baley, accompagné d'un autre chanteur et de battements de mains, enregistré par Jean Gabus, 16 octobre 1948, Kao, nord de Tahoua, Niger, MEN archives GA48-77

Construction du bâtiment des expositions temporaires
Photographe inconnu, 1954, Musée d'ethnographie, Neuchâtel, MEN archives
Extrait sonore: Jean Gabus présente le Musée d'ethnographie de Neuchâtel à Marcel W. Suès de la Radio Suisse Romande, 10 juillet 1946, archives sonores, Radio Suisse Romande

Chapitre 5

Et puis il y eut l'invention de la prémagnétisation. En deux mots, il s'agit d'un courant électrique de fréquence très élevée, au-delà de ce que nos oreilles peuvent entendre, qui produit un très fort balayage sur la tête d'enregistrement, menant le support sonore magnétique à sa valeur réelle pour recevoir la modulation basse fréquence, c'est-à-dire la parole ou la musique. Le procédé a été découvert pendant la guerre. Les Américains, les Anglais n'en savaient rien.

Il court d'ailleurs une histoire selon laquelle, en bombardant l'Allemagne, les Anglais visaient les studios de radio, imaginant que cela y stopperait les exécutions musicales et prouverait que la cible avait été touchée. Donc ils pilonnaient systématiquement ces endroits mais les concerts se poursuivaient malgré tout comme si de rien n'était. Pourquoi ? Parce que les Allemands avaient des machines à bandes de papier offrant des enregistrements extrêmement bons puisqu'elles utilisaient déjà cette fameuse prémagnétisation. Le résultat défiait l'entendement des Alliés qui ne pouvaient se rendre compte qu'ils avaient bel et bien détruit les studios mais pas les machines qui tournaient en sous-sol, dans des bunkers.

Après la guerre, les Américains se sont bien entendu saisis de l'invention. De leur côté, les Japonais avaient également découvert la chose mais ils ne se sont pas assez protégés. De fait, c'est l'Amérique qui a lancé la production des magnétophones à grande échelle. Et l'Allemagne a poursuivi, notamment AEG, dans le registre des machines de studios.

Francis Jeannin lors de l'émission *Revue 13-17* de la Télévision Suisse Romande
Photo TV Suisse, 7 décembre 1968, Bibliothèque de la Ville, La Chaux-de-Fonds, P2-3753
Extrait sonore: *Histoire de la machine parlante*, conférence de Francis Jeannin, 1989, DAV, La Chaux-de-Fonds, BB250-251

New Hot Players
Photographe inconnu, 6 décembre 1947, Cercle du Sapin, La Chaux-de-Fonds, collection Louis-Gérard Wilhelm, La Chaux-de-Fonds
Extrait sonore: *Dig a dig a doo*. New Hot Players (NE), lors de l'émission radio de Francis Jeannin Orchestres de Jazz, La Chaux-de-Fonds – Neuchâtel, 1940-1976, DAV, La Chaux-de-Fonds, BB250-251

Revere

Le Revere T100 est un exemple type des premiers appareils à bande magnétique plastifiée qui se généralisent après la Seconde Guerre mondiale une fois que l'industrie américaine s'est emparée du procédé de fabrication allemand et l'a décliné à grande échelle.
Aux USA, la mise au point et la commercialisation de cette technologie sont soutenues par le chanteur Bing Crosby, vedette lassée par les concerts et l'injonction permanente à venir jouer ses titres en radio pour garantir une meilleure qualité de son.
Plus solide et plus facile à manipuler que tous les supports antérieurs, offrant une restitution plus fidèle et un volume de stockage plus élevé, la bande magnétique plastifiée bouleverse la pratique de l'enregistrement: l'industrie musicale accède à la «hi-fi», les compositeurs d'avant-garde mettent l'outil au service d'expérimentations variées, de nombreux quidams se passionnent et s'improvisent «chasseurs de son».
Bénéficiant des mêmes progrès, les chercheurs en ethnomusicologie se trouvent libérés de contraintes inhérentes à l'utilisation des vieux appareils, notamment les changements de supports fréquents, et peuvent approfondir leurs observations culturalistes.
Le Musée d'ethnographie de Neuchâtel fait l'acquisition d'un Revere TS-301 en 1951 pour documenter le périple mauritanien de Jean Gabus et son équipe. La musique demeure toutefois un simple aspect dans une mission caractérisée par un appétit de captation tous azimuts et où les moyens visuels prennent l'ascendant, ceci notamment à travers la photographie, le film et surtout la collaboration du peintre Hans Erni, engagé pour «saisir» les gestes des indigènes.
En 1952, le Revere du Musée est affecté à une brève mission d'enregistrement sur sol jurassien. C'est le premier travail neuchâtelois à mériter pleinement l'appellation d'ethnomusicologie, au sens où il est prioritairement basé sur des questions musicales et mené par un spécialiste. Il s'agit de Zygmunt Estreicher, musicologue de formation, assistant de Jean Gabus depuis 1948 mais qui n'a jamais été convié sur le terrain au préalable.

Chapitre 5

Enregistreur à bande Revere TS-301
Chicago, USA
H.: 23 cm
MEN 06.34.1

Publicité «Revere»
1953, collection Phantom production, inc.

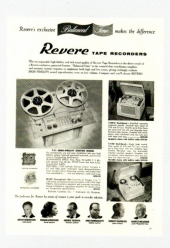

Publicité «Revere»
1958, collection Phantom production, inc.

**Alan Lomax avec un Magnecord,
enregistreur de la même génération
que le Revere TS-301**
Photographe inconnu, 23 juin 1952,
Majorque, Espagne, collection
Association for cultural equity (New York)

**Images et son tirés de
*Mauritanie: Les Nemadi***
Jean Gabus, 1951, Oualata,
Mauritanie, MEN archives, bobine 6

**Images et son tirés de *Abbott
and Costello meet the mummy***
Charles Barton, 1955, USA:
Universal Studios

Joueur de luth à trois cordes *tidinit*
Hans Erni, 19 janvier 1951, Mauritanie, MEN 72.13.145

Joueuse de harpe *ardin*
Hans Erni, 19 janvier 1951, Mauritanie, MEN 72.13.147

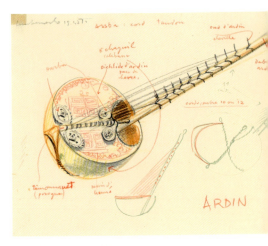

Etude d'une harpe *ardin*
Hans Erni, 19 janvier 1951, Mauritanie, MEN 72.13.144

Chapitre 5

Joueur de luth *tidinit*
Jean Gabus, 1951, Mauritanie, MEN 1951.7.78

Les griots du Trarza et leurs instruments, harpe *ardin* **et luth** *tidinit*
Jean Gabus, 1951, Mauritanie, MEN 1951.22.258

Joueuse de harpe *ardin*
Jean Gabus, 1951, Mauritanie, MEN 1951.7.80

Harpe *ardin*
Maure, Mauritanie
H.: 110 cm
MEN 92.27.24

Joueur de luth *tidinit*
Hans Erni, 19 janvier 1951, Mauritanie, MEN 72.13.146

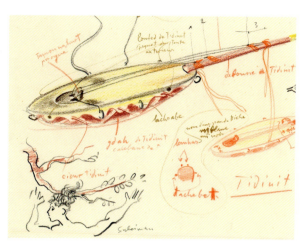

Etude de luth *tidinit*
Hans Erni, 19 janvier 1951, Mauritanie, MEN 72.13.143

Jean Gabus
Photographe inconnu, 1956, Neuchâtel, lors de l'inauguration de l'exposition *Indonésie: les îles des dieux* (4 novembre 1956 - 28 avril 1957), MEN archives
Extrait sonore: Essai effectué par Jean Gabus, probablement sur l'enregistreur Nagra IIIB qu'il vient d'acquérir, 1959, MEN archives

Campement
Probablement Jean Gabus, 1951, Mauritanie, MEN archives
Extrait sonore: griotte jouant de la harpe *ardin* et griot jouant du luth *tidinit* enregistrés par Jean Gabus, 1950, Mederdra, Mauritanie, MEN

 CUVÉE HUMANISTE
Nous n'organisons pas des missions ethnographiques par manie de collectionneur, pour entasser des objets morts derrière une vitrine ou dans un magasin, mais pour essayer de faire comprendre et respecter d'autres hommes.

Jean GABUS. 1951. «Mission scientifique: Maroc et Mauritanie». *Ville de Neuchâtel: bibliothèques et musées 1950* (Neuchâtel) [4]:64.

 CUVÉE MAURESQUE
Nous désirions, depuis fort longtemps, compléter cette documentation trop sèche par l'apport artistique d'un peintre de talent. Il s'agissait de noter une foule de gestes de métier, d'attitudes, d'expressions, de créer une sorte de dessin animé des techniques, sans négliger le milieu social, le cadre de la vie quotidienne qui donnent souvent tant d'explications, tant de grandeur à des activités humbles. Comment réagirait un peintre en face de ce monde nouveau? C'est précisément à cette réceptivité de l'artiste que nous désirions nous adresser.

Jean GABUS. 1951. «Mission scientifique: Maroc et Mauritanie». *Ville de Neuchâtel: bibliothèques et musées 1950* (Neuchâtel) [4]:63.

 CUVÉE ENCHANTÉE
Dans la solitude de son bureau directorial, Jean Gabus se laissait parfois aller à siffler ou fredonner quelques mélodies de son cru devant le micro de son dernier modèle de magnétophone qu'il essayait par la même occasion. Il en profitait aussi pour roder les textes de ses conférences ou causeries radiophoniques. Malgré leur caractère anecdotique, ces documents sonores constituent ce qu'on pourrait qualifier d'archives du quotidien, au même titre que des carnets de notes intimes.

François BOREL. 2010. Texte rédigé pour l'exposition *Bruits*.

Chapitre 5

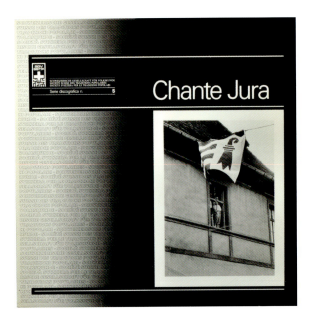

Disque *Chante Jura*
H.: 31 cm
MEN ethnomusicologie

Chapitre 5

CUVÉE DÉBANDADE

Le canton s'étant libéré de Berne, le chant résolument politique perdit sa vitalité. Pendant la période de changement qui suivit, le jeune canton entama de nouvelles relations avec son histoire et sa langue. Pendant la dernière phase du régime bernois, les Jurassiens s'étaient davantage ouverts aux influences francophones voisines. Maintenant, ils retournaient à leurs propres racines. Les vieilles chansons en patois connurent une renaissance inattendue. Il apparaissait nécessaire de raviver la culture linguistique longtemps négligée et d'y amener de plus larges milieux.

Barbara ENG et Christine BURCKHARDT-SEEBASS. 1988. «Introduction», in: *Chante Jura*. Bâle: Société suisse des traditions populaires. (n°5) [Livret du disque 33 t]

CUVÉE DOUTE

En Valais, si vous pensez, parce qu'ils sont quatre sur un banc à ne rien faire qu'à avoir envie de chanter, tomber sur l'occasion d'entendre un de ces airs qu'ils ont, où soupire, on dirait, la mélancolie cosmique, gageons qu'ils vous offriront *Ma Normandie* ou *Montagnes Pyrénées*, ou bien... *Allons ramasser les épis laissés* de Doret, ou *Là-haut sur la montagne l'était un vieux chalet* de Bovet... A Quimper on ne fait pas autrement; à la Fête des Reines, on chante *Le cœur de ma mie* de Jaques-Dalcroze, aux sons des binious.

Paul BUDRY. 1949, cité dans Constantin BRĂILOIU. 1973. *Problèmes d'ethnomusicologie*. Genève: Minkoff Reprint, pp. 66-67. [textes réunis et préfacés par Gilbert Rouget]

CUVÉE JURASSIENNE

Le Musée d'ethnographie se proposait, depuis un certain temps déjà, de procéder aux enregistrements de la musique folklorique en Suisse romande. La réalisation d'un tel projet ne pouvait qu'être favorisée par une collaboration étroite avec des institutions ayant pour but la sauvegarde du patrimoine national. C'est ainsi qu'une première tentative d'enregistrer les chants populaires du Jura, à Porrentruy, a pu être faite le 25 et le 26 octobre 1952.

Zygmunt ESTREICHER. 1953. «Phonothèque». *Ville de Neuchâtel: bibliothèques et musées 1952* (Neuchâtel) [6]:67.

CUVÉE ACIDE

La documentation écrite, vraisemblablement compilée par ces musicologues, s'est perdue. En outre, la qualité technique des quatre bandes magnétiques existantes, appartenant au Musée d'ethnographie de Neuchâtel (copies aux Archives suisses de la chanson populaire) n'est pas tout à fait satisfaisante, mais nous en avons, néanmoins, inclus quelques exemples.

Barbara ENG et Christine BURCKHARDT-SEEBASS. 1988. «Introduction», in: *Chante Jura*. Bâle: Société suisse des traditions populaires. (n°5) [Livret du disque 33 t]

Campagne jurassienne
Gaby Spreng, in *Chante Jura*, 1988,
Bâle: Société suisse des traditions populaires, n°5
[page de garde du livret du disque]
Extrait sonore: *Trois berceuses* interprétées par Marguerite L'Hoste et enregistrées par Arnold Geering et Zygmunt Estreicher, 25-26 octobre 1952, Porrentruy, in: *Chante Jura*, 1988, Bâle: Société suisse des traditions populaires, n°5 [face B, piste 5].

Chapitre 5

En Suisse, le mouvement des *chasseurs de sons* a démarré en 1950. René Monnat lui a donné ce titre, en désaccord avec Jean Thévenot de l'ORTF qui utilisait la formule *amateurs de l'enregistreur sonore*.
Immédiatement, René Monnat a monté une émission qui s'appelait *Chasseurs de sons* et qui passait le samedi sur la Radio suisse romande. Pour contextualiser brièvement, René Monnat est un Loclois revenu en Suisse après avoir enseigné dans les pays de l'Est et devenu juriste aux PTT à Berne. Parallèlement, de 1950 à 1972, il a dirigé l'*Association suisse des chasseurs de sons*. [Question du public: *c'est parti comment? Ça a été fondé comment?*] L'association suisse? [Interjection du public: *Non, les CIMES!*] Ah, les CIMES… C'est parti d'une entente entre Jean Thévenot et René Monnat. En effet, pour s'intituler *Concours international du meilleur enregistrement sonore*, il fallait être au moins deux pays. La première édition eut sauf erreur, lieu à Radio Lausanne (ces concours sont toujours patronnés par une radio). Ce fut l'occasion d'observer qu'en Suisse, plusieurs personnes avaient des documents, faisaient des enregistrements sur disque ou sur fil et qu'il y avait là une matière à exploiter. C'est alors parti très fort. Les années 1950 ont été extraordinaires au point de vue des concours internationaux.

Francis Jeannin lors de l'émission *Revue 13-17* de la Télévision Suisse Romande
Photo TV Suisse, 7 décembre 1968, Bibliothèque de la Ville, La Chaux-de-Fonds, P2-3753
Extrait sonore: *Histoire de la machine parlante*, conférence de Francis Jeannin, 1989, DAV, La Chaux-de-Fonds, FJ-BB490

Gilbert Hofstetter sur la partition de *L'oiseau bavard, Caprice polka pour accordéon*
F. Zanetti, entre 1936 et 1944, composition de Gilbert Hofstetter, enregistrée sur disque Odéon No A.208.388, partition éditée à compte d'auteur par Gilbert Hofstetter, Varendin, Courtedoux (JU), collection Fabienne et Corinne Chapuis (Grandfontaine) avec l'aimable autorisation de Jean-Marie Hofstetter (Courtedoux)
Extrait sonore: *Echo du Chasseral*, G. Hofstetter & M. Bouju (JU), 1950-1951, DAV, La Chaux-de-Fonds

Bruits | L'écho des réserves

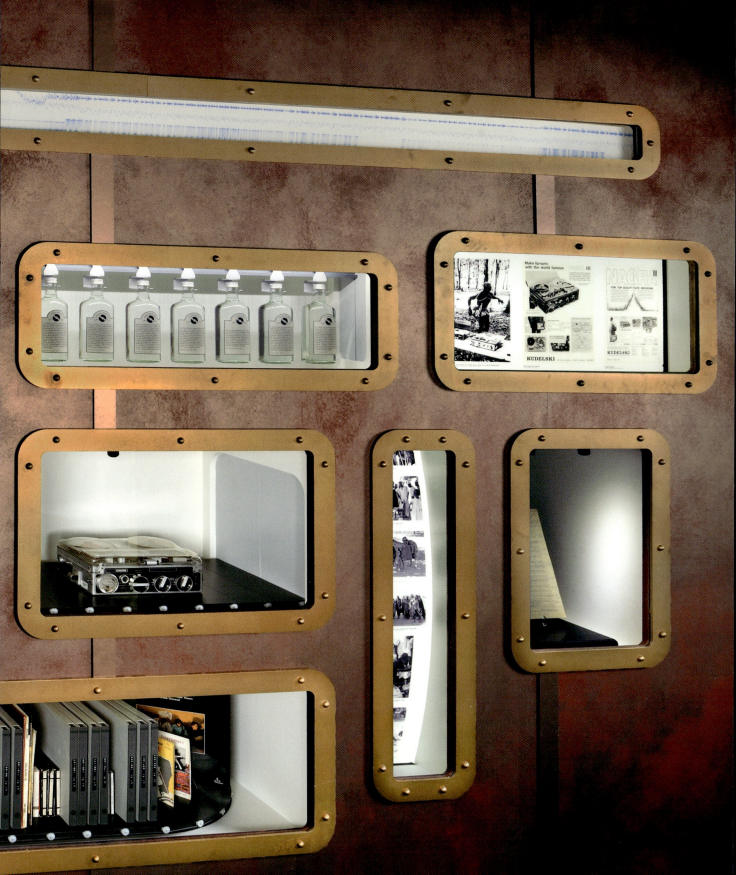

Nagra

La série des Nagra, plus particulièrement les modèles II (1953), III (1958) et IV (1969), marque une nouvelle étape dans l'histoire de l'enregistrement. Conçu à l'origine dans une modeste chambre lausannoise par un simple étudiant – Stefan Kudelski, père d'André – l'appareil combine performances audio remarquables et portabilité jusque-là inédite. Léger, fiable, autonome, il révolutionne la pratique du journalisme radiophonique et télévisuel, facilitant les interventions hors studio. Susceptible d'être synchronisé avec une caméra 16 mm, le Nagra III permet au cinéma d'échapper à la reconstitution de plateau et d'investir le monde réel.

L'ethnomusicologie adopte rapidement ce nouveau standard qui minimise l'ingérence du chercheur et l'autorise à travailler au cœur de l'action musicale. Le Musée d'ethnographie de Neuchâtel s'équipe en matériel Nagra dès 1953. Un modèle III est notamment utilisé par Zygmunt Estreicher en 1959 lors de son terrain chez les Peuls wodaabe, durant lequel il poursuit des recherches initiées à Neuchâtel sur la base des enregistrements effectués par Jean Gabus et surtout par le cinéaste Henry Brandt.

Le successeur de Zygmunt Estreicher, Ernst Lichtenhahn, reste fidèle aux produits Kudelski. C'est avec le même Nagra III qu'il suit la mission «Cure salée» au Niger en 1971. Le périple soulève de nombreuses interrogations relatives au projet de captation totale nourri par Jean Gabus. En effet, les Neuchâtelois ne sont pas vraiment discrets. Ils débarquent en nombre, assistés de surcroît par Hans Erni et une équipe de la TSR. S'ils enregistrent beaucoup, ils influencent et conditionnent leurs interlocuteurs pour les besoins de cette superproduction ethnographique.

Plus près de Neuchâtel, les appareils de type Nagra font les belles heures des «chasseurs de son», passionnés d'enregistrements qui réunissent leurs propres documents sonores, les archivent, les partagent au sein de clubs ou les mesurent à l'occasion de concours. Cette veine patrimoniale alternative est particulièrement forte à La Chaux-de-Fonds, sous l'impulsion de Francis Jeannin, qui encourage ses pairs à tout capter, du rock local aux discours politiques en passant par les sons du quotidien.

Enregistreur Nagra III
Suisse
H.: 10 cm
Collection Audiorama, Territet

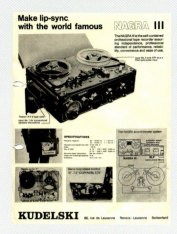

Fiche technique du Nagra III
1958,
collection Nagra Audio

Publicité «Nagra III»
Avril 1963,
collection Phantom production, inc.

Re-recording de la partie de sonnailles de chevilles dans la danse d'un rituel des Banda-Linda
Simha Arom, 1971-1983, République centrafricaine,
collection Simha Arom

 CUVÉE UTOPIE

Il était temps de laisser derrière soi les déclarations globales et les comparaisons fondées sur des sources fragiles, consistant en des assemblages plus ou moins hasardeux de documents sonores qui ne pouvaient transmettre qu'une impression très incomplète des cultures musicales respectives. Les progrès des technologies d'enregistrement ont permis une documentation plus exhaustive et une recherche sur le terrain plus intensive. Les diverses cultures musicales ont commencé à être étudiées davantage dans leur présent que dans leur contexte culturel historique.

Arthur SIMON. éd. 2000. *Music !:100 recordings·100 years of the Berlin Phonogramm-Archiv. 1900-2000*. Berlin: Museum collection Berlin, WERGO, pp. 9-10. [livret du coffret de 4 Cds; traduction MEN]

Chapitre 5

Images et son tirés de *Blow Out*
Brian de Palma, 1981, USA:
MGM/United Artists

 Bruits | L'écho des réserves 215

Zygmunt Estreicher enregistrant des chants wodaabe avec le Nagra IIIB
Probablement Issa, assistant de Zygmunt Estreicher, 13 décembre 1959, Gueskérou, Niger, MEN archives Estreicher 6.18

Badauds écoutant l'enregistrement du chanteur et imitateur Frances Liba
Probablement Zygmunt Estreicher, 13 décembre 1959, Gueskérou, Niger, MEN archives Estreicher 6.3

Chapitre 5

Bobine de travail marquée à la main par Zygmunt Estreicher
Alain Germond, 2010, MEN archives
Extrait sonore: chant bororo enregistré par Henry Brandt pour son film *Les nomades du soleil*, 1953, Niger, avec rythmes comptés par Zygmunt Estreicher, MEN archives

Zygmunt Estreicher au marché de Diffa
Probablement Issa, assistant de Zygmunt Estreicher, 15 décembre 1959, Diffa, Niger, MEN archives
Extrait sonore: danses et chants de séduction de Peuls Hanagamba (fraction des Gandawa) enregistrés par Zygmunt Estreicher, 15 décembre 1959, Diffa, Niger, MEN archives ZE59-bobine 33

Transcription d'un enregistrement du 21 novembre 1959 *Bobine 1, n°1: griots mangas*
Zygmunt Estreicher
H.: 34 cm
MEN archives Estreicher

Sonogramme de Zygmunt Estreicher
H.: 11 cm
MEN archives Estreicher

Jeunes wodaabe écoutant un enregistrement
Probablement Zygmunt Estreicher, 12 décembre 1959, Gueskérou, Niger, MEN archives Estreicher 5.26

L'assistant de Zygmunt Estreicher, Issa, enregistrant des chants wodaabe avec le Nagra IIIB
Probablement Zygmunt Estreicher, 4 janvier 1960, Gueskérou, Niger, MEN archives Estreicher 11.33

Audition de l'enregistrement des chanteuses-danseuses manga
Probablement Zygmunt Estreicher, 30 novembre 1959, N'Guel Kournaï, Niger, MEN archives Estreicher 3.29

Enregistrement d'un Haoussa jouant de la flûte oblique *sarewa*
Probablement Zygmunt Estreicher, 11 décembre 1959, Diffa, Niger, MEN archives Estreicher 4.34

CUVÉE FORÇAT

La manière la plus simple pour marquer une bande magnétique est de la dérouler sur un sous-main muni de traits verticaux à l'espacement voulu. On immobilise la bande pour y apporter les signes, on la pousse ensuite vers la droite et, pendant que les premiers signes sèchent, on en écrit une nouvelle série. Une bobine de 12 cm de diamètre exige l'inscription de 1800 à 1900 numéros environ, ce qui représente un travail de quelques heures. Travail fastidieux, certes, mais qui peut être confié à n'importe quel collaborateur.

Zygmunt ESTREICHER. 1957. «Une technique de transcription de la musique exotique: expériences pratiques». *Ville de Neuchâtel: bibliothèques et musées 1956* (Neuchâtel) [6]:73.

CUVÉE MC ESTREICHER

Afin de saisir le vrai rythme de la musique, on doit s'habituer à battre la mesure qui s'inspire des points d'appui rythmiques indubitables (ici: surtout le début de chaque glissando terminant les motifs). Les temps faibles sont répartis arbitrairement mais régulièrement. La durée absolue de la mesure s'adapte au mouvement de la musique. On surimprime le battement de la mesure auxiliaire sur l'enregistrement en marquant les temps supposés forts par les voyelles *a-e-i-o-u* et les temps faibles par de légers coups secs.

Zygmunt ESTREICHER. 1957. «Une technique de transcription de la musique exotique: expériences pratiques». *Ville de Neuchâtel: bibliothèques et musées 1956* (Neuchâtel) [6]:86.

Chapitre 5

CUVÉE HELLO AFRICA

La transcription des enregistrements de la musique bororo, effectués par J. Gabus et H. Brandt, déposés à l'Institut d'ethnologie de Neuchâtel, fut commencée en hiver 1954/55. Le travail visait la publication des partitions et de leur analyse. Il s'est heurté à de grandes difficultés tant en ce qui concerne la technique de transcription que l'intelligence du système musical étudié. La première de ces difficultés fut surmontée tandis que la deuxième ne pourra être résolue d'une façon satisfaisante qu'à l'aide d'une enquête effectuée sur le terrain.

Zygmunt ESTREICHER. 1957. *Etude préliminaire de la musique bororo*. [Requête d'Estreicher à la Commission universitaire du Fond national suisse de la recherche scientifique; Annexe n°2, 12 mai 1957], MEN archives Estreicher.

CUVÉE TRACAS

Le Bon Dieu m'a permis de travailler un peu. Ce n'est sûrement pas fantastique, j'étais trop ému et maladroit mais c'est au moins un début. D'abord ce qui n'a pas réussi du tout: une bande restée vierge, sans doute à cause du vent violent. Hier vers la fin de l'après-midi, j'ai vu passer une mendiante aveugle, guidée par une fillette. Je lui ai donné 25fr et je l'ai priée de chanter – mais hélas rien ne s'est enregistré du tout.

Zygmunt ESTREICHER. 1959. Premier carnet de terrain: 21 novembre 1959, p. 29, MEN archives Estreicher; traduction Christine Rieder.

Chapitre 5

Luth *kontagui*
Haoussa, Niger
H.: 50 cm
MEN 71.6.12

Luth *kwamsa*
Haoussa, Niger
H.: 100 cm
MEN 71.6.15

**Images et son tirés de *In Gall:
rythmes, gestes et techniques***
Pierre Barde et Jean Gabus, 1972,
In Gall, Niger, production TSR

 CUVÉE SALÉE
Ici, le documentaire s'est arrêté au rythme de la vie nomade à l'époque de notre enquête, rythme encore inchangé. Mais nous savons que tout cela est très fragile. Déjà maintenant, ni à Tahoua, ni à Agadès, centres que nous connaissions bien, nous ne pourrions retrouver ce que nous avions enregistré autrefois, ce qui est encore présent à In Gall

Ernst LICHTENHAHN. 1971. Mission chez les Touaregs de la république du Niger (juillet-août 1971), MEN archives.

218 ■ Bruits | L'écho des réserves

Disque *Mauritanie vol. 1- 2: anthologie de la musique maure*
H.: 31 cm
MEN ethnomusicologie

CUVÉE SOLO

En 1980, Denise Perret édite «Mauritanie vol. 1-2» sur le prestigieux label français Ocora. Le livret d'accompagnement ne fait aucune allusion au MEN, détail étrange puisque les enregistrements ont été effectués pendant la Mission Oualata conduite par Jean Gabus. Cet oubli résume les principaux travers du milieu neuchâtelois: absence de structures éditoriales, moyens limités, ambitions fortes, priorités divergentes, quiproquos, tout cela conjugué au départ à la retraite de Jean Gabus.

Yann LAVILLE. 2010. Texte rédigé pour l'exposition *Bruits*.

El-Hamal ment Dendanni à l'ârdîn
Denise Perret, 1975-1976, Hodh oriental, Mauritanie, in: Perret Denise, éd. 1980. *Mauritanie vol. 1-2: anthologie de la musique maure (Hodh oriental)*. Paris: Ocora. [au dos de la pochette]
Extrait sonore: 2ᵉ Mode: *Fâgû*, in: Perret Denise, éd. 1980. *Mauritanie vol. 1- 2: anthologie de la musique maure (Hodh oriental)*. Paris: Ocora.

Chapitre 5

Ayant probablement entendu ce type d'émissions et de concours à la radio, le *Concours international du meilleur enregistrement sonore* ayant démarré en 1951, André Gillard s'est dit: «nous pourrions aussi monter un groupe d'enregistrement». Il a ainsi motivé les gens du Ciné club qui s'intéressaient à l'enregistrement et a fondé la *Société des chasseurs de sons*. Celle-ci existait déjà dans d'autres villes telles que Genève, Lausanne, Zurich ou Berne. Mais les Chaux-de-Fonniers ont été les premiers et les seuls à se dire: «nous allons bien entendu sonoriser des films puisque nous venons tous du club de cinéma amateur, mais nous allons aussi collectionner des archives régionales». Ce fut l'idée numéro un d'André Gillard, qui eut un écho très favorable au sein de l'Association suisse mais n'a pas été suivie ailleurs, du moins pas officiellement. Sur le plan national, il n'y a qu'à La Chaux-de-Fonds que pendant plusieurs années, une activité centrale a consisté à faire des archives, à systématiquement aller aux manifestations importantes et à interviewer des gens de la région.

Francis Jeannin lors de l'émission *Revue 13-17* de la Télévision Suisse Romande
Photo TV Suisse, 7 décembre 1968, Bibliothèque de la Ville, La Chaux-de-Fonds, P2-3753
Extrait sonore: *Histoire des chasseurs de son*, conférence de Francis Jeannin sur la genèse des chasseurs de son dès 1950, 1980, DAV, La Chaux-de-Fonds, FJ-BB490

Illustration du disque 33 tours *Voici La Chaux-de-Fonds*
R. Jeanneret-Danner, 1962, La Chaux-de-Fonds, DAV, La Chaux-de-Fonds, DB1
Extraits sonores: *Les Montagnes Neuchâteloises* de René Dessibourg et *L'Union Chorale* de l'Unité Chorale, tirés du disque *Voici La Chaux-de-Fonds*, édité par le Club des chasseurs de sons locaux, 1962, DAV, La Chaux-de-Fonds

Stellavox

L'entreprise Stellavox est fondée en 1955 par Georges Quellet à Hauterive. Elle commercialise notamment deux gammes d'enregistreurs à bande tenues pour les «Rolls Royce» de leur catégorie, les SM ultracompacts (dès 1957) et les SP ultraperformants (dès 1969). Spécialisée dans le haut de gamme, la firme passe difficilement le cap des années 1980, période où les rivaux américains et japonais inondent le marché d'outils moins performants mais nettement plus accessibles. L'arrivée du numérique achève de ruiner ce fleuron de l'industrie neuchâteloise, dont quelques activités subsistent malgré tout à l'étranger.

Sans bouleverser la pratique du terrain ni susciter un rééquipement massif, les enregistreurs Stellavox trouvent grâce auprès des ethnomusicologues. A Neuchâtel, Jean Gabus emporte le minuscule SM5 au cours de la mission Hoggar-Tamesna de 1961. Zygmunt Estreicher l'utilise aussi en appoint du Nagra III. Enfin dans les années 1970, François Borel investit dans un SP8 afin de documenter ses recherches au Bénin puis au Sahara, région où il approfondit l'étude des musiques touarègues initiées par ses prédécesseurs.

De manière générale, la fin de Stellavox marque celle de toute une époque: la multiplication des supports entraîne des soucis de compatibilité; la conservation devient une activité à plein-temps nécessitant des transferts longs, fastidieux et réguliers; la démocratisation des techniques brouille la frontière entre amateur et spécialiste; le volume d'archives enfle et dépasse les capacités de traitement; les clubs et les institutions perdent du terrain face aux ambitions personnelles et aux projets marchands; les autochtones se mettent à revendiquer une part active dans la constitution de leur patrimoine sonore.

Les recherches effectuées par Marc-Olivier Gonseth aux Philippines dans les années 1980 illustrent ces changements: bien qu'il ne soit pas ethnomusicologue, il enregistre des productions rituelles sur un magnétophone à cassettes Sony comme un aspect particulier de la vie sociale. Parallèlement, un informateur lui confie des archives sonores réalisées avec des moyens rudimentaires en recouvrant des cassettes de pop internationale par des cérémonies locales. Par la suite, le même informateur documentera photographiquement un certain nombre de situations sociales et rituelles.

Chapitre 5

Enregistreur à bande Stellavox SM5
Hauterive, Suisse
H.: 5 cm
Collection Georges Quellet, Hauterive

Publicité «Stellavox SM5»
1960, MEN archives

Publicité «Stellavox»
1972, collection Quellet

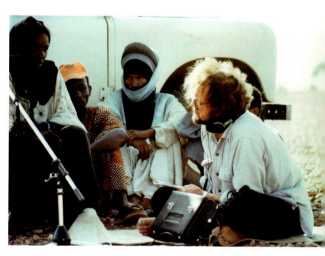

François Borel enregistrant la musicienne touarègue Enneynu avec un Stellavox SP8
Ernst Lichtenhahn, 28 août 1980, région d'In Gall, Niger, collection Lichtenhahn

Chapitre 5

Enregistreur à bande Stellavox SP8
Hauterive, Suisse
H.: 9 cm
Collection Georges Quellet, Hauterive

Image d'une vidéo n/b où Alghadawyet joue de l'*anzad*
François Borel, novembre 1980, Niger, collection Borel

Bruits | L'écho des réserves

Debuttu, joueuse touarègue de tambour sur mortier *tendé*, tribu des Illabakan
François Borel, 23 août 1980, région d'In Gall, Niger, collection Borel 80.4.21

Chapitre 5

Lalla
François Borel, 28 août 1980, Fagoshia, Niger, collection Borel 80.7.24
Extrait sonore: joueuse d'*anzad* de la tribu des Touaregs Kel Fadey enregistrée par François Borel, 28 août 1980, Fagoshia, Niger, collection Borel

Vièle monocorde *anzad*
Touareg, Abalak, région de Tahoua, Niger
L.: 69 cm
MEN 82.4.32

Joueuse touarègue de tambour sur mortier *tendé*, accompagnée d'une joueuse de calebasse *tazenut*, rythmant la danse assise curative *ewegh* d'une femme possédée par les «génies», tribu des Kel Takerkoshi
François Borel, 9 novembre 1980, région d'Abalak, Niger, collection Borel 80.11.35

Joueuse touarègue de vièle monocorde *anzad* essayant l'instrument qu'elle vient de construire, tribu des Kel Fadey
François Borel, 28 août 1980, région d'In Gall, Niger, collection Borel 80.7.21

Chapitre 5

CUVÉE LALLA
Le mois d'août 1980 fut arrosé par des pluies abondantes qui ont incité de nombreux groupes touaregs à se déplacer avec leurs troupeaux vers les pâturages salés du nord d'In Gall. Ce fut l'occasion pour les joueuses de vièle monocorde *anzad* de rivaliser en faisant étalage de leur virtuosité et de la richesse de leur répertoire d'airs. Mais certaines d'entre elles, comme Mama, avait un peu de peine à jouer sur l'instrument que lui avait pourtant préparé Lalla, «essayeuse» d'*anzad*.

François BOREL. 2010. Texte rédigé pour l'exposition *Bruits*.

CUVÉE ALARMISTE
Avec l'évolution de la vie moderne, l'imzad et toute la culture qui gravite autour est en train de mourir. Il ne reste plus que quelques vieilles femmes qui savent en jouer, elles rêvent de transmettre leur savoir pour laisser en héritage au monde entier, ce patrimoine culturel ancestral. L'Aménokhal Hadj Moussa Akhamok est mort le 28 décembre 2005, nous laissant la charge de relever le défi de «Sauver l'Imzad»... L'imzad est un symbole, le symbole de toute une identité culturelle qui risque de disparaître à jamais.

Association *Sauver l'Imzad*. 2008. Kouba, Algérie.
[http://imzadanzad.com/ · consulté en ligne le 27 novembre 2010]

Teshumara, les guitares de la rébellion touareg
Jérémie Reichenbach. 2009. *Teshumara, les guitares de la rébellion touareg* (documentaire sur le groupe Tinariwen qui a modernisé la musique touareg en introduisant la guitare électrique). Doriane Films
Extrait sonore: *Imidiwan* (?), Tinariwen, fin des années 1980, K7 du Niger, collection Borel

Compact disque *Bénin, rythmes et chants pour les vodun*
H.: 12,5 cm
MEN ethnomusicologie

Chapitre 5

CUVÉE HOLLYWOOD
Les archives sonores du Musée d'ethnographie de Neuchâtel créent leur propre label à l'occasion de leur premier disque compact: «Bénin, rythmes». Gabus, Jacopin, Lichtenhahn, Borel, autant de chercheurs qui ont ramené un riche fonds de leurs voyages. L'exploitation démarre.
Christian GEORGES. 1991. «Nouveau label pour le MEN» *L'Express* (Neuchâtel) jeudi 28 mars: 47.

Vodunsi *dansant en portant un* **tavodun** *ou* **ashina**
François Borel, 1972, Porto-Novo, République du Bénin, collection Borel
Extrait sonore: *Histoire de Bonou*, légende chantée par le conteur Théophile, enregistré à Allada, République du Bénin en 1973-1974 par François Borel, piste 6 du CD *Bénin: rythmes et chants pour les vodun*, 1990, AIMP & VDE-Gallo

Les sociétés de *chasseurs de sons* ont subi le même sort que les sociétés de chant, de musique ou de cinéma.

En 1950, cinq ans après la guerre, il y avait nettement moins d'amusements. Les gens avaient une mentalité différente: ils y croyaient, beaucoup travaillaient énormément pour se construire quelque chose. Les sociétés étaient fréquentées entre 80 et 90% aux séances.

Ça s'est dissipé avec le retour d'une industrie florissante et l'arrivée de multiples distractions. Le commerce a offert des appareils automatiques, faciles d'usage et abordables. Tout le monde pouvait y avoir accès, pas uniquement les spécialistes. C'était peut-être bien mais ça a aussi fait décrocher les mordus. Et puis la télévision a bien sûr accaparé pas mal de gens qui faisaient du cinéma ou de la prise de son: ils se sont rangés du côté du spectateur, de l'autre côté de la petite boîte, pour subir les choses et non plus les fabriquer. Au niveau de la *chasse sonore*, nous n'avons pas tout de suite ressenti ce changement parce qu'il y avait des passionnés. Ensuite, une partie d'entre eux s'est professionnalisée et nous n'avons plus trouvé de nouveaux membres qui soient de vrais *chasseurs de sons*, qui partaient faire une prise en imaginant qu'elle aurait une forme de représentativité, même si ça ne les intéressait pas personnellement. C'est une qualité assez peu répandue aujourd'hui.

Francis Jeannin lors de l'émission *Revue 13-17* de la Télévision Suisse Romande
Photo TV Suisse, 7 décembre 1968, Bibliothèque de la Ville, La Chaux-de-Fonds, P2-3753
Extrait sonore: *Histoire des chasseurs de son*, conférence de Francis Jeannin, 1980, La Chaux-de-Fonds, DAV, La Chaux-de-Fonds, FJ- BB490

Illustration du disque 45 tours The Shamrock
Probablement Francis Jeannin, 1961-1962, La Chaux-de-Fonds, DAV, La Chaux-de-Fonds
Extrait sonore: *Driftin*, The Shamrock (NE), 30 juillet 1961, La Chaux-de-Fonds, tiré d'une compilation réalisée par Francis Jeannin, enregistré au studio des chasseurs de son, DAV, La Chaux-de-Fonds

Chapitre 5

CUVÉE SAUVEGARDE

En 1988, vers la fin de mon séjour aux Philipines, Antonio Kindipan me confia des enregistrements d'incantations qu'il avait faits lui-même en recouvrant des K7 de pop internationale. Ce geste de conservation et de sauvegarde visait à mettre ces enregistrements en lieu sûr afin de pouvoir les réutiliser après la disparition des officiants.

Marc-Olivier GONSETH. 2010. Texte rédigé pour l'exposition *Bruits*.

CUVÉE AUTO-ANALYSE

En quittant les Philippines en 1988, j'ai offert à Antonio Kindipan l'appareil de photo que je tenais de mon père. Celui-ci prit sur lui de continuer à documenter ma recherche comme il m'avait vu le faire lorsque nous étions ensemble. En 1991, lors d'un nouveau séjour, il me remit une pile de photographies qu'il avait annotées au dos en décrivant aussi précisément que possible chaque situation retenue.

Marc-Olivier GONSETH. 2010. Texte rédigé pour l'exposition *Bruits*.

Chapitre 5

Enregistreur Sony walkman
Japon
Larg.: 16 cm
Collection Borel

Retour à l'informateur après un entretien
Marc-Olivier Gonseth, 9 mars 1983, Lugu, Ifugao, Philippines, collection MOG 83.37.10

Rituel de récolte au grenier d'un riche propriétaire
Marc-Olivier Gonseth, 21 mai 1988, Kabuy, Ifugao, Philippines, collection MOG 88.16.24

 CUVÉE PROVIDENCE
Le résultat est que certaines musiques demeurent pratiquement ignorées, que d'autres meurent bien documentées – faute d'avoir pu être sauvées par les chercheurs qui s'y sont intéressés – et que d'autres encore connaissent un succès public inattendu, sans que leurs interprètes y soient pour grand-chose, et encore moins les ethnomusicologues à qui nous devons leur «découverte».

Laurent AUBERT. 2003. *La musique de l'autre: les nouveaux défis de l'ethnomusicologie*. Genève/Paris: Georg (Ateliers d'ethnomusicologie), p. 123.

Arrivée des gerbes de riz au grenier d'un riche propriétaire
Marc-Olivier Gonseth, 21 mai 1988, Kabuy, Ifugao, Philippines, collection MOG 88.16.26

Chapitre 5

Rituel de récolte au grenier local
Antonio Kindipan, 30 juin 1989, Ligligan, Ifugao, Philippines, collection MOG 89.16.01

Antonio Kindipan
Marc-Olivier Gonseth, 1987, Lugu, Ifugao, Philippines, collection MOG
Extrait sonore: Antonio Kindipan enregistré par Marc-Olivier Gonseth, 1982, Lugu, Ifugao, Philippines, collection MOG

Commentaire descriptif au dos de la photographie 89.16.01
Antonio Kindipan, 30 juin 1989, Ligligan, Ifugao, Philippines, collection MOG 89.16.02

Une cérémonie de *Pahang*
Marc-Olivier Gonseth, 1988, Kabuy, Ifugao, Philippines, collection MOG
Extrait sonore: cérémonie enregistrée par Marc-Olivier Gonseth, 1988, Kabuy, Ifugao, Philippines, collection MOG

CUVÉE FLASH

A l'occasion de l'exposition *Helvetia Park*, présentée à Bellinzone (17.10.2010-23.01.2011) puis à Aarau (01.04.2011-17.07.2011), l'équipe du MEN a enquêté sur la notion de rites contemporains. Pour en souligner les aspects créatifs, elle s'est plus particulièrement intéressée à leurs productions sonores. Grâce à un minuscule enregistreur flash, elle a pu se glisser au cœur de l'action et y saisir l'intervention des participants.

Yann LAVILLE. 2010. Texte rédigé pour l'exposition *Bruits*.

Chapitre 5

Les sonneurs de cloches de Wiler
Image et son: Grégoire Mayor, 2010, Wiler, Valais, MEN archives

Enregistreur Sony PCM-D50
Japon
Larg.: 7 cm
MEN

Procession de Pâques
Alain Germond, 2010, Mendrisio, Tessin, MEN archives
Extrait sonore: procession de Pâques enregistrée par Marc-Olivier Gonseth, 2010, Mendrisio, Tessin, MEN archives

La Fête des vendanges
Alain Germond, 2009, Neuchâtel, MEN archives
Extrait sonore: musique de la fête des vendanges, enregistrée par Marc-Olivier Gonseth, 2009, Neuchâtel, MEN archives

La Saint-Nicolas de Fribourg
Alain Germond, 2009, Fribourg, MEN archives
Extrait sonore: discours de Saint-Nicolas enregistré par Marc-Olivier Gonseth, 2009, Fribourg, MEN archives

Cassette, photo, super 8 automatique, c'est la même histoire: dès l'instant où la machine est suffisamment au point pour que n'importe qui puisse l'utiliser, ça n'intéresse plus personne. Idem pour la vidéo: avec les standards actuels, il n'y a pratiquement plus de problème, c'est à la portée de tout le monde. En fait, tant qu'il y a des difficultés, d'aucuns se piquent à les surmonter. Quand ça devient facile, quand tout est automatique, la motivation baisse. Chez monsieur tout le monde, c'est l'envie d'acheter qui prime. Le commerce est d'ailleurs fait pour ça: donner envie. Alors le design de l'appareil change tous les mois: d'abord il est noir avec des boutons gris, après gris avec des boutons noirs et c'est ainsi qu'apparaissent un tas de petits gadgets. Les gens achètent, font ce qui les amuse (s'entendre parler, filmer le gamin, photographier ici et là), développent, regardent et c'est fini. Ils n'ont plus d'intérêt. Ils n'ont pas l'envie de créer quelque chose en matière de cinéma ou de son. Pour cela, avant même de commencer, il faut beaucoup penser à ce qu'on va faire, le ruminer, l'avoir même couché sur le papier. Et de ça, les gens ne veulent pas: c'est un travail rébarbatif qu'ils déconsidèrent. Aujourd'hui, filmer c'est charger une caméra et viser à travers le petit trou, sans réfléchir à ce qui en sort. Le moyen en lui-même est pourtant sensationnel.

C'est pareil avec la photo: tant qu'il fallait développer soi-même les plaques, il y avait des photographes hors ligne, des documents au sens propre. Dès que l'appareil s'est banalisé, des montagnes de cochonneries floues, mal cadrées, qui ne serviront jamais à rien sont apparues alors que le moyen était disponible et efficace. Et la situation va de mal en pis. Les professionnels type maisons de disque, radios, photographes ou cinéastes travaillent avec les moyens perfectionnés dont ils savent jouir. L'amateur n'en fait rien et sa production tombe dans l'oubli.

Francis Jeannin lors de l'émission *Revue 13-17* de la Télévision Suisse Romande
Photo TV Suisse, 7 décembre 1968, Bibliothèque de la Ville, La Chaux-de-Fonds, P2-3753.
Extrait sonore: *Histoire des chasseurs de son*, conférence de Francis Jeannin, 1980, DAV, La Chaux-de-Fonds, FJ-BB490

Chapitre 5

Connaître les bruits du passé : l'historien est-il désarmé ?

Jean-Pierre Gutton

On ne comprend pas totalement une période, un événement sans tenter de reconstituer son environnement sonore. Or l'enregistrement des voix et des sons ne date que de la fin du XIXe siècle. En 1857, Edouard-Léon Scott de Martinville (1817-1879) invente un phonautographe, cylindre qui enregistre les modulations de la voix. L'appareil ne permet pas de les réécouter. Ce n'est chose faite que depuis peu, grâce à des ingénieurs américains (www.firstsounds.org). Charles Cros (1842-1888), savant, poète et humaniste, présente à l'Académie des sciences, en 1877, le principe du phonographe qui enregistre et reproduit sons et voix. La construction d'un tel appareil revient, toutefois, l'année suivante, à Edison. C'est une réussite commerciale et aussi une mutation culturelle de taille. On peut enregistrer discours, débats. Plus légèrement, Feydeau, dans *La main passe* (1907) en tire des conclusions : le mari, la femme et l'amant voient leurs stratégies compliquées par un quatrième «personnage» et ses malencontreux enregistrements ! Assez vite cependant, une dizaine d'années après l'invention, les phonographes mis en vente ne sont plus que reproducteurs de son, la fonction d'enregistrement étant abandonnée faute de demande. Le magnétophone viendra plus tard, au XXe siècle. La IIIe République a tôt compris l'intérêt de conserver les sons. Ferdinand Brunot (1860-1938), auteur de la monumentale *Histoire de la langue française* (13 tomes à partir de 1905), est une sorte de linguiste «officiel» de la République, comme Ernest Lavisse pour l'histoire ou Paul-Vidal de la Blache pour la géographie. En 1911, il obtient la création des Archives de la Parole. Estimant que l'invention du rouleau de cire est aussi importante que celle de l'imprimerie, il enregistre des orateurs, des acteurs, des poètes mais aussi de simples passants, des paysans ardennais ou berrichons parlant leur dialecte ou même l'ancienne servante de George Sand. Plus intéressants encore sont les enregistrements des bruits de la foule et des cris des bouviers qui, de nos jours, sont en train de disparaître définitivement. Les résultats (les enregistrements sont conservés à la Phonothèque nationale) sont toutefois souvent décevants. Les personnes enregistrées sont, sans doute, bien intimidées face à l'énorme machine que tire un char à bœufs. Et si les professeurs de littérature nous disent d'écouter le clapotis de la Seine dans *Le Pont Mirabeau*, on ne l'entend pas vraiment à la lecture qu'en fait Guillaume Apollinaire (Germain-Thomas 1994).

Pour autant, l'historien peut entendre les voix, les cris du passé. La musique – le mot devant être entendu dans une acception large – offre des ressources. On signalera seulement d'une phrase la survie aléatoire de langages sifflés qui ont traversé les siècles (Arripe 1984). Beaucoup plus important est le cas de musiques anciennes reconstituées et jouées avec les instruments du temps. Ainsi d'un *Chant des Souriquois*, recueilli par Marc Lescarbot en 1636 et rejoué au XXIe siècle ! Surtout, c'est par la musique que sont connus les «cris» des marchands ambulants qui vont au-devant de la clientèle car ils n'ont pas les moyens d'avoir un étal. Louis-Sébastien Mercier, dans son *Tableau de Paris*, relève ainsi ces «cris»:

> Le porteur d'eau, la crieuse de vieux chapeaux, le marchand de ferraille, de peaux de lapin, la vendeuse de marée, c'est à qui chantera sa marchandise sur un mode haut et déchirant. Tous ces cris discordants forment un ensemble, dont on n'a point d'idée lorsqu'on ne l'a point entendu. L'idiôme de ces crieurs ambulants est tel, qu'il faut en faire une étude pour bien distinguer ce qu'il signifie. Les servantes ont l'oreille beaucoup plus exercée que l'Académicien; elles descendent l'escalier pour le dîner de l'Académicien, parce qu'elles savent distinguer du quatrième étage, et d'un bout de la rue à l'autre, si l'on crie des *maquereaux* ou des *harengs frais*, des *laitues* ou des *betteraves*. Comme les finales sont à-peu-près du même ton, il n'y a que l'usage qui enseigne aux doctes servantes à ne point se tromper, et c'est une inexplicable cacophonie pour tout autre. (1783: 40-41)

Ces cris sont liés à la musique comme à la publicité, ce qui est une chance pour l'historien (Julien 1989). Au XIIIe siècle, un motet à trois voix restitue les cris de «frase nouvelle» et de «muere france». *Li diz de l'Erberie* de Rutebeuf et, plus encore, *Les Crieurs de Paris* de Guillaume de Villeneuve multiplient, pour les déplorer, les occurrences de ces appels. Ce sont ceux de marchands, d'artisans et même de confréries de mendiants autorisées. En 1530, *Voulez vous ouyr les cris de Paris* de Clément Janequin présente cinquante-quatre cris, dont au moins onze sont «authentiques» affirme Jean-Rémy Julien. A la fin du siècle, *La fricassée des cris de Paris* de Jean Servin multiplie cris des marchands mais aussi ceux des passants, des portefaix, des mendiants. Au début du XVIIe siècle, c'est Gibbons qui évoque les cris des colporteurs de la rue londonienne. Ce qui est surtout remarquable, c'est la diffusion culturellement étendue de ces cris: chansons savantes à quatre voix mais aussi chansons populaires. Ainsi l'appel du petit ramoneur, «A ramoner la cheminée haut et bas» qui, par inflexion salace, devient «ramonez-moi ma cheminée», appel d'une dame «de chaleur forcenée» à son ami. A une autre extrémité de l'échelle sociale, les cris des métiers sont présents dans les entrées des ballets de cour de la première moitié du XVIIe siècle encore, jusqu'au *Ballet du Temps* que dansa Louis XIV en 1654. Par la suite, Lully et la culture classique bannirent cet usage. Il n'était plus nécessaire de montrer la vulgarité à une cour désormais assurée de sa supériorité. Toutefois, Jean-Rémy Julien note que ces cris réapparaissent dans la musique à la fin du XVIIe siècle: chansons, vaudevilles. Peut-être plus intéressantes encore pour l'historien sont les chansons publicitaires imprimées par les éditeurs de la «bibliothèque bleue», à Paris ou à Troyes. Un éloge du café en 1718 vante les vertus du produit, tout en fournissant recette de préparation et nom du vendeur. Ce serait le «*premier* annonceur attesté de l'histoire de la musique publicitaire».

Il arrive aussi que la comparaison de différentes versions d'un texte autorise à entendre les voix du passé (Gutton 2002). L'analyse des rapports entre la voix et le texte est d'abord le fait des historiens médiévistes. Paul Zumthor (2000) insiste sur l'osmose des formes d'un texte avec les formes de ses interprétations orales. Plus récemment, Nicole Bériou (1998) analyse le dialogue voix-texte dans les prédications du XIIIe siècle en utilisant des *reportationes*, recueils de sermons pris à l'audition. Pour l'époque moderne, les indices d'oralité ont été recherchés dans les textes, signes d'intervention de la voix. Les acteurs de théâtre – surtout s'ils sont directeurs de troupe – répugnent à publier leur texte trop tôt de peur de se priver de spectateurs. Cependant, un tachygraphe peut noter le texte et en faire une édition «surprise». Dès lors, l'auteur a tout intérêt à accepter une édition officielle. La comparaison des deux textes de *Georges Dandin* de 1668 a permis à Roger Chartier (1994) de montrer qu'une édition sans privilège ni nom d'éditeur, sous le seul titre de *Georges Dandin*, multipliant la ponctuation, est manifestement «surprise». Elle est proche de la farce, nommant par exemple Clystère, Clitandre l'amant d'Angélique. Des mots populaires, grossiers, y figurent qui disparaissent dans l'édition de *Georges Dandin ou le mari confondu*. Des historiens de la Révolution conduisent des recherches semblables en comparant les discours de révolutionnaires, tels qu'ils figurent dans leurs œuvres publiées après l'événement et après une réécriture, avec la version qu'en donnent les titres de presse qui se sont alors multipliés et qui rendent compte des débats des assemblées (Mortier 1978).

D'autres pistes ont été, plus récemment, ouvertes. On sait combien la Révolution française a été sensible à l'importance du paysage sonore (peut-être parce qu'elle avait supprimé les cloches?). Dans le Lyon de 1793, une lettre adressée aux «Citoyens commissaires de la Convention nationale à Lyon» dénonce des menées aristocrates. Ecoutez le vocabulaire: «Des bruits sourds, des menaces orales, des anonymes, des regards insultants de l'aristocratie tout m'annonce que l'explosion approche»[1]. Or il se trouve qu'une historienne (Wahnich 2008) a récemment tenté d'entendre la Révolution. Elle constate que, le 25 juin 1791, le retour de Varennes se fait dans un silence pesant alors que le 21 janvier 1793 c'est le vacarme qui empêche Louis XVI de prononcer ses dernières paroles. Entre-temps, le peuple reprend voix, comme l'attestent pétitions, lettres, chansons… présentées à la barre de l'Assemblée, dans l'espoir de conduire son destin. Le livre est une suite de tableaux sonores qui scandent l'histoire d'une désillusion. Le peuple, déçu par la Constitution de 1791, par l'amnistie de l'automne de la même année, par la hausse des prix et le veto du roi sur les décrets dirigés contre les émigrés et les prêtres réfractaires, multiplie en vain les pétitions. Sans réponse, insurrection, 10 août et massacres de septembre suivront. Et l'auteure de mettre en cause le «silence des lois» qui expliquerait la voix du peuple. Le 21 septembre 1792, un conventionnel affirme qu'«aux déclarations solennelles […] il en est une qu'on ne saurait différer d'ajouter, parce qu'elle est dans le cœur de tous les Français: c'est celle que la royauté est abolie en France». Lorsque le président veut mettre la proposition aux voix «un mouvement spontané et des acclamations unanimes» répondent.

Très proche des sources, l'*Essai pour une histoire des voix au dix-huitième siècle* d'Arlette Farge (2009) utilise des archives judiciaires et policières, particulièrement celles de la police parisienne. On y analyse tout ce qui relève non seulement des bruits, musiques, discours mais, de manière privilégiée, des voix. Voix de la foule qui gronde lorsque sont affichés édits, interdictions. Voix de la séduction dans les plaintes des mères célibataires contre leurs séducteurs. Voix des femmes au moment de l'affaire des convulsionnaires du cimetière Saint-Médard, sur le tombeau du diacre Pâris. Bien sûr aussi, les cris des métiers, inaudibles pour les maîtres mais que les humbles décryptent. Plus inattendus le cri du nouveau-né qui reprend vie sur l'autel d'un sanctuaire à répit; les voix des femmes autour des prisons, cherchant à dialoguer avec leurs maris incarcérés; les voix des galériens à qui on impose une chanson de route. Cette analyse des voix au XVIIIe siècle permet aussi d'entendre les accents régionaux si marqués alors, les timbres, les intonations.

La réponse à la question posée dans le titre est donc négative. Mais cet optimisme a un prix. Les quelques pistes évoquées ici supposent, en effet, que l'historien sache également être musicologue, historien de la littérature. L'utilisation des archives policières demande, peut-être plus encore, des compétences diverses. Un rapport de police du XVIIIe siècle a une syntaxe syncopée, orthographie des mots de manière phonétique. La ponctuation est rare, certains mots sont liés entre eux et la graphie répond à une logique de l'énonciation. On entend avant de comprendre; on perçoit d'abord la sonorité. Ainsi l'historien doit être aussi linguiste. Telles sont les conditions de la conquête de nouveaux territoires pour l'histoire.

---

[1] Fragments d'une lettre de Hidins aux commissaires de la Convention. 1793. Ms Coste 582. Bibliothèque municipale de Lyon.

Bibliographie

Arripe René. 1984. *Les siffleurs d'Aas*. Pau: Impr. de la Monnaie.

Bériou Nicole. 1998. *L'avènement des maîtres de la parole: la prédication à Paris au XIIIe siècle* (2 vol.). Paris: Institut d'études augustiniennes. [2 vol]

Chartier Roger. 1994. «Georges Dandin, ou le social en représentation». *Annales. Histoire, sciences sociales* (Paris) 2 (mars-avril): 277-309.

Corbin Alain. 1994. *Les cloches de la Terre: paysage sonore et culture sensible dans les campagnes au XIXe siècle*. Paris: Albin Michel.

Farge Arlette. 2009. *Essai pour une histoire des voix au dix-huitième siècle*. Montrouge: Bayard.

Gutton Jean-Pierre. 2000. *Bruits et sons dans notre histoire: essai sur la reconstitution du paysage sonore*. Paris: PUF.

⸺ 2002. «De la voz al testo escrito: a proposito de la historia del entorno sonoro en la época moderna». *Historias* (Mexico) 52 (mai-août): 17-23.

Julien Jean-Rémy. 1989. *Musique et publicité: du cri de Paris… aux messages publicitaires radiophoniques et télévisés*. Paris: Flammarion.

Mercier Louis-Sébastien. 1783. *Tableau de Paris*. Amsterdam. [Tome cinquième]

Mortier Roland. 1978. «Le discours de Mirabeau sur la "contribution du quart" a-t-il été récrit?», in: Lough John, éd. *Studies in the French eighteenth century*. Durham: University of Durham, pp. 123-127.

Wahnich Sophie. 2008. *La longue patience du peuple: 1792, naissance de la République*. Paris: Payot.

Zumthor Paul. 2000. *Essai de poétique médiévale*. Paris: Seuil.

Sonographie

Germain-Thomas Olivier. 1994 [1993]. *Voix de poètes. Vol.1. Des poètes disent leurs textes*. Paris: Radio France/INA. [Compact disque 211682 HMCD 83 réédition de la cassette K1682]

LE BRUIT QUE FONT LES AUTRES :
VERS UNE ANTHROPOLOGIE DU PATRIMOINE IMMATÉRIEL

Pablo VIDAL-GONZÁLEZ

Introduction

Les anthropologues s'efforcent traditionnellement de recueillir un maximum d'objets exotiques provenant des régions qu'ils visitent lors de leurs expéditions. Un peu comme s'il était possible de se rapprocher de l'Autre et d'absorber sa culture et son folklore à travers les objets récoltés. Nombreux sont les musées et les cabinets de curiosités qui ont correspondu à ce schéma, désormais largement dépassé. Ces dernières années, la relation entre l'objet et son environnement a acquis une plus grande importance grâce, entre autres, à la promotion par l'UNESCO de la notion de patrimoine culturel immatériel, par opposition au patrimoine mobilier et immobilier dont les caractéristiques sont faciles à désigner, à cataloguer et à protéger.
Ainsi commença la chasse, soutenue par les progrès de l'anthropologie visuelle et le développement de nouvelles technologies, non pas tant de l'objet, que de l'image et du son qui lui sont associés. Mais à quoi prétendons-nous quand nous essayons de mettre en conserve un patrimoine vivant, qui a son sens tant qu'il est associé à un lieu, à un moment et à des personnes, c'est-à-dire à un contexte ?
Le patrimoine immatériel est vivant, présent dans l'esprit de ses acteurs, qui œuvrent à sa sauvegarde en l'actualisant dans le présent. La première question délicate qui se pose tient par conséquent au fait que les mesures de protection touchent habituellement ce qui est en danger, voire même ce qui est sur le point de disparaître. Alors, quel sens donner au fait de protéger ce qui est pleinement vivant, dynamique et vigoureux, sujet à des changements et à des mises à jour ? Ne courons-nous pas ainsi le risque de figer artificiellement et arbitrairement un patrimoine vivant destiné à évoluer en permanence, tout comme la société qui l'entoure ? Et à l'inverse, pourquoi sauvegarder un événement, même riche, ancien ou chargé de symboles, s'il a cessé de susciter l'intérêt des gens qui l'avaient maintenu en vie durant des générations ? Une telle politique conduirait à ne protéger que le patrimoine en péril, avec le risque d'acharnement thérapeutique envers des pratiques qui n'ont plus aucun sens. Le patrimoine culturel immatériel le mieux protégé est sans doute celui qui perdure au sein de la communauté qui l'a vu naître. Les anthropologues, de leur côté, ne peuvent qu'étudier les caractéristiques de cette fête, de ce rituel vivant, de cette pratique en constante évolution. Mais ils courent le risque d'altérer cet élément patrimonial s'ils l'isolent de sa réalité dynamique. Ainsi chaque fois que nous codifions une réalité vivante à travers un dossier de protection du patrimoine, nous devrions nous demander si nous ne sommes pas en train de la condamner. En revanche, l'action se légitime pleinement lorsque la dégradation

menace la survie, même si, à travers le processus initié, un événement de grande importance patrimoniale abandonne définitivement la place qu'il occupait dans la rue pour prendre le chemin du musée.

L'expérience montre cependant que ce sont, le plus souvent, les gestionnaires des événements concernés qui demandent aux institutions des mesures de protection, avec un objectif toutefois différent du but initialement poursuivi. Ils recherchent avant tout une reconnaissance, un label de qualité, un élément de prestige réaffirmant à la communauté que ce qui est «nôtre» mérite d'être souligné, reconnu et en définitive protégé face à ce qui est «autre». Les gestionnaires concernés ne supporteraient cependant aucune camisole de force pour «leur» fête, qui continue par conséquent à évoluer et à se transformer progressivement, à l'image du reste de la société à laquelle elle appartient. Selon les termes de Llop (2009: 58), «le patrimoine immatériel […] construit la communauté, renforce son sentiment collectif, augmente sa fierté, par conséquent, ne constitue pas une limitation mais une extension de vue.» Ici se glisse une tension potentielle entre les institutions et les gestionnaires de la fête. L'auteur analyse dans cet article différentes expériences de patrimonialisation de l'immatériel à partir de trois exemples liés à la région autonome de Valence (Espagne). Cette région espagnole présente deux particularités importantes à cet égard: la première est que l'un de ses éléments patrimoniaux a été reconnu dès 1931 par le gouvernement de la République espagnole, avant la promulgation de la loi espagnole sur le patrimoine; la deuxième réside dans le fait que, parmi les trésors du patrimoine immatériel de la région, deux ont été inclus par l'UNESCO à la liste du Patrimoine immatériel de l'humanité.

El Misteri d'Elx (Elche)

Le premier trésor est *La Festa* ou *Misteri d'Elx*, une représentation théâtrale religieuse d'origine médiévale sur la Dormition, c'est-à-dire l'enterrement et l'Ascension de la Vierge. L'origine de la fête remonte à la seconde moitié du XVe siècle et sa représentation est documentée à partir de 1530. Elle a survécu à l'interdiction par ailleurs très habituelle des représentations théâtrales dans les églises après le Concile de Trente (1563), probablement du fait de l'importante participation des municipalités, de sorte qu'elle a été exceptionnellement autorisée en 1632 par le pape Urbain VIII. L'un de ses éléments les plus saillants, reliquat de la représentation médiévale, tient au fait que tous ses personnages, y compris la Vierge, sont représentés par les enfants, «parce que l'origine liturgique du théâtre religieux médiéval ne permet pas la participation des femmes» (García Castaño 2007: 20).

Cette représentation théâtrale est la grande fête de la ville d'Elche. Elle est célébrée dans son église principale, et dans les environs, par des acteurs non professionnels issus de la population elle-même, par les gens du village. Les différents éléments de *La Festa* culminent le 15 août avec un spectacle donné devant une foule compacte qui envahit l'édifice, de sorte qu'on ne peut y accéder facilement pour contempler l'acte théâtral.

Il s'agit donc d'un événement festif, comme il convient à la fête de l'Ascension de la Vierge Marie, célébrée le 15 août, mais qui transcende clairement ses objectifs religieux, évidents d'autre part, pour devenir le principal événement du calendrier de la ville, célébré par tous et grâce auquel on met l'accent sur la symbiose entre *La Festa* et le peuple, tous les acteurs de la représentation étant des habitants d'Elche tous bénévoles. Selon les termes de Llorenç (2007: 6), «el Misteri, avec son poids historique, constitue le présent et sera le futur. C'est un bien culturel vivant. C'est la grande fête d'un peuple, de notre peuple. C'est le peuple et c'est la vie.» Une des caractéristiques les plus frappantes de la représentation du 15 août tient à l'utilisation d'engins volants qui descendent du plafond, représentant le ciel et sur lequel se penche l'un des acteurs de la pièce. Aux dires de Molina Foix (2007: 16): «Le public

Chapitre 5

des représentations d'Elche assiste à l'un des plus beaux et rares exemples permanents d'artifice scénique dans l'air, une pratique très répandue dans toute l'Europe durant les XVIIe et XVIIIe siècles comme fonctions courtisanes et religieuses.»

Mais qui a contribué à la reconnaissance de *La Festa* comme patrimoine, en premier lieu le gouvernement espagnol en 1931 et plus récemment par l'UNESCO? D'abord, un élan extraordinaire pour le bien-fondé de ce trésor du théâtre sacré médiéval, pratiquement perdu et resté vivant et en constante évolution depuis lors, grâce à la population d'Elche. Cette reconnaissance lui a donné de la visibilité et une large diffusion, à tel point que la ville possède un Conseil de *La Festa*, qui assure la continuité et la gestion de l'événement. Parallèlement s'est constitué un musée, sorte de centre d'interprétation permettant le rayonnement de tout ce qui concerne cette fête. Les deux institutions ont favorisé, notamment après la reconnaissance de l'UNESCO, une énorme publicité de *La Festa*, ainsi que la parution de nombreuses études et publications scientifiques et grand public sur *el Misteri*.

Cependant, certaines choses ont changé grâce à cette importante reconnaissance. Par exemple, un débat a eu lieu sur l'opportunité ou non d'instituer *el Misteri* comme il est célébré maintenant. Comme nous l'avons mentionné, il s'agit d'une représentation théâtrale d'origine médiévale. Au fil des siècles elle a subi d'importants changements, tel un être vivant, au point de convertir *el Misteri* en une œuvre théâtrale de caractère nettement baroque. Convient-il de maintenir la représentation *del Misteri* tel qu'il est connu aujourd'hui? Ne vaudrait-il pas mieux l'adapter aux nouvelles demandes de la société moderne? Ne s'agit-il pas d'une fête vivante? Alors, pourquoi ne peut-elle évoluer comme le reste de la société? En tant qu'anthropologues, nous savons bien que la tradition, héritage de nos ancêtres, doit être transformée, mis au goût du jour, pour continuer à vivre sans être de simples fossiles des temps passés.

Un autre élément qui a changé est l'affluence massive des gens, à la fois aux manifestations officielles du 15 août et aux répétitions et activités des jours précédents. Cette notoriété a provoqué des modifications quant à l'organisation des différents événements, comme le fait de passer d'une à trois répétitions désormais payantes. Il est clair qu'une telle patrimonialisation suscite des changements sans qu'il soit possible de savoir s'ils portent ou non préjudice à l'essence même de la fête.

Le caractère exceptionnel de *La Festa* est évident ainsi que la richesse des trésors musicaux, présents dans le chant des acteurs, comme dans la musique offerte par l'orgue, la lyre et les guitares.

El Misteri d'Elx est un grand trésor, construit par le peuple, il «est l'effort séculaire des gens d'Elche pour conserver des mots, des gestes, des actes, des chants, des caractéristiques, des limites, une géographie et une configuration qui s'expriment, en affirmant à la fois, la personnalité de la ville d'Elche et celle du peuple de Valence» (Llorenç 2007: 9).

Le tribunal des eaux de Valence

Le deuxième élément patrimonial examiné ici est le Tribunal des eaux de Valence, institution millénaire d'origine arabe, qui rend ses jugements oralement, immédiatement et sans appel, tous les jeudis, dans des litiges relatifs à l'irrigation des vergers qui entourent la ville de Valence. La première chose qui retient l'attention du visiteur étranger est l'importance que Valence accorde à l'eau, qui équivaut à un trésor. «Quand il pleut à Valence nous changeons, nous sommes excités et nous sommes heureux de sortir pour voir comment l'eau tombe sur les balcons et les fenêtres, sous le regard étonné de ceux qui ne sont pas d'ici» (Vidal-González 2009: 62 -63). L'eau est rare, elle est signe de vie et de richesse pour qui la possède; c'est pour cette raison que les différends provoqués par l'irrigation constituent un élément extrêmement sensible, et sont réglés de manière efficace par cette institution.

Chaque jeudi à midi, les sept syndics des principaux canaux des vergers de la ville se réunissent et les litiges leur sont présentés. Le tribunal se constitue à 12 heures dans la rue, à l'abri de l'une des principales portes de la cathédrale.

Au fil des ans, comme on le sait bien, l'agriculture a cessé d'être l'activité stratégique qu'elle était des années auparavant. Parallèlement, la croissance de la ville a progressivement absorbé les zones que traversaient les différents canaux à la base de la structure du tribunal. Il n'y a plus maintenant de différend à régler, bien que le tribunal siège chaque jeudi. La perte de sa fonction initiale est en revanche compensée par la grande attraction touristique dont il fait l'objet. Aujourd'hui, il est difficile d'observer le déroulement de ses séances, étant donné la foule de gens qui se rassemblent pour suivre ce spectacle patrimonial, aujourd'hui vide de sens par manque de vergers et de personnes associés par l'irrigation.

Le Tribunal fait actuellement partie du patrimoine. Il a été reconnu par les instances internationales, bien qu'il ait perdu sa raison d'être. Il survit et reste une attraction constante en tant que relique du passé. Il jouit d'une reconnaissance et continue à exister du fait de son caractère symbolique.

Las Fallas de Valence

Le troisième élément patrimonial rappelé dans cet article, *las Fallas*, est la principale fête de la ville de Valence. Elle culmine le 19 mars, le jour principal des fêtes en l'honneur de San José. *Las Fallas* jouissent d'une grande vitalité, elles sont présentes dans tous les quartiers de la ville et, de ce fait, la croissance de la ville est toujours accompagnée par l'installation de nouveaux monuments *falleros*, plus de 700 aujourd'hui. La principale caractéristique de cette fête réside dans ces monuments fabriqués en carton et en pierre, si éphémères, qui sont construits chaque 15 mars pour être brûlés dans la nuit du 19 au 20. La fête est accompagnée de nombreux *mascletás*, feux d'artifice bruyants, ainsi que des châteaux de feux d'artifice tous les soirs et de nombreuses parades des groupes *falleros* accompagnés de leur fanfare respective. Inutile d'expliquer ce que signifient les 700 monuments *falleros* au milieu de la rue ainsi que 700 comités *falleros* parcourant la ville en musique: bruit, vacarme et chaos.

Un des aspects de cet événement parmi les plus populaires et les plus visités est la *mascletà*. Il s'agit d'une démonstration pyrotechnique qui, contrairement à l'habitude, est basée principalement sur le son des pétards et se célèbre aux environs de midi dans chacune des *las fallas* et à 14 h sur la place principale de la ville, celle de la Municipalité.

Cet événement réunit une foule considérable pour «écouter» durant une dizaine de minutes la «musique» des pétards, appelés ici *masclets*, littéralement petits hommes. L'événement, transmis en direct par la télévision régionale et devant un balcon municipal réunissant les reines de la fête, leur cour d'honneur, les autorités municipales et leurs nombreux invités, consiste précisément à écouter le bruit de la poudre à canon, le tonnerre rythmique des pétards. Il s'agit d'un concert où les connaisseurs peuvent distinguer un rythme approprié, la qualité de la musique qui accompagne la forte odeur de poudre mélangée aux explosions. Et c'est que «l'amour du bruit farouche, répété et sec, est consubstantiel pour nous» (Fuster 1961).

Les étrangers, les barbares, diront que c'était un spectacle brutal, incroyable, alors que les gens du pays, qui sont allés «voir» le *mascletà*, parleront de la musique, du rythme cadencé, correct ou non, des feux d'artifice. Comme le dit bien Llop, «ils font du bruit, nous faisons de la musique et de la communication.»

D'autre part, plus on consomme de poudre pendant ces courtes minutes, plus il y aura exaltation du bonheur et de la joie. Selon les termes de Féraud (2009), «la dimension du danger occupe une part importante du plaisir procuré par les pétards. Ce plaisir repose avant

tout sur la fascination pour un bruit d'autant plus assourdissant que l'explosif est puissant. »
Récemment et en raison du malaise important d'une partie des spectateurs, des périmètres de sécurité, auparavant inexistants, ont été créés, et des limitations de poids ont été imposées sur la poudre à exploser.

L'un des éléments les plus choquants pour les visiteurs est sans doute l'exaltation que ce bruit provoque chez les participants, au point que, pour les gens de Valence, le *mascletà* est devenu la principale attraction de toute la fête, même au-dessus d'autres événements beaucoup plus captivants tels que les impressionnants spectacles pyrotechniques. Il est donc paradoxal que la télévision régionale transmette l'événement en direct. La transmission du bruit à la télévision est techniquement très compliquée et la reproduction de sons de plus de 100 décibels difficile à reproduire sur les récepteurs. En outre, en raison de l'exaltation face au bruit, la retransmission est accompagnée par un petit marqueur de décibels dans un coin de l'écran. Plus le marqueur indique un chiffre élevé, plus la *mascletà* est considérée comme authentique. Ainsi, les Valenciens qui vivent à l'étranger, ou ceux qui pour diverses raisons ne peuvent pas se déplacer sur la place, suivent le spectacle à la télévision, même sur la chaîne internationale ou par Internet, parce que la *mascletà* est, selon Bourdieu (1999), « capital symbolique associé à la notion d'identité ».

Valence jouit du bruit et de l'odeur de la poudre à canon, qui, inconsciemment, annoncent l'arrivée du printemps, du beau temps. En outre, ce bruit vraiment assourdissant chasse les mauvais esprits de l'hiver, les vieilles choses du passé, purifiant la nouvelle saison. La preuve en est qu'à la fin d'une cérémonie de mariage, mais aussi pour célébrer le triomphe de l'équipe de football locale ou de l'équipe nationale, comme signe de bon augure et de joie partagée, on lance une petite *mascletà* dans la rue.

Le théâtre de la fête

Les trois exemples présentés ci-dessus offrent une preuve supplémentaire du caractère symbolique, identitaire, construit par la tradition populaire, des expressions du patrimoine immatériel maintenues et transmises jusqu'à nos jours par nos aînés.

Bien que ces pratiques renvoient davantage au passé qu'au présent éphémère et fugace de la modernité avancée, l'intérêt social qu'elles suscitent n'a paradoxalement jamais été aussi grand et n'a jamais attiré autant de nouveaux consommateurs patrimoniaux.

Dans ces reliques sociales, l'homme contemporain ne cherche pas seulement à retrouver ses racines perdues mais également à se reconstruire en tant que personne associée à une communauté de partage, communauté soudée qui envahit périodiquement les rues transformées en théâtre des opérations de la fête méditerranéenne.

Bibliographie

A.A.V.V. 2007. *La Festa o Misteri d'Elx: patrimonio de la Humanidad*. Elche: Patronato del Misteri d'Elx.

Bourdieu Pierre. 1999 (1979). *La distinción: criterio y bases sociales del gusto*. Madrid: Taurus.

Castaño García Joan. 2007. «Guía de la representación», in: A.A.V.V. *La Festa o Misteri d'Elx: patrimonio de la Humanidad*. Elche: Patronato del Misteri d'Elx, pp. 19-41.

Féraud Olivier. 2009. «Une anthropologie sonore des pétards et des feux d'artifice à Naples». *Ethnographiques* 19. [http://www.ethnographiques.org/2009/Feraud · consulté le 29 juin 2010]

Fuster Joan. 1961. «Gracia y ventaja de la pirotecnia». *Levante* (Valence). [Número extraordinario sobre las Fallas. Marzo]

Llop Francesc. 2003. «El soroll el fan els altres: aspectes patrimonials del paisatge sonor». [http://campaners.com/francesc.llop/index.php · consulté le 29 juin 2010]

2009. «El Patrimonio Inmaterial: mucho más que fiestas», in: A.A.V.V. *Tribunal de las aguas de Valencia y Consejo de hombres Buenos de Murcia: la voz del patrimonio inmaterial*. Valence: Fundación CajaMurcia, pp. 56-58.

Llorenç Alfons. 2007. «La Festa d'Elx», in: A.A.V.V. *La Festa o Misteri d'Elx: patrimonio de la Humanidad*. Elche: Patronato del Misteri d'Elx, pp. 5-9.

Molina Foix Vicente. 2007. «Teatro y milagro», in: A.A.V.V. *La Festa o Misteri d'Elx: patrimonio de la Humanidad*. Elx: Patronato del Misteri d'Elx, pp. 15-17.

Vidal González Pablo. 2009. «Huerta, tradiciones y costumbres: el tribunal de las Aguas de Valencia: antropología de una institución», in: A.A.V.V. *Tribunal de las aguas de Valencia y Consejo de hombres Buenos de Murcia: la voz del patrimonio inmaterial*. Valence: Fundación CajaMurcia, pp. 62-64.

Chapitre 5

Histoire des archives sonores du MEN

François Borel

> Peut-on qualifier de musique ce qu'on entend chez les Pygmées? Non, cela n'obéit pas aux règles du genre. Qu'importe, répondent les ethnomusicologues, on va changer les règles; mais ils conservent le genre. Ils vont l'étendre, l'enrichir, le compléter, sans percevoir que, peut-être, ce genre n'existait que par les règles qui lui donnaient sens. Elargissement de ce «fait musical», mais quelle est son aptitude à recouvrir les données? N'est-ce pas alors lutter contre l'ethnocentrisme occidental, mais pour en reprendre l'un des fondements, *l'exclusive que manifeste la musique à l'égard de ce qu'elle n'est pas*?[1]
> François Caillat 1977: 11

Chapitre 5

La création officielle du «Département des archives sonores du Musée d'ethnographie de Neuchâtel» (ASMEN) date du 25 août 1987. Pourtant, la copie des enregistrements originaux et le catalogage systématique de ces archives avaient déjà commencé plus d'une dizaine d'années auparavant, au temps où l'on ne parlait pas encore de PCI. En effet, à partir de 1974, les activités du «laboratoire d'ethnomusicologie» sont brièvement présentées par Ernst Lichtenhahn (1975: 117), professeur de musicologie et d'ethnomusicologie à l'Université de Neuchâtel. Elles consistent alors aussi bien en l'inventaire de la collection d'instruments de musique qu'en un dépouillement et une copie des archives sonores à l'aide de nouveaux appareils d'enregistrement et de reproduction acquis grâce à un crédit du Fonds national suisse de la recherche scientifique (FNRS): deux magnétophones ORF et Revox A77, une platine Thorens TD 145, un amplificateur Quad et des haut-parleurs Kef et Lansing. L'année suivante (Borel 1975: 107-108), une description un peu plus développée présente un modèle de fiche de catalogage des documents sonores inspirée par le *Katalog* des Archives sonores de Berlin (1970) et énumère les collections à copier sur bandes magnétiques de studio, suivant ainsi quelques-unes des recommandations établies par l'IASA (International association of sound and audiovisual archives, fondée en 1969). En 1977, un article du catalogue de l'exposition *Musique et sociétés* (Borel 1977) fait le point sur la situation des archives sonores du MEN et donne quelques avis sur leur vocation. Dès lors, cette activité devient permanente, d'autant que la mission «Cure salée» 1971 au Niger se solde soldée par une fructueuse récolte de musiques haoussa et touarègue et qu'il est indispensable d'inventorier et de valoriser ces documents, notamment dans l'enseignement. Dans la foulée, il est décidé de prendre en considération tout ce qui est encore audible et digne d'intérêt parmi les disques et bandes retrouvés dans des cartons au fond d'une armoire, en se limitant néanmoins aux documents

---

[1] Cette citation de François Caillat explique pourquoi les «archives sonores du MEN» ne s'intitulent ni «archives ethnomusicologiques» ni «archives musicales».

originaux recueillis par des chercheurs internes ou externes au MEN et pour lesquels il existe un minimum de renseignements. Cette activité vise à faciliter l'accès à une documentation originale sans devoir obligatoirement passer par l'acquisition de disques.

Collection Gabus 1938: musique des Esquimaux Caribous

L'un de ces cartons contient une trentaine de disques 78 tours «Pyral», rapportés par Jean Gabus sur son terrain canadien de la Baie d'Hudson en 1938-1939. Il a enregistré cette documentation sonore par gravure directe au moyen d'un appareil de type inconnu, mis à disposition par l'entreprise zurichoise Von der Mühll et fonctionnant sur batteries chargées par «windcharger». Cette collection (baptisée GA38-1 à 61), à l'origine du sujet de la thèse de doctorat de Zygmunt Estreicher en 1946, est d'autant plus précieuse qu'elle comporte des documents uniques en leur genre. Lors de leur redécouverte en effet, il y avait bien longtemps que les Inuit du Caribou avaient perdu une grande partie de leur patrimoine musical tant ils avaient subi d'influences extérieures, notamment de la culture anglo-saxonne. C'est la raison pour laquelle une copie de la collection fut adressée en 1977 à l'Université de Montréal à la demande du Groupe de recherche en sémiologie musicale afin d'étoffer son corpus de références. L'un des chercheurs, Ramón Pelinski (1981: 62), rend ainsi compte de ces documents Gabus: «Pour autant que nous puissions en juger, les chants de la collection Gabus furent enregistrés lors de séances d'enregistrements spéciales, c'est-à-dire hors de leur contexte social». Il est vrai que certains chants d'enfants ou de jeux vocaux furent captés sur commande, dans les locaux de la Mission catholique d'Eskimo Point. A deux occasions (GA38-41 et 46), on entend même l'horloge de la Mission sonner les heures! Ceci ne diminue en rien la valeur des documents dont une grande partie fut enregistrée *in situ* au cours de séances de «danse au tambour» (*pisiq*) se déroulant sous la tente de chamanes tambourinaires, accompagnés des chants personnels *ajajait* chantés par un chœur de femmes.

Quant à l'hypothèse émise par Zygmunt Estreicher de l'existence d'une polyphonie inuit qui «s'appuie[rait] sur un parallélisme fondamental du mouvement des voix, reliant ainsi la structure de la "polyphonie" à la structure des chansons monodiques», confirmée par «la tendance de la voix d'accompagnement à établir une seconde tonique», Pelinski (1981: 64) estime que «l'appareil analytique trop zélé d'Estreicher a découvert des châteaux là où il n'y avait que des moulins à vent». Toujours selon Pelinski, ce résultat est dû à la non-représentativité du corpus choisi pour étayer l'hypothèse: une seule minute environ de polyphonie dispersée parmi trois fragments séparés, faisant partie d'un corpus de trois heures de musique. Beaucoup plus tard, interviewé par le journaliste Dominique Rosset sur la musique des Esquimaux, Estreicher admet de son côté qu'«elle est laide comme tout, mais passionnante à analyser» (*L'Hebdo*, 1er mars 1990: 82). Quant à Jean Gabus, il raconte ainsi les circonstances dans lesquelles il eut la bonne idée de collecter ces chants: «Les premiers disques furent enregistrés en juillet/août 1938; puis un chaman nommé Kruptniak ayant décrété que le "Krabluna [le blanc] s'emparait de l'âme des hommes sur ses ronds-de-pierre", il fallut interrompre le travail pour le reprendre en décembre, puis pendant l'été 1939. Entre-temps, les Esquimaux s'étaient accoutumés à ma présence par plus d'une année de vie commune et à l'appareil qu'ils considéraient désormais comme un meuble familier» (Jean Gabus [s.d]: 1).

En 1998, le MEN récupère, grâce à la donation des héritiers de feu Zygmunt Estreicher, la copie intégrale des enregistrements que Jean Gabus mentionne dans son ouvrage *Vie et coutumes des Esquimaux caribous* (1944: 217): «La même collection copiée est à l'Institut de Musicologie de l'Université de Fribourg où elle est en travail entre les mains d'un musicologue,

M. Estreicher, qui va publier incessamment une thèse sur ce sujet». Comme les originaux conservés au MEN n'ont pas résisté à l'usure du temps et ne sont plus audibles, cette copie complète a été numérisée par la Fonoteca nazionale de Lugano. Jean Gabus a décrit et traduit une partie des 61 documents sonores dans ses publications ultérieures où il classe le corpus par genre.

Musique des Esquimaux Caribous juillet-août 1938 - août 1939 (GA38-1 à 61):
– danses au tambour *piherk* (*pisiq*): 28 enregistrements;
– chants magiques *pektroherk* (*pitqusiq*): 10 enregistrements;
– conversations diverses: 6 enregistrements;
– mélopées: 5 enregistrements;
– chants de chasse: 4 enregistrements;
– jeux d'acoustique (enfants): 2 enregistrements;
– jeux de bilboquet: 2 enregistrements;
– manière de conduire les chiens: 2 enregistrements.

Collection Gabus 1948-1949: mission Tahoua (colonie du Niger)

A partir de 1942, Jean Gabus entame une série de missions de collecte ethnographique en milieu touareg dans les pays sahéliens encore sous régime colonial français. Tout d'abord au Soudan français (futur Mali), dans la boucle du Niger, puis en 1946-1947 par avion Stinson de la Suisse, via l'Algérie, jusqu'au Soudan français et à la Colonie du Niger. Durant ce dernier séjour, il regrette de ne pouvoir disposer – pour des questions de poids – de matériel d'enregistrement du son. C'est pourquoi, lors de sa troisième mission saharienne et soudanaise (mission Tahoua/Kano 1948-1949), il recueille une première série de documents sonores, inaugurant ainsi une collection de musique touarègue mais aussi peule, haoussa et maure qui s'enrichira au fil des années, tant par son aspect qualitatif et quantitatif que par l'intérêt qu'elle présente du point de vue chronologique, puisqu'elle s'étend sur une cinquantaine d'années (1948-1998).

Il enregistre à l'aide d'un magnétophone américain *Soundmirror-Papertape*, premier modèle «grand public» d'enregistreur sur bande (de papier!) pleine piste à la vitesse professionnelle de 19 cm/s, qu'il a vraisemblablement acquis par l'intermédiaire de l'ingénieur Stefan Kudelski, modifié en vue d'un usage sur le terrain tropical. Le problème de la source d'alimentation électrique est résolu grâce à l'acquisition d'un groupe électrogène à essence auprès de l'armée française. Cet équipement représente donc un certain volume et implique presque toujours l'organisation de séances d'enregistrement durant lesquelles les musiciens-ennes et chanteurs-euses se produisent «sur commande», hors de tout contexte rituel spontané. Ces documents sonores font partie des tout premiers spécimens de musiques traditionnelles enregistrés dans la colonie du Niger par un ethnographe. Bien que n'étant pas un spécialiste de la musique, Jean Gabus procède méthodiquement, faisant une sorte d'inventaire des instruments de musique et des styles vocaux les plus emblématiques des groupes dans lesquels il enquête, les Haoussa, les Touaregs et les Peuls. De plus, ces documents révèlent la plupart du temps les noms des musiciens, les titres des chants et mélodies, et bien sûr les dates et le lieu, car Gabus enregistre des reportages à diffuser sur Radio-Lausanne, ce qui explique l'incontournable «Chers z-auditeurs…» par lequel ils débutent. Cependant, un problème technique majeur se pose au retour de l'expédition sahélienne, celui de la vitesse d'enregistrement: pour une raison probable d'incompatibilité entre la fréquence du courant électrique du groupe électrogène (50 Hz) et celle du magnétophone (60 Hz), tous les documents sont enregistrés à une vitesse trop élevée. Il s'ensuit, à la vitesse de lecture normale (19 cm/s), un effet de ralenti inacceptable. Heureusement, les copies sur bandes (en plastique cette fois!) effectuées au retour rétablissent la bonne vitesse mais y ajoutent un bruit de fond désagréable, audible notamment sur les extraits des musiques de cette mission édités par les Archives internationales de musique populaire (AIMP) de Constantin Brăiloiu. C'est tout récemment, à l'aide d'un logiciel de traitement numérique du son, que ces enregistrements ont enfin été restaurés dans leur état original. Leur valeur est d'abord historique car dans quelques cas la qualité de l'enregistrement et celle des musiciens laissent à désirer.

Une collection de 16 instruments, collectés en milieu haoussa dans la région de Tahoua (49.3), vient compléter ces enregistrements.

Mission Tahoua septembre 1948 - décembre 1949 (GA48-1 à 102):
- musique haoussa: 55 documents de musique instrumentale et vocale (dont 4 histoires par Albarka-le-conteur);
- musique touarègue: 33 documents de musique instrumentale et vocale, dont le chanteur Buwen, goumier touareg (troupes coloniales indigènes) rencontré et enregistré de nouveau en 1981 et 1987, en tant que récitant seulement; du tambour touareg *tendé*, du tambour de chefferie *ettebel*, de l'arc musical *fadengama*, mais pas de vièle monocorde *anzad*;
- musique Peul-Bororo: 14 enregistrements de musique vocale, préfigurant l'enquête cinématographique de Henry Brandt de 1953. Jean Gabus tourne plusieurs séquences de film 16 mm muet pendant les enregistrements de musique instrumentale ce qui offre la possibilité de les postsynchroniser.

Chapitre 5

ill. 1
Joueur haoussa de luth *gurumi*
Jean Gabus, 1948, Tahoua, Niger,
MEN archives GABJ 48

Collection Gabus 1950-1951: mission Maroc-Mauritanie

En 1950, le Musée acquiert un magnétophone *Revere*, plus léger et d'un maniement plus simple que le précédent, utilisant des bobines plus petites de ruban plastique plus résistant. Sa vitesse d'enregistrement était de 9,5 cm/s sur une demi-piste, chaque bobine permettant d'enregistrer davantage que le *Soundmirror*. Le désavantage est qu'à cette vitesse, la qualité du son est moindre. De plus, le courant doit toujours être fourni par le même groupe électrogène, ce qui engendre quelques désagréments audibles parfois dans des effets de «pleurage» dus à l'instabilité de la vitesse d'enregistrement. La caractéristique principale de ces documents reste donc surtout historique car une bonne partie d'entre eux présentent une tendance à la saturation des voix et des sons instrumentaux, c'est-à-dire qu'ils ont été enregistrés à un volume trop élevé.

Mission Maroc-Mauritanie décembre 1950 - janvier 1951 (GA50-1 à 42):
– 42 documents de musique maure vocale et instrumentale, jouée par des griots et des griottes au luth *tidinit* et à la harpe *ardin* (dont un exemplaire fut rapporté au MEN et coté 92.27.24), ainsi que quelques documents sur les techniques d'élevage et une conversation prise «sur le vif» lors d'une chasse avec des chasseurs nomades Nemadi, auxquels s'ajoutent quelques contes et mélopées.

Chapitre 5

ill. 2
Joueur maure
de luth *tidinit*
Jean Gabus,
janvier 1951,
Mederdra,
Mauritanie,
MEN 1951.7.78

Collection Jura 1952

En 1952, la Société jurassienne d'émulation, en collaboration avec la Société suisse des traditions populaires de Bâle, section de musique, et le MEN, entreprennent en commun une enquête sur les chants traditionnels du Jura. Le folkloriste Arnold Geering (1902-1982) et Zygmunt Estreicher recueillent à Porrentruy cinquante chants du répertoire traditionnel indigène (chants de travail, chansons enfantines), dont plusieurs en patois jurassien (Gabus 1953: 67-68). Quatre enregistrements ont été publiés en 1988 dans le disque LP 33 tours *Chante Jura*.

Enquête à Porrentruy, octobre 1952 (JU52: 1-50):
– 50 chansons.

Collection Gabus 1953: mission Bonanza (Niger-Tombouctou)

Pour cette courte mission aéroportée (avion Beechcraft Bonanza), le matériel d'enregistrement se réduit pour la première fois à un magnétophone autonome, l'un des premiers modèles de la célèbre firme Kudelski: le Nagra II à manivelle.
A Tahoua, Jean Gabus enregistre des griots haoussa, dont deux chansons par le chanteur et joueur de vièle monocorde *gogué* Dan Gourmou, déjà très réputé dans l'Ader pour ses airs populaires et son répertoire de chants sacrés reconnus pour leur efficacité lors de séances de possession par les divinités du culte *bori*[2]. Il enregistre également trois contes, récités par le conteur Albarka, comme en 1948. A Tombouctou, il recueille quelques appels à la prière du muezzin de la mosquée de Tombouctou-Sankoré. Un tambour d'aisselle *kotso* vient compléter la collection d'instruments de musique.

Mission «Bonanza» Niger-Tombouctou mars-avril 1953 (GA53-1 à 24):
– 24 documents (GA53-1 à 24).

ill. 3
Jeune tambourinaire haoussa frappant son *ganga*
Jean Gabus, mars-avril 1953, Tahoua, Niger

---

[2] Un «prix Dan Gourmou» a été instauré en 2004 pour récompenser les plus grands succès de la musique populaire nigérienne.

Collection Brandt 1953: Niger

En 1953, une mission cinématographique est confiée à Henry Brandt dans le but de tourner un film documentaire sur les Peuls wodaabe (anciennement appelés Bororo). *Les nomades du soleil*, sorti en 1954, est unanimement reconnu comme un document ethnographique de valeur. Zygmunt Estreicher utilisera des copies des enregistrements de la musique du film pour ses travaux d'ethnomusicologue (1955; 1960). Il s'agit de 6 bobines (HB53: bobines 1 à 6) dont le ruban est parfois pourvu de repères équidistants afin de faciliter la transcription et l'analyse des rythmes (Zygmunt Estreicher 1957).

Collection Estreicher 1959: Niger

En novembre 1959, Zygmunt Estreicher part pour le Niger afin de mener une «enquête musicale» dans l'extrême est du pays, chez les agriculteurs Manga et d'autres groupes apparentés, chez les Peuls sédentarisés ou semi-nomades mais surtout chez les Peuls wodaabe hanagamba nomadisant près du lac Tchad. De cette mission de quatre mois, menée dans des conditions difficiles, Estreicher rapporte 80 bobines enregistrées à l'aide du tout nouveau magnétophone autonome Nagra IIIB acquis par le Musée, mais aussi plusieurs centaines de photographies et trois précieux carnets de terrain récemment traduits du polonais par sa fille Christine Rieder-Estreicher.

Mission Estreicher Est nigérien décembre 1959 - mars 1960 (ZE59: bobines 1 à 80):
– 80 bobines de 13 cm, documents partiellement dépouillés.

ill. 4
Jeunes chanteuses peules hanagamba
Zygmunt Estreicher, 13 décembre 1959, Gueskérou, Niger

Collection Jacopin 1971: Amazonie colombienne

En 1970-1971, Pierre-Yves Jacopin, ethnologue américaniste, effectue des enregistrements durant sa mission de recherche chez les Yukuna de Colombie amazonienne et constitue une collection à l'intention du Musée. Il rapporte également de son séjour des documents de valeur, recueillis en situation, lors de grandes fêtes rituelles auxquelles il participait souvent comme danseur, laissant son magnétophone Nagra tourner pendant des heures. Une belle collection de 38 instruments de musique très bien documentés, parmi lesquels une paire de tambours à fente emblématique de la *maloca*, la maison des hommes (72.2.1 à 38), complète ces enregistrements.

Enregistrements entre septembre 1970 et juin 1971 chez les Indiens Yukuna de Colombie amazonienne (JA71: 1 à 196):
– chants du bal rituel de l'ananas *mawiru*;
– chants avec accompagnements de sonnailles et hochets pour le bal rituel de chontaduro;
– chants et trompes sacrées lors de la fête d'initiation du *yurupari*;
– enregistrements organisés des divers types de flûtes de Pan.

Collection Lichtenhahn 1971: Niger

En 1971, Jean Gabus organise au Niger ce qui sera à la fois la plus importante et la dernière mission ethnographique du MEN en milieu touareg. L'équipe scientifique qui l'accompagne est composée d'un ethnomusicologue, Ernst Lichtenhahn, d'un assistant ethnologue, François Bendel (1943-2011), d'un responsable en logistique, Albert Cœudevez et d'une équipe de la Télévision romande: Pierre Barde, réalisateur, Michel Perrenoud, caméraman et Jean-Claude Walther, preneur de son. Le peintre Hans Erni participe aussi à l'expédition, du moins

Chapitre 5

ill. 5
De gauche à droite: Jean Gabus, un forgeron touareg en discussion avec le dessinateur Hans Erni, Pierre Barde, réalisateur de la TV romande. Ernst Lichtenhahn, 1971, Niger

partiellement. La première partie du séjour se déroule à In Gall, où les musiciens et chanteurs haoussa et sonraï sont particulièrement sollicités mais aussi des forgerons, poètes et femmes tambourinaires touaregs du groupe des Kel Faday. L'expédition se déplace ensuite plus au sud dans les campements des Touaregs Kel Nan, et enregistre des joueuses de vièle monocorde *anzad*, puis quelques contes racontés par Albarka à Tahoua. Deux films comportant de nombreuses scènes musicales sont produits par la TV romande: *In Gall, rythmes, gestes et techniques* (coul., 54', 1972) et *Les Touareg du crépuscule* (coul., 62', 1972). E. Lichtenhahn et F. Borel réutiliseront très souvent ces archives sonores lors des cours d'ethnomusicologie. De larges extraits en seront publiés en 2002 par les CDs *Niger: Musique des Touaregs 1 et 2*. Une collection de 21 instruments de musique haoussa et touaregs (71.6.1 à 21), dont plusieurs furent enregistrés et même filmés en situation, complète cette importante documentation ethnomusicologique.

Mission «Cure salée» 24 juin - 10 août 1971 (LI71: 1 à 223):
- 223 enregistrements effectués par Ernst Lichtenhahn, professeur de musicologie à l'Université de Neuchâtel, à l'aide du Nagra IIIB de 1959;
- musique haoussa à In Gall: 53 documents;
- musique touarègue chez les Kel Faday, les Eddes et les Kel Nan: 152 documents;
- musique sonraï à In Gall: 18 documents.

Chapitre 5

ill. 6
Altinine et Moghaz font semblant de travailler avec le Stellavox SP7
François Borel, 1973, Tahoua, Niger

Collection Borel 1973: Niger et Dahomey

La première enquête ethnomusicologique de F. Borel au Niger a lieu en 1973 au sein d'une équipe ethnologique composée de François Bendel, chargé de cours à l'Institut d'ethnologie et Jean-Philippe Arm, étudiant licencié. Le séjour se déroule partiellement à Tahoua mais l'équipe se déplace pendant deux semaines au Dahomey (actuel Bénin). En principe consacrée aux musiques touarègues, dont des extraits seront publiés dans les CDs *Niger: Musique des Touaregs 1 et 2*, l'enquête offre aussi l'occasion de se pencher sur des musiques «domestiques» haoussa dédiées à des rituels féminins et aux naissances, ainsi qu'à des musiques de griots. Au Dahomey, une cérémonie de sortie annuelle du «roi» d'Allada (un des trois royaumes de l'ancien Danxomê) faisant l'objet d'un long cortège est enregistrée (des extraits figurent dans le CD *Bénin: rythmes et chants pour les vodun*, 1990).

Enquête Touaregs-Bénin mars - juin 1973 (BO73: 1 à 73):
- 73 enregistrements effectués par François Borel, assistant du professeur Lichtenhahn, qui lui prêta son magnétophone Stellavox SP7; (ill. 6)
- musique haoussa de Tahoua: 20 enregistrements (dont 3 histoires contées par Albarka);
- musique touarègue (Tamesna, Abalak, In Gall): 45 enregistrements (dont 14 chants de tambour *tendé* par Khadija);
- musique aïzo d'Allada (Bénin): 8 enregistrements.

Collection Borel 1973-1974: Dahomey

A la suite du court séjour au Dahomey, une seconde enquête se déroule pendant un mois à Porto-Novo, capitale de l'Etat et ville particulièrement vouée aux religions traditionnelles des Gun et des Nâgo. F. Borel loge chez l'habitant, en l'occurrence une vénérable féticheuse régnant sur les cérémonies d'initiation et de sortie de nouveaux (nouvelles) initié-e-s au culte des *vodun*, dans un quartier proche de celui du roi Gbefa. Ainsi, il lui est relativement facile d'assister à toutes sortes de cérémonies publiques présentant les résultats des diverses phases d'apprentissage des *vodunsi* après leur réclusion dans des «couvents» dédiés aux *vodun* Sakpata et Héviosso, de participer à des funérailles, à des évocations des ancêtres et d'en enregistrer les musiques. L'enquêteur recueille aussi quelques récits populaires chantés dédiés aux divinités. Une partie de ces documents est publiée dans le CD *Bénin: rythmes et chants pour les vodun*.

Chapitre 5

Enquête au Dahomey (Bénin) décembre 1973-janvier 1974 (BO73: 74 à 122):
- 48 documents enregistrés à l'aide du Stellavox SP7 du professeur Lichtenhahn.

Collection Borel 1978: Niger

Une brève enquête est menée par F. Borel dans la région d'In Gall, au campement de saison chaude des Touaregs Kel Faday, en compagnie de Altinine ag Arias, interprète et ami touareg de longue date. Il s'agit d'approfondir la terminologie de jeu utilisée par la joueuse de tambour sur mortier Khadija wəllət Awy Alkher (ill. 7), de compléter son répertoire déjà enregistré en 1971 et 1973 et de traduire les textes de ses chants parfois difficiles à décoder, tant ils sont émaillés de régionalismes dialectaux.

Enquête sur Khadija, In Gall, Niger 1978 (BO78: 1-30):
- 30 documents enregistrés à l'aide du Stellavox SP8 personnel de l'enquêteur.

ill. 7
Khadija construit son *tendé*
François Borel, 1978, In Gall, Niger

Chapitre 5

Collection Niger 1980-1983

Un important projet de recherche sur la musique des Touaregs du Niger financé par le FNRS se déroule en six séjours de plusieurs mois étalés sur trois ans. Son objectif principal est de constituer le répertoire des airs instrumentaux et vocaux des Touaregs nomades (par opposition à semi-nomades) de deux régions distinctes, quoique voisines: les Touaregs «du milieu», ou Iullemmeden kel Denneg, situés dans le triangle Tahoua – Tchin Tabaraden – In Aggar (région I); les Touaregs de la région d'In Gall et des plaines de l'ouest de l'Aïr, kel Faday et groupes tributaires (région II). Nous avions constaté qu'un répertoire commun existe pour les airs de vièle monocorde «*anzad*» et les chants solistes d'hommes. Afin d'identifier ces airs en fixant leur «signature» mélodique, nous enregistrons les mêmes «titres» auprès de plusieurs joueuses de vièle et de plusieurs chanteurs (répartition spatiale) et auprès des mêmes interprètes à plusieurs mois ou années d'intervalle (répartition temporelle). Cette méthode nous permettra: 1) d'établir le répertoire traditionnel des deux régions, sorte de patrimoine historique de tradition orale; 2) d'évaluer la part d'improvisation ou de spontanéité imputable aux interprètes et, par la suite, de déterminer quels sont les critères qui distinguent le style de tel ou tel d'entre eux; 3) de différencier les styles régionaux: les airs de la région I sont en général rythmés et souvent accompagnés de battements de mains, alors que dans la région II, les interprètes tendent à se libérer de toute contrainte rythmique et accompagnatrice.

Quant aux chants et rythmes de tambour sur mortier, leur pratique est beaucoup moins codifiée. Le contenu des chants de *tendey* se réfère à des anecdotes amoureuses, des événements locaux ou des fêtes officielles. C'est, disons, un répertoire «populaire», donc vaste et très personnalisé. Il n'en va pas de même des rythmes de tambour dont le répertoire peut plus ou moins être localisé par région et par genre: les rythmes accompagnant les chants exécutés lors des fêtes, baptêmes et mariages (au cours desquels interviennent les courses de chameaux) et les rythmes exclusivement frappés lors de séances de musique curative, où le chant intervient peu et dont le répertoire a été établi. (ill. 8)

A côté des principales activités instrumentales et vocales, divers types de manifestations musicales ponctuelles et occasionnelles font partie de la vie quotidienne du Touareg, par exemple, les chants islamiques, les chants de mariage, les chants de femmes et jeu de tambours sur cadre lors de la fête du Grand Mouloud; les activités enfantines comme le *tendey* d'enfants, l'arc musical *fadengama*, les jeux de bouche *belluwel* et *khaguwen*. Enfin, la musique de luth *tahardant*, d'origine malienne, est prise en considération car sa présence et son influence grandissante ne peuvent être négligées.

En plus des enregistrements audio et des photos, nous prévoyons d'effectuer des prises de vues animées afin d'analyser la technique de jeu des instruments, la musique vocale et la danse. Nous filmons donc des vidéos noir/blanc, à l'aide d'un petit magnétoscope non professionnel Akai utilisant des bandes magnétiques, dont la médiocrité est due autant à la qualité «bas de gamme» de l'appareil qu'à la maladresse du caméraman, car il se confirme une fois de plus qu'il est difficile, voire impossible, pour un amateur de maîtriser plusieurs médias à la fois (son, photo, vidéo). Néanmoins, quelques-unes de ces séquences seront transférées sur format VHS, puis numérisées en raison de leur intérêt historique.

En outre, six instruments de musique sont acquis, dont quatre vièles monocordes *anzad* jouées dans les enregistrements, ainsi qu'un tambour *tendé* d'enfant et une sanza haoussa *gidiga*.

Collection Niger août 1980 - août 1983:
- 413 enregistrements effectués à l'aide des Stellavox SP7 et SP8;
- 249 airs enregistrés auprès de 16 joueuses de vièle monocorde *anzad*;
- 103 chants d'hommes solistes enregistrés auprès de 9 chanteurs des deux régions (notamment Buwen);
- 33 chants de tendé et 29 rythmes enregistrés auprès de 10 chanteuses-tambourinaires;
- 28 documents de chants et musiques diverses (pour plus de détails, voir Borel 1984: 166-173);
- de larges extraits de ces documents font partie des CDs *Niger: Musique des Touaregs 1 et 2*.

Chapitre 5

ill. 8
Enregistrement de *tendé* avec le Stellavox SP8
François Borel, 1982, In Gall, Niger

Collection Borel 1987: Touaregs de l'Azawagh, Niger

Il s'agit d'une enquête de F. Borel de deux semaines en décembre 1987, centrée sur les prises de vues vidéo à l'aide d'une caméra Sony V-100 (format vidéo 8). Six cassettes V8-60 sont consacrées au montage et au jeu de la vièle monocorde *anzad* par Tafaysoq, Kichgari (Abalak); à des séances de *tasokenit* à Tiggart (au nord de Tahoua), dans lesquelles un groupe de femmes pratiquent une séance de musique curative en vue d'apaiser les angoisses d'une femme dépressive, et à la récitation de poèmes par un récitant touareg.

Touaregs de l'Azawagh, Niger 1987 (Ni87: 1-16):
– enregistrements sonores de vièle monocorde sur K7 à l'aide d'un Sony «walkman professional» WMD6.

Collection Borel CFPM 1991

En mars-avril 1991, F. Borel participe, en tant qu'expert chargé de la formation en ethnomusicologie, aux stages organisés par le Centre de formation et de promotion musicale de Niamey (CFPM). Des séquences de construction d'instruments de musique sont filmées et analysées par les élèves et stagiaires du Centre. Des groupes de musiques néotraditionnelles donnent des concerts et peuvent ainsi se voir et analyser leurs prestations dans le but de les améliorer. Le griot professionnel Djoliba, joueur de luth *molo* est également enregistré et filmé.

Collection CFPM 1991:
– 10 heures de vidéo, 2 heures d'enregistrement sonore sur K7 avec «Walkman professional» Sony.

Chapitre 5

ill. 9
Orchestre néotraditionnel du CFPM
François Borel, avril 1991, Niamey, Niger

Collection Borel CFPM 1992

En août 1992, F. Borel est sollicité pour accompagner des stagiaires en formation du CFPM à un exercice pratique d'enquête de terrain dans le village de Baleyara (100 km à l'est de Niamey). Plusieurs griots djerma et haoussa sont interviewés et enregistrés, ainsi qu'un *gardi*, sorte de bateleur-prestidigitateur, un groupe de percussionnistes *gasukari* frappant sur des calebasses pour accompagner un joueur de vièle monocorde *godié* et un groupe de percussionnistes touaregs intégrés aux pratiques musicales djerma. Au Centre même, la construction d'instruments, l'apprentissage d'instruments de musique traditionnels et les prestations des orchestres de musique nigérienne «moderne» sont filmés. Deux instruments haoussa fabriqués par l'atelier du CFPM sont acquis pour les collections du MEN: un petit tambour d'accompagnement *kazagi* et un tambour en calebasse *duma* (98.1.6-7).

Collection CFPM 1992:
– 7 heures de vidéo et 6 heures d'enregistrement sonore sur K7 avec «Walkman professional» Sony.

Collection Borel 1994: Niger

Commanditée par le professeur Ernst Lichtenhahn, cette enquête se déroule du 26 mars au 13 avril 1994 principalement à Abalak puis à Tahoua. Elle se concentre sur trois joueuses touarègues de vièle monocorde *anzad*; de la danse touarègue villageoise accompagnée de tambour sur mortier *tendé* frappé par un musicien travesti; la prestation d'Ibagdeshen, chanteur touareg âgé; un duo de vièles monocordes haoussa *gogué*, jouées par le petit-fils du fameux chanteur Dan Gourmou, enregistré par Jean Gabus en 1953, et son compère lors des cultes de possession *bori*; des griots-forgerons haoussa chantant des chansons de propagande contre le sida en s'accompagnant d'anneaux percutés *zari*; un griot joueur de luth tricorde *molo*, Amadou Baigirbi. Les enregistrements se font avec un petit magnétophone numérique DAT Sony.

Collection Niger 1994 (Ni94: 1-36):
– vièle *anzad* et une dizaine de cassettes DAT de 60' (partiellement dépouillée).

Collections Borel 1997 et 1999: Niger

En janvier 1997 et janvier 1999, de brefs compléments d'enquêtes sont effectués concernant la vièle *anzad* auprès de la joueuse Alghadawyet et de sa fille Tannurt (ill. 10) qui s'apprête à lui succéder; des contacts sont pris avec de jeunes groupes de musiciens touaregs, comme Tittit, qui joue une musique issue de la rébellion, prenant exemple sur des groupes confirmés comme Tinariwen (Mali) ou Abdallah Oumbadougou (Agadez), et qui a «tourné» en Europe et aux Etats-Unis. Enfin, enregistrement à Tahoua d'un poète de la rébellion, Hamed Alemin, qui renouvelle le répertoire ancien en se fondant sur les récits de combats récents de la rébellion auxquels il a participé.
Quelques-uns de ces documents ont été publiés dans le CD *Niger: Musique des Touaregs 1: Azawagh*.

Chapitre 5

ill. 10
Tannurt, fille d'Alghadawyet
François Borel, 1999, Abalak, Niger

Autres archives sonores

Il convient de répertorier également une série d'enregistrements originaux de concerts organisés à Neuchâtel dans le cadre du cours d'ethnomusicologie ou pour celui-ci.

Autres archives sonores:
- concert-démonstration de musique indienne traditionnelle avec Baskar Bose, luth *sarod*, Regula Qureshi, vièle *sarangi* et Shashi Busan Nayak, tambours *tabla*. MEN, 14 décembre 1973. Enregistrement de F. Borel avec Stellavox SP7;
- musique marocaine arabo-andalouse (*nawba* traditionnelle) par l'orchestre de Hadj Idriss Ben Jelloun, de Fès, Cité universitaire, 29 janvier 1978. Enregistrement professionnel effectué de Jean-Claude Gaberel;
- musique javanaise par un groupe de musiciens de l'Université de Djakarta dirigé par le professeur Suryabrata: gamelan avec xylophones *gambang*; théâtre d'ombres *wayang kulit*; orchestre d'*angklung*. Cité universitaire, 25 mai 1977. Enregistrement de Pierre-Alain Vallon;
- musique de cliques au *Morgenstraich* du carnaval de Bâle (*Fasnacht*), jeudi 13 avril 1978 de 04h00 à 06h00. Enregistrement de F. Borel avec Stellavox SP8;
- musique indienne avec Laurent Aubert, luth *sarod*, Peter Pachner, tambours *tabla* et François Borel, luth *tanpura*. Centre Culturel Neuchâtelois, 7 juin 1979. Enregistrement de F. Borel avec Stellavox SP8;
- concert-séminaire de musique de l'Inde du Nord avec Shalil Shankar, luth *sitar*, Nand Kishor, tambour *tabla* et Nanda Dey, luth *tanpura*. MEN, 12 juin 1980. Enregistrement de F. Borel avec Stellavox SP8;
- musique soufie turque avec Kudsi Erguner, flûte *ney*, et Nezih Uzel, chant et tambour sur cadre *bendir*, Centre Culturel Neuchâtelois, 20 janvier 1983. Enregistrement de F. Borel avec Stellavox SP8;
- récital de Talip Özkan, troubadour turc joueur de luth à long manche *saz bağlama*, Centre Culturel Neuchâtelois, 26 janvier 1984. Enregistrement de F. Borel avec Stellavox SP8.

Collection de disques 78 tours

Une douzaine de séries de disques acquis ou reçus par le MEN dans les années 1940-1950 et destinés probablement aux cours d'ethnomusicologie ou aux conférences sont mentionnés ci-dessous, pour mémoire. Bien qu'ils aient été produits par des labels commerciaux ou institutionnels, ces quelque 150 disques n'ont probablement jamais été réédités sous forme de microsillons ou CD, raison pour laquelle ils présentent un certain intérêt historique et documentaire.

Collection de disques 78 tours:
- série «Radio Maroc» 6 disques 78/30 Pyral;
- série «Musique du Maghreb»: 9 disques 78/30 Pyral;
- série «Archives internationales de musique populaire – Genève» 16 disques 78/25;
- série «Mission Ogooué-Congo, 1946, enregistrée par A. Didier et P. D. Gaisseau, recueilli par G. Rouget»: 28 disques 78/25 et 5 disques 78/30 (manque B26);
- série «Madagascar». Musée de l'Homme. Mission Clérisse 1938: 25 disques 78/25 (sur 30 au total);
- série «Musique populaire brésilienne» (Luiz Gonzaga, Dorival Cayimmi, etc.): 19 disques 78/25 de marques diverses;
- série «Musique populaire arabe» (Mohamed Abdel Wahab, Oum Kalsoum, etc.): 11 disques 78/25 de marques diverses;
- série «Musique populaire portugaise» (fado): 11 disques 78/25 de marques diverses;
- série «Musique populaire espagnole» (Flamenco populaire): 7 disques 78/25 de marques diverses;
- série «Musique populaire russe»: 9 disques 78/25 de marque PARLOPHON;
- série «Musique indonésienne (E.M. von Hornbostel)» (Java et Vorderindien): 2 disques 78/25;
- série Musée de l'homme «Expédition Orénoque-Amazone»: Musique primitive indienne, enregistrement de P. D. Gaisseau, 1948-1950: 5 disques 78/25 dans un album avec notice (1953);
- disque Musée de l'Homme: Nouvelle-Calédonie Mission Leenhardt 1939; Péninsule malaise, Mission Jeanne Cuisinier 1932.

Musique d'avenir

Actuellement, une petite partie des archives sonores est numérisée selon les normes recommandées par la Fonoteca Nazionale de Lugano et l'IASA alors que certaines collections ont déjà été copiées sur DAT et CD à partir de 1995 pour faciliter leur utilisation dans l'enseignement de l'ethnomusicologie. Les anciens fichiers-catalogues sont en cours de transfert sur des fichiers informatiques appropriés qui constitueront les «métadonnées» de ces archives. Les enregistrements originaux devront, quant à eux, faire l'objet d'un conditionnement spécifique selon les supports sur lesquels ils sont enregistrés. Ils constitueront donc, avec les copies effectuées dès la fin des années 1940, la base analogique de ces archives sonores. Nous continuons de croire qu'à côté des fichiers informatiques stockés sur des serveurs redondants sécurisés, une copie analogique sur bande magnétique présente l'avantage d'être lisible en tout temps, quels que soient le degré d'obsolescence des appareils de lecture et la labilité des logiciels.

Néanmoins, l'ensemble de ce patrimoine immatériel nécessitera encore de longs travaux de numérisation et de recherche documentaire afin de le sécuriser, d'assurer sa pérennisation et de le rendre accessible non seulement aux chercheurs, mais surtout aux populations auprès desquelles les musiques furent recueillies. Par ailleurs, des liens avec d'autres ressources telles que les instruments de musique et les documents visuels (photos, vidéos, films) devront être mis en place pour permettre une vision globale et une mise en situation des «phénomènes musicaux» qu'on ne pourra dès lors plus qualifier de simples «bruits».

Bibliographie

Borel François. 1976. «Archives sonores». *Bibliothèques et Musées 1975* (Neuchâtel): 107-108.

— 1977. «Les missions ethnomusicologiques et les archives sonores», in: *Musique et sociétés*. Neuchâtel: Musée d'ethnographie, pp. 34-40.

— 1984. «Ethnomusicologie». *Bibliothèques et Musées 1983* (Neuchâtel): 166-173.

— 2005. «De l'ethnologie musicale à l'ethnomusicologie», in: Gonseth Marc-Olivier Jacques Hainard et Roland Kaehr, éds. *Cent ans d'ethnographie sur la colline de Saint-Nicolas 1904-2004*. Neuchâtel: Musée d'ethnographie, pp. 221-226.

Caillat François. 1977. «Pour ne pas être sans objet, l'ethnomusicologie doit-elle les penser tous?». *Musique en jeu* (Paris) 28: 4-25.

Christensen Dieter, éd. 1970. *Katalog der Tonbandaufnahmen M1-M2000 der Musikethnologische Abteilung*. Berlin: Museum für Völkerkunde.

Estreicher Zygmunt. 1955. «Chants et rythmes de la danse d'hommes Bororo (enregistrements Henry Brandt): documents pour l'étude de la musique des Peuls Bororo». *Bulletin de la Société neuchâteloise de géographie 1954-1955* (Neuchâtel) 51: 57-93.

— 1957. «Une technique de transcription de la musique exotique (expériences pratiques)». *Bibliothèques et Musées 1956* (Neuchâtel): 67-92.

— 1960. «Le rythme des Peuls Bororo». *Colloques de Wégimont* (Paris) 1958-1960: 185-228. [4e colloque]

Gabus Jean. [s.d.]. «Chants et danses des Esquimaux-caribous». 5 feuillets dactylographiés.

— 1944. *Vie et coutumes des Esquimaux caribous*. Lausanne: Payot.

— 1953. «Musée d'ethnographie». *Bibliothèques et Musées 1952* (Neuchâtel): 65-71.

Lichtenhahn Ernst. 1975. «Ethnomusicologie». *Bibliothèques et Musées 1974* (Neuchâtel): 117.

Pelinski Ramón. 1981. *La musique des Inuit du Caribou: cinq perspectives méthodologiques*. Montréal: Les Presses de l'Université de Montréal.

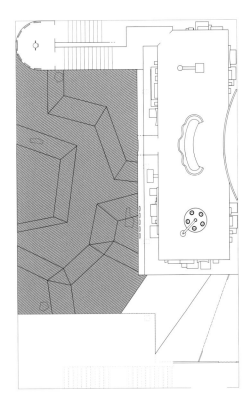

Le glouglou des pipelines

Si la plupart des navires patrimoniaux s'échouent dans la nostalgie, le sentiment de perte et d'impuissance, d'autres acteurs envisagent avec un esprit plus créatif la reconfiguration du passé. Les données patiemment réunies par les spécialistes des arts et traditions populaires sont ainsi joyeusement piratées, détournées et intégrées à de nouveaux jeux culturels, économiques et sociaux.

La musique offre une démonstration parlante de ce processus: immatérielle dans son essence, elle s'est retrouvée partiellement réifiée par la science et l'industrie. Aujourd'hui, les anciennes et nouvelles archives accumulées à son propos convergent sur l'Internet. Si elles profitent à quelques pirates, elles nourrissent également une création vibrante qui s'épanouit dans la performance «live» et au sein des festivals, nouveaux piliers de la consommation culturelle.

Des infrastructures improvisées évoquant à la fois la ruine et l'émergence invitent à décrypter une série d'enjeux contemporains structurés autour des tensions entre ici et ailleurs, gratuit et payant, gestion et innovation, contrainte et liberté.

Das Gluckern der Pipelines

Während die meisten Kulturgutschiffe in der Nostalgie, dem Gefühl des Verlustes und der Ohnmacht stranden, fassen andere Akteure mit kreativerem Geist die Umgestaltung der Vergangenheit ins Auge. Die von den Fachleuten der Volkskünste und -bräuche geduldig zusammengetragenen Daten werden so fröhlich raubkopiert, verfremdet und in neue kulturelle, wirtschaftliche und soziale Systeme einbezogen. Die Musik demonstriert diesen Prozess auf anschauliche Weise: ihrem Wesen nach immateriell, wurde sie von der Wissenschaft und der Industrie teilweise vergegenständlicht. Heute konvergieren die für sie zusammengetragenen Archive auf dem Internet. Während einige Raubkopierer davon profitieren, nähren sie auch eine mitreissende Kreation, die sich in der «Live»-Performance und im Rahmen von Festivals – den neuen Säulen des Kulturkonsums – entfaltet.

Improvisierte Infrastrukturen, die an Ruin und Entstehung zugleich erinnern, laden dazu ein, verschiedene zeitgenössische Themen rund um die Spannungen zwischen Hier und Anderswo, kostenlos und zahlungspflichtig, Verwaltung und Innovation, Zwang und Freiheit zu entschlüsseln.

Chapitre 6

The gurgling of the pipelines

If most of the vessels relating to cultural heritage run aground in nostalgia, a feeling of loss and of impotence, other players contemplate the reconfiguration of the past with a more creative spirit. Data that have been patiently gathered by specialists in the arts and popular traditions have thus been happily pirated, twisted and integrated into new cultural, economic and social games.

Music offers a vivid demonstration of this process: intangible in its essence, it has become partially reified by science and industry. Today, old and new archives that have accumulated in connection with this are found on the Internet. Although this may be to the advantage of certain pirates, it also helps give life to vibrant creations that flourish in «live» performances and at festivals, the new pillars of cultural consumption.

Improvised infrastructures that recall both destruction and emergence ask the visitor to decode a series of contemporary issues structured around tensions between here and elsewhere, those that are free or those that must be paid for, management and innovation, constraints and freedom.

Réalisation de l'espace Le glouglou des pipelines
le 2 août, le 4 août, le 9 août, le 9 août,
le 18 août, le 28 août, le 1er septembre, le 8 septembre,
le 12 septembre, le 14 septembre, le 23 septembre, le 29 septembre 2010

Le bar *La vida loca*

Dans les festivals de musiques du monde, les bars et plus encore les stands de nourriture sont généralement confiés à des associations représentatives des cultures mises en scène. Cette invitation n'est pas fortuite: elle renforce le propos transculturel des organisateurs et amène une touche d'authenticité à leur démarche, tout cela à moindre frais vu que les «autres» ne sont guère consultés sur le fond de l'événement.

Malgré le peu de moyens scénographiques qu'ils mobilisent, les stands «autres» se révèlent passionnants à observer. S'ils assument leur lot de clichés exotiques propres à désoler ceux qui prétendent bien connaître la région du monde concernée, les lieux communs sont battus en brèche sitôt qu'émergent les questions musicales. En effet, quand ils ont l'occasion de diffuser leurs propres choix musicaux, les animateurs «ethniques» donnent à entendre la musique populaire contemporaine de leur pays, celle qui revendique tout à la fois son héritage et son inclusion dans la modernité, celle qui ne fait l'objet ni des programmations à velléités savantes fondées sur la tradition «pure», ni des diffusions propres aux «musiques du monde» formatées pour l'oreille occidentale.

Dans un cadre où l'exotisme n'a peur ni des clichés, ni de s'approprier la musique pop internationale, le bar La vida loca *invite à découvrir une série de cocktails musicaux frais et inattendus en provenance des cinq continents.*

Chapitre 6

◀ **Figure en papier mâché *La charmeuse Susy et le serpent à plumes***
Suisse
H.: 110 cm
MEN 10.1.18

Personnage fabriqué par Pier Schwab à l'occasion de
la fête des morts mexicaine célébrée en 2009 à Neuchâtel.

Chapitre 6

Cercueil miniature
Marilyn Monroe
San Miguel de Allende,
Mexique
H.: 16 cm
MEN 10.81.4

Cercueil miniature
John Lennon
San Miguel de Allende,
Mexique
H.: 16 cm
MEN 10.81.3

Cercueil miniature
Jim Morrison
San Miguel de Allende,
Mexique
H.: 16 cm
MEN 10.81.1

Cercueil miniature
Frank Sinatra
San Miguel de Allende,
Mexique
H.: 16 cm
MEN 10.81.2

**Boîte avec couple
de musiciens**
Mexique
H.: 10 cm
MEN 10.81.8

**Boîte avec
Elvis Presley**
Mexique
H.: 10 cm
MEN 10.81.5

**Boîte avec couple
de musiciens**
Mexique
H.: 10 cm
MEN 10.81.6

**Boîte avec
Elvis Presley**
Mexique
H.: 10 cm
MEN 10.81.7

Yo te vi
Daniel Calderon y Los Gigantes, 2009, Colombie,
vallenato (genre musical), tiré de l'album *Via Libre*,
Sony Music International
Vidéo postée par DanielYLosGigantes sur www.youtube.com

Qolo
Tshe-Tsha Boys, 2008, Afrique du Sud, shangaan electro (genre musical), Vidéo postée par MrNozinja sur www.youtube.com

Geremia
Bonde Do Role, 2007, Brésil, baile funk (genre musical), tiré de l'album *With Lasers*, Londres: Domino records
Vidéo postée par visionphilms sur www.youtube.com

Leh Jani
Omar Souleyman, 2007, Syrie, dabke (genre musical), tiré de l'anthologie *Highway to Hassake*, Seattle: Sublime
vidéo postée par porest sur www.youtube.com

Guard The Isle Eternally (live)
Chthonic, 2006, Taïwan, black metal (genre musical), tiré du DVD *A Decade On The Throne, 10th Anniversary Concert*, Taipei: TRA Music, Taipei
Vidéo postée par asylumsinner sur www.youtube.com

Chapitre 6

Tribal Voice
Yothu Yindi, 1991, Autralie, folk-rock (genre musical), tiré de l'album *Tribal voice*, Rayleigh (UK): FMR Records
Vidéo postée par yakidk89 sur www.youtube.com

Vacuum Funk
Eliana Bürki, 2008, Suisse, folk-acid-jazz (genre musical), tiré de l'album *Heartbeat*, Schöftland (CH): Suonix Music
Vidéo postée par elianaburki sur www.youtube.com

Le stand *NeuchÀtourisme*

Depuis les années 1980, le phénomène festivalier a connu un développement ininterrompu. Partout en Europe, le nombre d'événements a crû de façon vertigineuse, couvrant presque tous les champs de l'expression humaine, de la musique à la gastronomie en passant par le terroir et les reconstitutions historiques.

Un tel succès n'a pas manqué d'interpeller la classe politique, tous bords confondus. Un festival apparaît en effet toujours comme une aubaine: il renforce l'image et l'économie touristique du lieu où il se tient; il offre des distractions inhabituelles à la population votante; il n'engage pas à long terme; il s'autofinance grâce au sponsoring et aux ventes de billets, nourriture et boissons.

Ce type de manifestations jouit à l'heure actuelle d'un vaste soutien public et les collectivités s'y manifestent de plus en plus ostensiblement afin de promouvoir les charmes de leur contrée, jouant la carte de la synergie entre tradition et innovation, identité locale et ouverture au monde, terroir et tourisme.

Derrière le modèle festivalier se profile donc clairement une nouvelle perception du champ culturel, de son utilité et de sa gestion, y compris dans le monde des musées. Elle se caractérise par une logique de coups à fortes répercussions médiatiques, parfois au détriment d'engagement à plus long terme; par un souci de rentabilisation immédiate plutôt que d'investissement; par la tentation de réduire au maximum les charges fixes et notamment de remplacer les salariés par des bénévoles ou des prestataires au mandat.

Sur un mode parodique s'inspirant d'exemples glanés à travers l'Europe, le stand NeuchÀtourisme *désigne quelques grands axes de cette reconfiguration.*

Chapitre 6

Cor de chasse en terre cuite (terre de pipe)

Dépourvue d'indication de provenance, cette pièce étrange semble avoir été découverte par un amateur dans le lac de Neuchâtel, aux alentours du site de La Tène ou près du Pont-de-Thielle. On l'a ainsi longtemps interprétée comme un instrument de musique des «temps lacustres»… A tort, comme l'a démontré une expertise de thermoluminescence: selon les spécialistes d'Oxford auquel il a été confié, ce cor ne peut être préhistorique puisqu'il a moins de 350 ans.
Laténium – Parc et musée d'archéologie (Hauterive), Nos inv. EURO 39 et EURO 225 (reconstitution).

Chapitre 6

Sifflets en céramique (âge du Bronze, vers 1000 av. J.-C.)
Cortaillod/Est et Cortaillod/Les Esserts ou Petit Cortaillod

Les archéologues étant des gens pratiques, ils sont souvent désarmés face aux objets dont la fonction n'est manifestement pas utilitaire… Il en va ainsi de ces curieux récipients en terre cuite trouvés en assez grand nombre sur les stations lacustres de l'âge du Bronze final. Diversement interprétés, ces objets sont probablement des sifflets à eau. Imitant le chant des oiseaux, de tels instruments pourraient ainsi être rapportés à une symbolique courante à la fin du second millénaire av. J.-C.: circulant indifféremment entre l'eau, la terre ferme et les cieux, les oiseaux aquatiques se sont en effet vu attribuer des vertus d'intermédiaires privilégiés entre le monde des vivants et celui des morts.
Laténium – Parc et musée d'archéologie (Hauterive), Nos inv. CORT 2154 et CORT 21167

Grelots en terre cuite (âge du Bronze, vers 1000 av. J.-C.)
Mörigen (lac de Bienne, canton de Berne)

D'apparence totalement anodine, ces élégants grelots étaient décorés, à l'origine, de ficelles passées dans les perforations de la paroi de terre cuite. S'agit-il de hochets, ce qui en ferait d'exceptionnels témoignages de l'enfance au temps des Lacustres? En raison du grand soin qui a manifestement été apporté à leur exécution, la plupart des préhistoriens sont enclins à y voir plutôt des instruments rituels qui auraient été agités à l'occasion de cérémonies. Mais peut-être n'est-ce que l'effet du travers si fameux des archéologues qui, dit-on, tendent trop volontiers à affecter au domaine religieux tous les objets dont la fonction utilitaire leur échappe…
Laténium – Parc et musée d'archéologie (Hauterive), Nos inv. BE-MOR 81 et BE-MOR 82 (fac-similés en plâtre)

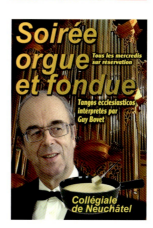

Chapitre 6

Bruits | Le glouglou des pipelines

La grande scène

Dans la configuration traditionnelle des spectacles, la scène représente le cœur du dispositif, le centre autour duquel gravitent les attentions et convergent les regards. L'observation ethnologique des festivals, notamment celle menée par les étudiants de l'Institut d'ethnologie entre 2007 et 2010, relativise cette perspective.
Le succès des open airs repose en grande partie sur les activités non musicales: animations de rue, gastronomie, installations à velléités artistiques ou pédagogiques, démonstrations artisanales, marchés aux saveurs du terroir ou d'ailleurs, émulation festive entre pairs, farniente ou mise en scène de soi-même au camping.
Ces facettes n'ont pas échappé aux organisateurs qui s'efforcent de les cultiver ou au besoin de les susciter. En fin de compte, le spectacle a lieu au moins autant en dehors que sous les feux de la rampe.
Un autre aspect notable des open airs est qu'ils offrent un mode d'écoute particulier, n'exigeant pas la concentration typique des salles mais tolérant au contraire le chuchotement, le grignotage et même l'indifférence ou le zapping entre les diverses attractions. Ce mode de consommation est largement attesté dans l'Antiquité mais semble avoir disparu à travers l'histoire ultérieure des musiques savantes occidentales. Plutôt que d'incarner un repoussoir à la mélomanie, les festivals bruyants, populaires et distraits réhabilitent ainsi peut-être un héritage millénaire.
La scène présente dans l'exposition a une double fonction: elle accueille ponctuellement des concerts (notamment tous les troisièmes dimanches du mois une coproduction avec les Jardins Musicaux) et, en temps normaux, elle offre un flot d'images attestant la richesse des animations dans les principaux festivals de Suisse.

Chapitre 6

Chapitre 6

Célébration œcuménique de Pentecôte
Yann Laville, 12-13 juin 2010,
Afro-Pfingsten Festival, Winterthour

Le public attablé devant la scène
Denise Wenger, 26-27 juin 2010,
5. Volkskulturfest Obwald, Sarnen

Village du Monde
Florence Christe, Yanick Gerber et Sarah Hillion (travaux pratiques d'ethnomusicologie, Institut d'ethnologie de Neuchâtel), juillet 2009, Paléo Festival, Nyon

Concert *fanFares !*
fanfares du Val-de-Ruz et Ensemble baBel
Grégoire Mayor, 21 août 2010, Les Jardins Musicaux –
Ensemble baBel, Cernier

Concert *Living room music* **(John Cage)**
Ensemble de percussion des Jardins Musicaux
Grégoire Mayor, 24 août 2010,
Les Jardins Musicaux – MEN, Cernier

Une table pour trois ou la troïka s'ennuie
de Jacques Demierre
Ensemble de percussion des Jardins Musicaux
Alain Germond, 16 janvier 2011,
Les Jardins Musicaux – MEN, Neuchâtel

Chapitre 6

Le festival off

Les abords des grands festivals sont colonisés par une foule bigarrée de musiciens, performeurs, conteurs et autres saltimbanques. Ces acteurs ont en commun de ne pas envisager la manifestation comme un spectacle fini mais comme une opportunité de présenter leur création, de toucher une audience plus vaste, de gagner quelque argent, d'amener un peu d'innovation au cœur d'événements autrement très formatés.
Leur stratégie est à la fois moderne et vieille comme le monde. Elle permet d'évoquer ici la manière dont certains groupes se mobilisent autour d'instruments de musique qui échappent aux cycles de la mode et aux prévisions de l'industrie culturelle, les arrachant à l'oubli, les remettant au goût du jour et les intégrant à des logiques nouvelles.

Chapitre 6

Le tambour chamanique

Le jeu du tambour est un aspect fondamental des pratiques chamaniques observées à travers le monde. Dans les croyances animistes, son rythme guide les cérémonies, permet au chamane de communiquer avec l'au-delà afin de traiter les maladies, écarter les maux frappant les humains, rendre la chasse fructueuse, etc. Ces pouvoirs n'ont jamais bien cadré avec les échelles de valeurs occidentales: les missionnaires ont entendu un fond de paganisme à éradiquer; les administrateurs coloniaux ont vu une preuve d'archaïsme justifiant leur entreprise de modernisation; les esprits cartésiens ont perçu une forme de superstition à dépasser; les ethnologues ont enregistré un fait social à étudier. Dans tous ces cas, l'efficacité rythmique n'a jamais été réellement prise au sérieux. Même si les chercheurs en sciences humaines cautionnent l'hypothèse d'un effet psychoacoustique, celui-ci ne peut être prouvé ni généralisé car touchant les seules personnes culturellement formées à réagir.

La critique de la modernité qui se fait jour à partir des années 1970 vient bouleverser cette donne: les philosophies non occidentales sont peu à peu redécouvertes, les savoirs populaires réhabilités, les médecines «naturelles», «traditionnelles» ou «alternatives» reconnues et pratiquées assidûment.

Parmi les nombreuses techniques alimentant cette nébuleuse qui est parfois taxée de «new age», le chamanisme fait un retour inattendu. Cours, séminaires, thérapies, jeu collectif et ateliers de fabrications d'instruments se multiplient. Des chamanes amérindiens sont régulièrement invités en Suisse afin de partager leur savoir. Les pratiquants y trouvent des satisfactions et des vertus indépendamment de leur origine sociale.

Chapitre 6

Tambour chamanique «résilience» et mailloche
Suisse
D.: 43 cm
MEN 10.82.1.a-b

One week in Arizona with a shamanic guide
Avec la participation du chamane Pahana, 2009,
Arizona du Sud: Sun Moon Films, part 1
Vidéo postée par neoshamanism sur www.youtube.com

Chapitre 6

River of light: shaman drum
Avec la participation de Katherine Andersen, 2009, probablement Durango, Colorado
Vidéo postée par petrox5 sur www.youtube.com

The drum I make
Kentucky Shaman, 2007, Kentucky, USA
Vidéo postée par kentuckyshaman sur www.youtube.com

Bruits | Le glouglou des pipelines | 285

La *piva ticinese*

La *piva ticinese* est une déclinaison régionale de la cornemuse, instrument dont l'origine fait toujours débat mais qui est déjà bien connu dans l'Antiquité romaine et devient très populaire au Moyen Age, partout à travers l'Europe.

Au sud des Alpes, la *piva* anime entre autres les bals et les fêtes campagnardes avant d'être peu à peu supplantée par l'accordéon au XIXe siècle. L'instrument disparaît, ne survivant plus qu'à travers des proverbes, des histoires ou des expressions.

La redécouverte commence à la fin des années 1970, quand les héritiers du peintre Cherubino Patà (1827-1899) trouvent une sorte de flûte dans son ancienne maison de Sonogno. L'enquête menée par deux spécialistes des musiques anciennes, Pietro Bianchi et Mireille Ben, établit qu'il s'agit en fait d'un chalumeau de cornemuse. Trois reconstitutions voient le jour et donnent lieu à quelques démonstrations.

Le processus gagne de l'ampleur au milieu des années 1980, quand l'enseignant Ilario Garbani découvre à son tour la *piva* et s'enthousiasme au point d'y consacrer la majeure partie de son temps. Il fabrique et surtout diffuse les instruments, enseigne le jeu et fonde un groupe ayant pour but de réintroduire ce patrimoine.

Malgré plusieurs controverses sur l'exactitude scientifique de sa démarche, Ilario Garbani sait convaincre par son enthousiasme et sa passion. Néanmoins, c'est plutôt à travers ses déclinaisons pop, intégrées dans un contexte folk-rock par des musiciens plus jeunes, que la *piva* sort véritablement du silence.

Chapitre 6

Piva ticinese
Suisse
H.: 108 cm
Collection Ilario Garbani

Sonpalaria: il magnano
Sonpalaria, 2009, Via Nassa, Lugano
Vidéo postée par worldmusician sur www.youtube.com

Chapitre 6

Swiss bagpipe undergoes modest revival:
Ilario Garbani présente une piva
Swissinfo, 2009, Tessin
Vidéo archivée sur le site www.swissinfo.ch

Swiss bagpipe undergoes modest revival:
fresque du XVe siècle de l'église Sainte Marie
de la Miséricorde, Ascona
Swissinfo, 2009, Tessin
Vidéo archivée sur le site www.swissinfo.ch

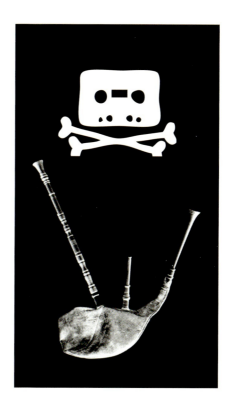

Le *kantele*

Le *kantele* est un instrument traditionnel finlandais accompagnant les poèmes chantés dont la somme constitue le *Kalevala*, saga consignée par les folkloristes entre la fin du XVIIIe et le milieu du XIXe siècle. Si ces vers inspirent beaucoup le mouvement nationaliste et la création de l'Etat finlandais, leur partie sonore – moins bien documentée, plus difficile à comprendre et à transmettre – est progressivement occultée.

Comme de nombreux instruments populaires en Europe, le *kantele* est redécouvert dans les années 1970 grâce au mouvement folk. Il sera dès lors promu dans les conservatoires et l'enseignement supérieur. Preuve de ce lobbying efficace, en 1985 est lancée une vaste campagne de réhabilitation au niveau du primaire sous le titre «un *kantele* dans chaque école».

D'après le musicologue Hannu Tolvanen, cet effort a des résultats pour le moins inattendus. En effet, au cours des années 1990, les thèmes du *Kalevala* et le *kantele* font une apparition massive dans les productions heavy metal finnoises.

Ces emprunts ont beau être largement détournés, ils mobilisent et inspirent la jeunesse bien mieux que n'ont su le faire enseignants et folkloristes avisés. Cet exemple rappelle que la transposition offre aussi un moyen particulier de transmettre et que celle-ci est sans doute plus conforme à l'esprit des traditions orales qu'une pointilleuse littéralité.

Chapitre 6

Kantele
Leppävirta, Finlande
L.: 73 cm
MEN 10.84.1

Kalevala Melody
2006, Finlande, Ensiferum, extrait de l'album *Dragonheads*,
clip d'un fan tourné à Savitaipale et Imatra, Finlande
Vidéo postée par kimmotapio83 sur www.youtube.com

Chapitre 6

My kantele
2004, Finlande, Amorphis, extrait de l'album *Elegy*,
clip d'un fan tourné à Savitaipale et Imatra, Finlande
Vidéo postée par kimmotapio83 sur www.youtube.com

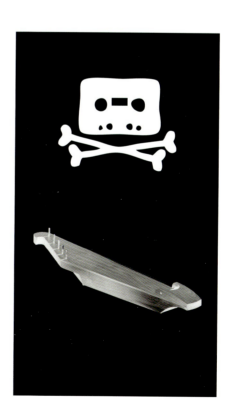

Le tambour *duma*

Le terme *duma* est un générique pour désigner la calebasse en langue haoussa. Par extension, il désigne un ensemble de tambours construits dans ce matériau qui interviennent à l'occasion des processions, des mariages, des baptêmes (*suna*) et des festivals traditionnels comme *Babbar Salla* et *K'aramar Salla*.

L'exemple présenté ici vient de Niamey. Sa belle facture classique traduit les ambitions initiales du lieu qui l'a vu naître, à savoir le Centre de formation et de promotion musicale (CFPM). Fondé en 1989, ce projet vise à défendre et à promouvoir la musique nigérienne en établissant un lieu de compétences autochtones pour former des musiciens et des luthiers, pour entreprendre des recherches ethnomusicologiques, pour archiver et mettre à disposition les résultats, pour assurer la transmission des techniques anciennes tout en favorisant l'ouverture au reste du monde.

Partant d'une initiative locale mobilisant associations et politiciens, le CFPM est soutenu par des ethnomusicologues européens qui avalisent le rapport de faisabilité, puis financé grâce à l'argent du Fond européen pour le développement. Comme beaucoup de projets similaires, le centre importe un modèle qui n'est pas forcément adapté aux besoins locaux. Une gestion dispendieuse le fragilise et, quand les subventions internationales baissent en 2002 pour faire place à l'autonomie, le centre plonge dans un état de léthargie.

Chapitre 6

Tambour-timbale *duma*
Niamey, Niger
H.: 21 cm
MEN 98.1.7

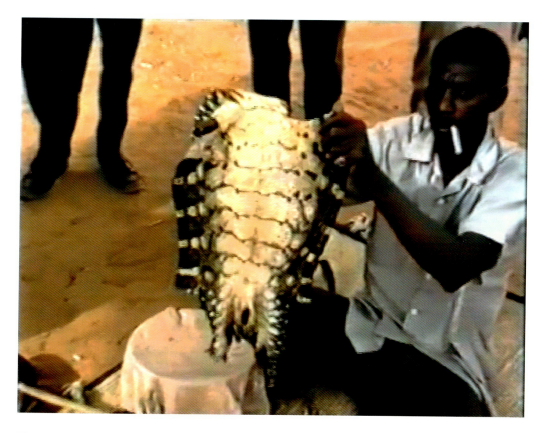

Chapitre 6

Fabrication d'un tambour *godié*
François Borel, 1991-1992, Centre de formation et de promotion musicales, Niamey, Niger, collection Borel

Cours de *godié*
François Borel, 1991-1992, Centre de formation et de promotion musicales, Niamey, Niger, collection Borel

Bruits | Le glouglou des pipelines

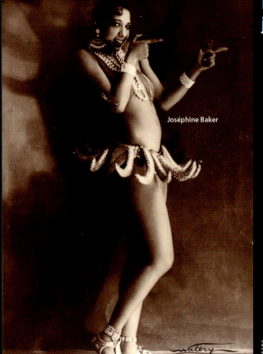

Real World ®

De plus en plus nombreux, les festivals se trouvent engagés dans une logique de concurrence et de surenchère. La plupart n'engrangent pas suffisamment de recettes pour couvrir leurs dépenses et ont besoin d'appuis négociés auprès des collectivités publiques et surtout des sponsors.
Parmi eux, les acteurs de la téléphonie mobile et de l'Internet se sont récemment taillé une part centrale. Traduisant le prodigieux essor des biens et services liés au champ de la communication, ce bouleversement redéfinit également les principes de collaboration entre économie et culture. En effet, tandis que les cigarettiers, brasseurs, journaux et autres sponsors habituels de la scène musicale se bornaient à faire poser des banderoles, inclure des logos sur les supports de communication et vendre leurs produits durant la manifestation, les nouveaux investisseurs franchissent un palier supplémentaire, exigeant de ces partenariats qu'ils fournissent des contenus jeunes, sympathiques et populaires afin d'alimenter leurs plateformes interactives: concours, blogs, reportages au cœur de la fête, interviews exclusives d'artistes, portraits de festivaliers, extraits de concerts.
Cette nouvelle forme de sponsoring illustre un paradoxe constaté ailleurs dans l'industrie culturelle, à savoir que la prétendue «virtualisation» des supports et des contenus n'aboutit qu'à renforcer l'emprise de ceux qui en gèrent la couche matérielle et concrète, les fournisseurs de machines et de canaux pour accéder à l'information. Déjà épineuse au temps des formats discographiques, la question des droits d'auteurs se complexifie d'autant: les anciens catalogues changent de mains et trouvent de nouvelles affectations, les artistes n'ont plus d'interlocuteurs immédiats, les questions légales se négocient à l'échelle de puissantes multinationales.
Via une série de jeux déclinant une annexion célèbre d'œuvre populaire au sein de l'industrie culturelle et de la publicité, la borne interactive de l'opérateur Real World *invite à réfléchir à l'exploitation tous azimuts des archives sonores et au rôle de passeur, d'impresario ou de résistant que les ethnomusicologues doivent tenir dans ce phénomène.*

RINGTONES

Images et son tirés du clip *Sanctuary*
Madonna, 1994, Sire Record, album *Bedtime Stories*
Vidéo postée sur http://www.cosmoflashgames.com

Le morceau *Sanctuary* intègre un motif *hindewhou*, technique musicale d'origine pygmée combinant chant et souffle dans un tuyau (traditionnellement un rameau de papayer). L'emprunt est toutefois attribué au seul jazzman Herbie Hancock et à son titre *Watermelon Man*.

Images et son tirés d'une exécution publique de *Watermelon Man*
Herbie Hancock, 2005, Tokyo Jazz, Japan
Vidéo postée par nevesh sur www.youtube.com

Le morceau *Watermelon Man* (1973, sur l'album à succès *Headhunters*) commence par une mélodie *hindewou*. Dans la notice, Herbie Hancock évoque l'influence de la musique pygmée, mais ne fait aucune allusion à d'éventuels auteurs ni au corpus ethnomusicologique *The music of the Ba-Benzele Pygmies* dont il a vraisemblablement repris le morceau d'ouverture.

Image et son tirés du disque *The music of Ba-Benzélé Pygmies*
Image et extrait sonore: Simha Arom en collaboration avec Geneviève Taurelle, *The music of Ba-Benzélé Pygmies*. 1966. Kassel/Bâle/Londres: Bärenreiter-Musicaphon (UNESCO Anthology of African Music)

Technique *hindewou* enregistrée par l'ethnomusicologue Simha Arom auprès d'une femme ba-benzélé. Bien que publiée dans le recueil *The music of Ba-Benzélé Pygmies*, qui a eu un fort impact dans les milieux universitaires et parmi certains compositeurs occidentaux (Luciano Berio, György Ligeti, Steve Reich, Herbie Hancock), cette performance n'a guère profité à la musicienne ni freiné les bouleversements culturels induits par la globalisation.

MUSIC PLAYER

Images et son tirés du clip *Find my baby*
Moby, 1999, Mute Records, album *Play*
Vidéo postée par rettungsdackel sur www.youtube.com

En 1999, l'artiste Moby fait sensation en intégrant des motifs blues à ses compositions électroniques. La plupart sont tirés du recueil *Sounds of the South*, édité par le folkloriste Alan Lomax, sans que le chercheur ou les musiciens soient crédités (à tout le moins dans la première édition). En l'occurrence, *Find my baby* est fondé sur le refrain du titre *Joe Lee's Rock*.

Images et son tirés d'une publicité *American Express*
Avec Tiger Woods et le morceau *Find my baby* de Moby
Vidéo postée sur www.videosostav.ru

A la sortie de l'album *Play* (1999), Moby innove également du point de vue commercial, en franchissant les morceaux et en favorisant leur usage à d'autres fins, notamment publicitaires.

Image et son tirés de l'anthologie *Sounds of the South*
Image: pochette du disque *Sounds of the South Vol. 2: Roots Of The Blues/The Blues Roll On*. USA: Atlantic-Records.
Son: *Joe Lee's Rock* par Boy Blue, Willie Jones & Joe Lee, 1960 (1959), Atlantic-Records-Alan Lomax

Morceau enregistré par Alan Lomax à Hughes, Arkansas, le 1er octobre 1959 dans le cadre d'une campagne d'enregistrement financée par Atlantic Records.

Images et son tirés d'une interprétation publique de *Natural Blues*
Moby, 27 septembre 2009, concert promotionnel à l'Apple Store de Sainte-Catherine, Montréal, Canada.
Vidéo postée par thelab301 sur www.youtube.com

Le tube de Moby *Natural Blues* intègre la voix de la chanteuse Vera Hall enregistrée à l'occasion du projet *Sounds of the South*. En concert, Moby ne se contente pas de jouer l'extrait digitalisé: il fait intervenir des chanteuses à voix blues qui, souvent, donnent au public l'impression d'être face à l'interprète originale.

Vera Hall - *Trouble so hard*
Image: *Vera Ward Hall at her home*, John Avery Lomax, 1959, Livingstone, Alabama, USA, collection Association for cultural equity (New York). Son: Vera Hall, *Trouble so hard* sur le disque *Sounds of the south Vol. 1: Blue Ridge Mountain Music*. USA: 1960 (1959), Atlantic-Records-Alan Lomax

Les airs captés pour l'anthologie *Sounds of the South* n'ont pas tous valeur de documents exceptionnels. En effet, plusieurs ont déjà été enregistrés par Alan Lomax et son père, John Avery, dans les années 1930, aux mêmes endroits et avec les mêmes interprètes. C'est notamment le cas de Vera Hall et de *Trouble so Hard*.

Images et son tirés de la campagne publicitaire *Maison du Café*
Quad productions, 2000, Paris, France
Vidéo archivée sur le site de l'ina www.ina.fr

Spot publicitaire employant le morceau *Natural Blues* de Moby.

Images et son tirés de la campagne publicitaire *Ushuaia (Mandchourie)*
Vidéo postée par JLBREIT sur www.youtube.com

Spot publicitaire employant le morceau *Sweet lullaby* de Deep Forest, fondé sur une berceuse traditionnelle des îles Salomon.

Rorogwela
Image: *Le bébé voyage sur la hanche de sa mère*, Hugo Zemp, 1974, in: Coppet Daniel de et Hugo Zemp. 1978. *'Aré'aré: un peuple mélanésien et sa musique* Paris: Seuil. Son: *Rorogwela* paru sur le disque *Solomon Islands: Fatalekaa and Baegu Music of Malaita*. 1973. Philips/UNESCO (coll. Musical Sources)

En 1969, l'ethnomusicologue Hugo Zemp travaille aux Iles Salomon. Il y enregistre notamment la berceuse traditionnelle *Rorogwela* chantée par Afunaka, une femme baegu. Le morceau est édité en 1973 puis en 1990 sous l'égide de l'UNESCO. Sa diffusion est confidentielle avant que le groupe Deep Forest ne l'échantillonne et ne l'intègre à son titre *Sweet lullaby*.

Images et son tirés du clip *Sweet lullaby*
Deep Forest, 1992, Dance Pool/Columbia/Sony Music, sur l'abum *Deep Forest*
Vidéo postée par Gualo92 sur www.youtube.com

Le titre *Sweet lullaby*, immense succès du groupe Deep Forest, intègre la mélodie de *Rogowela* enregistrée par Hugo Zemp sur un fond de musique électronique. La notice de l'album stipule que les droits ont été dument négociés auprès de l'UNESCO et de l'ethnomusicologue. Ce dernier conteste pourtant avoir jamais donné son autorisation.

Montage interactif réalisé par l'agence Contreforme (Neuchâtel) sur la base de l'article de Steven Feld. 2004. « Une si douce berceuse pour la "World Music" ». *L'Homme*, (Paris) 171-172 (juillet-décembre): 389-408.

Le shop

Le commerce de produits dérivés s'est imposé comme une règle au sein du monde festivalier. Il n'est aujourd'hui guère de manifestation qui ne vende au moins son t-shirt, la tendance allant plutôt vers une inflation de gadgets. Ce type d'objets récolte faveurs et quolibets au sein du public. Pour les uns, il s'agit d'un moindre mal permettant de soutenir tel événement ou tel artiste et d'afficher ses goûts publiquement. Pour les autres, il s'agit d'attrape-nigauds qui éloignent de la véritable expérience musicale, avilissent les artistes et profitent surtout à des entrepreneurs machiavéliques.
Indépendamment de ses enjeux financiers, la production de «merchandising» est intéressante car elle dénote un besoin de signes, de traces et de matérialité qui se cristallise autour de nouvelles «choses» à mesure que les disques sont abolis par le téléchargement de fichiers MP3. La version marchande n'est plus réservée aux stars via les grandes compagnies discographiques. A leur échelle, tous les patrimoines musicaux en font l'objet, qu'ils soient alternatifs ou pas, d'ici et d'ailleurs, traditionnels ou contemporains. Aspirés dans les circuits de l'économie globale, avec ses brusques phénomènes de mode, ils courent un risque de nivellement, d'essorage et d'extinction. Mais le processus dévoile aussi une forme d'utopie: celle d'un cosmopolitisme où les particularismes ne feraient plus obstacle à la compréhension, s'intégrant à des loisirs communs, forgeant une identité transnationale.
Les articles proposés dans les caisses du «shop» illustrent cette double lecture en reprenant certaines catégories évoquées dans l'exposition: musiques touarègues globalisées, ethnomusicologie déclinée sous forme de «guides» grand public, instruments métamorphosés en jouets pour petits et grands, rites de possession et courants musicaux changés en icônes et en souvenirs touristiques.

Chapitre 6

Objets et produits dérivés relatifs au groupe de musique touareg Tinariwen
Collection Andy Morgan, Bristol

Objets relatifs à la tarentelle
Région des Pouilles, Italie
Grand tambour, MEN 10.83.1
Tambourins touristiques, MEN 10.83.2-3
T-shirt «Salentu», MEN 10.83.4
Cartes postales, MEN archives

Chapitre 6

Instruments de musique pour enfants
Yabara, MEN 10.86.1
Kalimba soleil Goki, MEN 10.86.5
Kalimba coccinelle Goki, MEN 10.86.4
Kalimba simple Goki, MEN 10.86.3
Conga Rythm Club Remo, MEN 10.86.2
Bâton de pluie Fuzeau Editions, MEN 10.86.7
Bongos Rythm Club Remo, MEN 10.86.6

Objets relatifs au reggae
Suisse
Collier coquillages, MEN 10.85.11
Collier Linton Kwesi Johnson, MEN 10.85.14
Casquette rebel music, MEN 10.85.15
Patch Bob Marley, MEN 10.85.6
Boîte métallique, MEN 10.85.2
Ceinture Hailé Sélassié, MEN 10.85.8
Boucles d'oreille, MEN 10.85.12
Drapeau Bob Marley, MEN 10.85.16
Statuette, MEN 10.85.13
Papier à cigarettes Bob Marley, MEN 10.85.3-5
Boîte à cigarettes Bob Marley, MEN 10.85.7
Pendentif jamaïcain, MEN 10.85.9
Autocollant, MEN 10.85.1
Affiche, collection privée

Chapitre 6

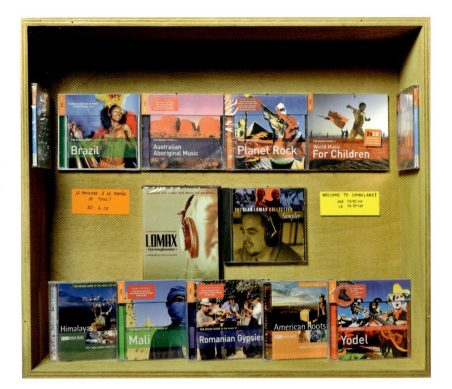

CD et DVD
Suisse
MEN
*The rough guide to
… Colombian street party,
… Brazil,
… Australian Aboriginal music,
… planet rock,
… world music for children,
… flamenco,
… Himalayas,
… Mali,
… Romanian Gypsies,
… American roots,
… yodel*

*Lomax the songhunter,
a film by Rogier Kappers,
The Alan Lomax
collection sampler*

Chapitre 6

**Guitares
miniatures de
collection**
Suisse
MEN 10.87.1-3

302 Bruits | Le glouglou des pipelines

Vuvuzelas
Allemagne; Suisse
H.: 59 - 62 cm
MEN 10.76.1, MEN 10.77.1, MEN 10.78.1

Chapitre 6

...le plus soi que de se nourrir des autres.
...ion est fait de matton assimilé.

Le manager à l'épreuve de la transvaluation

Fabien Hein

La «révolution numérique» affecte profondément les industries culturelles. En l'espace d'une dizaine d'années, l'industrie de la musique enregistrée est, d'une certaine manière, entrée en concurrence avec elle-même. Au modèle traditionnel défini par un support physique (disque) s'oppose désormais un modèle numérique défini par son immatérialité (fichier informatique). Sur le plan économique, la portée de cette mutation est considérable. Grosso modo, avant la «révolution numérique», les revenus du disque étaient proportionnels au volume des ventes. Aujourd'hui les ventes de disques s'effondrent et la dématérialisation de la musique enregistrée produit un affaiblissement généralisé de sa valeur économique. Sachant que l'appareil législatif est globalement incapable d'endiguer cette hémorragie[1], il appartient désormais plus que jamais à l'artiste, ou plus précisément à celui qui en gère les intérêts, le manager en particulier, de chercher de nouvelles sources de revenus.

Relocaliser la valeur de la musique enregistrée

Cette mutation invite à repenser la localisation de la valeur des contenus musicaux. Un certain nombre d'études (Chantepie et Le Diberder 2005; Bourreau et al. 2007) donnent à penser que cette transvaluation semble aujourd'hui située, en grande partie, dans la métainformation. «Les biens culturels, et singulièrement les biens musicaux, ont ceci de particulier que l'offre et la demande ne se confrontent pas sur un marché classique mais dépendent d'un système de guidage complexe qui doit préparer leur adaptation qualitative. En quelque sorte, l'offre et la demande ne réagissent l'une avec l'autre qu'en présence de catalyseurs, qu'avec l'aide d'une diversité d'agents qui informent, préparent, choisissent, acculturent, sélectionnent, etc.» (Bourreau et al. 2007: 5). Ce système de guidage est généralement désigné par le terme «prescription».

---

[1] On peut prendre pour exemple la loi française Hadopi ou loi Création et Internet du 12 juin 2009 qui sanctionne le partage de fichiers en «peer-to-peer» (P2P) lorsque ce partage constitue une infraction au droit d'auteur. L'émergence de systèmes d'échanges privatifs de type «friend-to-friend» (F2F) fondés sur la cryptographie et la préservation de l'anonymat de ses utilisateurs met la loi en échec. Par ailleurs, le seul coût de mise en œuvre de la loi française est évalué à une somme oscillant entre 70 et 100 millions d'Euros, bien plus que l'ensemble des aides dont bénéficie la filière musicale.

La dynamique prescriptive

Prescrire un bien musical consiste globalement à le recommander à d'autres. Autrement dit, à s'en faire le médiateur, voire l'agent promotionnel. Il s'agit somme toute d'une activité propre à la majorité des consommateurs culturels. Il suffit de penser à notre propre activité prescriptive en matière de produits culturels pour s'en convaincre. Etant donné que nous déterminons nos propres attachements culturels, nous sommes libres de préférer la musique d'AC/DC à celle de Frank Zappa par exemple. Et ce faisant, nous nous privons rarement du plaisir d'évaluer leurs qualités respectives, d'argumenter nos préférences et, en bout de course, de prescrire certaines de leurs œuvres (Leveratto 2000). Autrement dit, ce potentiel prescriptif apparaît *de facto* comme une compétence ordinaire du consommateur culturel.

Le potentiel prescriptif

Il se trouve que ce potentiel prescriptif est particulièrement développé chez le fan. ce dernier consacre une grande partie de son temps, de son énergie et de son argent à valoriser son objet d'attachement (Hein 2006: 163), ce qui fait du fan un partenaire du circuit de la production culturelle. De ce point de vue, le fan est à la fois ressource économique et ressource en main-d'œuvre. Par cette double disposition, relative au processus de consommation culturelle (Colbert 2006; Hein 2003; Evrard 2004; Bourgeon-Renault 2009) et au processus de l'engagement (Kiesler 1971; Joule et Beauvois 2002; Tuck 2008), le fan n'est donc plus réductible au rôle de consommateur enthousiaste (et donc de tiroir-caisse). En ce sens, la figure du fan prend une nouvelle dimension, notamment en qualité de participant actif du processus de production culturelle (Fiske 1992; Brower 1992; Jenkins 2006; Fairchild 2008). On peut en prendre la pleine mesure à la lumière de ses multiples activités.

L'activité du fan

L'activité du fan se traduit par un certain nombre d'engagements ayant trait à des objets (merchandising) et à des collectifs (fan-clubs, *street team*, communautés numériques).

Le merchandising

Le merchandising correspond à l'ensemble des produits dérivés de l'image d'un artiste. Ces produits prennent communément la forme de t-shirts, de badges, de *stickers*, de posters, de casquettes, de porte-clés. L'accumulation d'objets de ce type constitue incontestablement un indicateur du régime d'engagement du fan dans sa passion. L'usage de ces produits exprime des préférences. Ce faisant, ils dépassent très largement les dimensions utilitaires ou matérielles que l'on pourrait attacher de prime abord à un t-shirt par exemple. Les produits dérivés engagent trois grandes dimensions symboliques enchevêtrées. Une dimension identitaire (affirmation de soi), une dimension communautaire (sentiment d'appartenance collective) et une dimension relationnelle (être relié à l'artiste). Dans cette configuration, il faut rappeler que l'affichage ostentatoire des goûts procède d'un consentement. Le fan accepte de dépenser son argent en échange d'un produit chargé de sens dont il attend qu'il confirme son identité et débouche sur de la reconnaissance. Il s'agit là d'un enjeu fondamental pour le consommateur culturel. De la même manière, consciemment ou non, l'investissement consenti par le fan représente également un enjeu déterminant pour l'artiste dont le nom ou le logo figure sur le produit dérivé. Il s'agit d'un enjeu à deux temps. Premièrement, le fan assure la promotion de l'artiste dont le nom figure sur le t-shirt. Secondement, ce même fan paie pour pouvoir réaliser cette activité promotionnelle.

Le fan-club

La passion du fan peut également s'épanouir dans un cadre collectif comme le fan-club. Dans sa forme traditionnelle, un fan-club consiste en une organisation pyramidale, verticale, centralisée et hiérarchisée, souvent de type associatif (ce qui implique le versement d'une cotisation annuelle permettant d'obtenir une carte de membre). Un fan-club vise à entretenir la passion d'un artiste au sein d'un collectif de fans dont le fonctionnement repose, pour l'essentiel, sur l'échange d'informations (Le Bart 2000; Le Guern 2002; Segré 2003). Par ailleurs, «les interactions au sein du fan-club produisent un cadre de référence, elles construisent la norme sur les façons acceptables d'être fan, dans et hors du fan-club, mais également sur l'identité collective du groupe et sa cohésion en termes de valeurs» (Le Guern 2009). En cela, le fan-club se caractérise principalement par sa dimension socialisatrice. Sa dimension participative s'exprime quant à elle davantage dans le dispositif *street team*.

La street team

La *street team* permet d'établir une continuité entre la construction identitaire du fan et celle de la pratique concrète du fan. Par *street team*, il faut entendre une organisation réticulaire, horizontale, décentralisée et prétendument non hiérarchisée, de type informel et totalement gratuit (qui nécessite néanmoins une inscription sur un registre tenu par le manager d'artiste). Une «équipe de rue» vise à promouvoir un artiste à l'occasion d'un événement spécifique (concert, festival, sortie de disque). Le principe de la *street team* consiste pour le fan à devenir localement le représentant – l'ambassadeur – de son artiste fétiche. Dans son secteur, dans sa ville, dans son lycée ou dans son université, le *street teamer* est nommément chargé de distribuer des *flyers*, de coller des affiches, de déposer des *stickers* et de transmettre sa passion d'un artiste. Pour le fan, participer à une *street team* consiste à faire quelque chose pour un artiste qu'il apprécie. Cette disposition représente une force substantielle pour un artiste. En effet, la dissémination de *street teamers* à l'échelle d'un territoire donné lui procure un maillage plus ou moins efficace selon sa densité. Car qui d'autre mieux qu'un fan saurait transmettre sa passion d'un artiste à d'autres personnes ? Qui d'autre qu'un fan consacrerait bénévolement plusieurs heures de son temps à coller des affiches dans sa ville, à distribuer des *flyers* à la sortie des concerts, à tenter d'influencer des internautes sur des forums ? Mieux que quiconque, le fan sait transformer un contenu artistique et culturel en objet social, à savoir faire connaître un artiste et le rendre désirable.

La communauté numérique

Le développement du web 2.0 rend aujourd'hui inenvisageable qu'une communauté de fans puisse être réduite à sa seule dimension physique. Il est donc primordial de considérer sa portée virtuelle. En effet, la démocratisation d'un ensemble de nouveaux outils de communication numérique favorise elle aussi l'engagement des fans et leur constitution en réseaux (Jenkins 2006). Ces deux aspects sont généralement profitables à l'artiste, bien qu'ils puissent également le desservir dans certains cas via la figure de l'antifan (Hills 2002; Jenkins 2006). Ainsi, un fan désireux de partager son amour (ou sa détestation) d'un artiste dispose aujourd'hui d'un arsenal sans commune mesure avec celui dont il pouvait tirer parti au cours de la période prénumérique (Allard 2005). L'émergence du web 2.0, avec son lot de blogs, de forums, de sites web de type *MySpace* ou *Facebook*, permet désormais un réseautage social d'une efficacité spectaculaire. Les sites d'hébergement vidéo de type *Youtube* et *Dailymotion* offrent une surface d'exposition sans précédent. Sans compter que les *wikis* renouvellent profondément l'organisation collective des savoirs et des contenus. En somme, la communauté de goût est aussi une communauté numérique. Et le web 2.0 en renforce la dynamique participative. Par analogie, il semble évident que la construction d'une communauté numérique, au même titre que le fan-club et la *street team*, procède d'un travail visant à la fois la promotion d'un artiste et la promotion de soi.

La mise au travail du fan

Cette série d'exemples illustre à quel point le fan réalise un travail de coproduction essentiel. Compte tenu de cette disposition, il peut aisément être mis à contribution par un manager d'artiste dont la fonction consiste à organiser la division du travail au sein d'une chaîne de coopération visant la valorisation d'un bien culturel dont il a la charge. Dans une telle configuration, le fan apparaît dès lors comme un manager de proximité plus ou moins autonome. Son travail aide le manager d'artiste à atteindre trois objectifs indissociables: 1) accroître le réseau de fans par un maillage local, 2) créer ou renforcer une communauté de goût et 3) développer et fidéliser la clientèle de l'artiste. Objectifs qui visent un seul but: maximiser les revenus de l'artiste, qui, accessoirement, sont aussi ceux du manager, étant entendu que ce dernier prélève un pourcentage sur les revenus de l'artiste.

Le fan comme coproducteur

Le manager bénéficie ainsi d'une main-d'œuvre volontaire, gratuite et enthousiaste. Ce qui lui permet d'envisager sérieusement la mise en œuvre d'une «coproduction collaborative» (Dujarier 2008). Dans ce modèle, l'artiste invite le fan à s'impliquer concrètement dans le développement de sa carrière. Une invitation à laquelle le fan, généralement désireux de participer, consent volontiers. Ce déplacement du fan dans le circuit de la production culturelle produit trois effets interdépendants. Premièrement, il rapproche radicalement les deux extrémités du circuit de production culturelle. Deuxièmement, il supplante une série d'intermédiaires opérant au sein des industries culturelles. Troisièmement, il reconfigure l'organisation du travail. Toutefois, ce serait surévaluer la puissance du modèle collaboratif d'imaginer que le fan puisse se substituer à l'ensemble des intermédiaires qui le séparent de l'artiste (Chantepie et Le Diberder 2005), ce qui pose en creux la question de l'efficacité du fan.

L'efficacité du fan

L'efficacité du fan renvoie à la fois à ses compétences et à son encadrement. De quoi est-il capable? Comment le contrôler? Faut-il le former? A priori, il est à la portée de n'importe quel fan de distribuer des *flyers* devant le portail de son lycée. Il est autrement difficile de lui confier la gestion d'une équipe de fans chargée de quadriller méthodiquement une ville pour distribuer des *flyers*. Dans tous les cas, quel que soit son degré d'implication dans une tâche aussi banale que la distribution de *flyers*, la tâche elle-même fait l'objet d'une prescription (le plus souvent à distance). Ce qui signifie que cette activité s'effectue sous un certain nombre de contraintes[2], avec le risque de lui faire perdre son caractère discrétionnaire. C'est dans ce contexte qu'il est nécessaire d'envisager les horizons d'attente du manager et du fan (Cowen 2000; White 2007). Le manager attend du fan qu'il consente à «donner de son temps et de sa personne» (Caillé 1998) afin de produire un travail rationnel et efficace (le plus contrôlé possible) pour le développement de sa carrière. De son côté, le fan attend de l'artiste qu'il lui offre l'occasion de réaliser un travail jugé utile et plaisant lui permettant de se développer ou de se valoriser (le plus librement possible) sur le plan personnel et social. Une véritable convergence d'intérêt ne peut être atteinte sans un mode d'organisation du travail satisfaisant pour les deux parties. C'est précisément à cet endroit que les rapports de pouvoir se redéfinissent le plus subtilement. Il serait risqué que le manager instaure un rapport de subordination, de type bureaucratique par exemple, entre lui et le fan, faute de voir ce dernier se désengager. Un fan ne s'engage bénévolement qu'à condition d'avoir de bonnes raisons de le faire. En théorie, la somme des bénéfices doit être plus élevée que la somme des contraintes. Dans ces conditions, le fan peut aisément se déprendre de ses liens envers un artiste pour s'attacher ailleurs – à plus forte raison dans le domaine culturel fondé sur le goût. Par conséquent, compte tenu du caractère incontrôlable du fan, peut-on raisonnablement envisager qu'il fasse l'objet d'un management ?

Le fan-management en question

Le «fan-management» consiste à encourager le volontarisme du fan de façon à le rendre profitable pour un artiste. Comment ? Un retour sur les stratégies de Tom Parker, manager d'Elvis Presley, peut apporter quelques éclairages. Parker comprend très tôt l'intérêt d'établir une relation de proximité avec les fans d'Elvis. A chaque nouveau disque, à chaque nouveau film, le manager fait expédier quelque 300'000 courriers à destination des cinq mille fan-clubs Elvis disséminés à travers la planète. Ces fan-clubs constituent un réseau d'une densité incomparable, qui fidélise le public. Les présidents de fan-clubs font l'objet de toutes les attentions de Parker. Il les inonde de cadeaux et les incite à répandre la «bonne parole» autour d'eux en organisant des réunions de quartier. Le système initié par Parker repose sur une personnalisation de la délégation. Il cible très directement ceux qui vont pouvoir l'aider à étendre le réseau des consommateurs potentiels d'Elvis (Nash 2006). L'enjeu est globalement identique pour les *street teams* ou les communautés numériques. Il s'agit pour le manager de se rapprocher des fans, de chercher à mieux les connaître, de nouer avec eux des relations privilégiées. Ce qui passe par un certain nombre de gratifications symboliques parmi lesquelles l'assurance de la considération de l'artiste et le bénéfice d'un traitement privilégié: primeur des informations, photos dédicacées, tickets de concert gratuits, rencontres avec l'artiste. De cette manière, le fan se valorise symboliquement et se positionne socialement. En somme, Tom Parker s'inscrit dans ce que Marcel Mauss appelle une économie de l'échange-don (2001). Le don étant ici envisagé comme un moyen de créer de la dette. Une dette qui, si elle reste irréductible à l'échange économique (Alter 2009), n'en vise pas moins la réalisation d'un bénéfice pécuniaire (toujours incertain). Quoi qu'il en soit, ce système participe indéniablement d'une montée en compétences du fan.

---

[2] Contraintes de temps (pour la sortie d'un disque ou un concert), de productivité (distribution de *flyers*, «bloguage» intensif), de résultat (évalué par les ventes de disques et de tickets de concerts).

L'*empowerment* du fan

En dépit de ses zones d'incertitude, la dimension proactive du fan-management constitue un puissant facteur d'*empowerment* pour le fan étant entendu qu'il participe d'une division du travail et qu'à ce titre, le manager lui reconnaît des qualités exploitables:

> Nous voulions essayer quelque chose d'amusant et nous savions que beaucoup de fans tenaient à nous aider à promouvoir Chimaira en intégrant une *street team*. Traditionnellement, notre label fait la promotion de notre album, puis nous partons en tournée et ça s'arrête là. Mais nous pensons que le soutien des fans est très puissant et que ces derniers peuvent faire un aussi bon boulot que n'importe quel label. Nous avons voulu le prouver au monde entier. Rien qu'en mettant un *flyer* annonçant le nouvel album sur ce site, nos fans peuvent répandre le message dans le monde entier avec une rapidité incroyable. Depuis le début de l'expérience, nous voyons de plus en plus de fans communiquer entre eux et faire passer le message. Ils sont en réalité en train de faire la promotion du disque ! Cela prouve qu'il peut y avoir un lien direct entre une formation et ses fans, une relation uniquement basée sur l'amour de la musique. J'adore nos labels, car ils sont capables de faire des choses que nous ne maîtrisons pas, mais c'est seulement une question de temps avant qu'ils ne disparaissent et que nous apprenions à nous débrouiller sans eux. Quand ce moment arrivera, les groupes pourront devenir leurs propres patrons et décider clairement de leur carrière sans dépendre de quiconque pour vivre de leur musique. [Extrait du magazine *Rock Hard* n° 87 (avril 2009). A noter que l'album en question *The Infection* est entré directement à la trentième place du *Billboard* qui classe les deux cents meilleures ventes d'albums sur le territoire américain]

Dans ce propos, le fan est bien envisagé comme une ressource d'avenir pour l'industrie de la musique. L'*empowerment* du fan fait désormais de lui un prescripteur incontournable. On attend de lui qu'il participe à une forme de marketing viral (Mellet 2009) et que, dans le même mouvement, il en vienne à se substituer à l'industrie elle-même. En ce sens, le fan (et sa communauté de pairs) est appelé à devenir la «nouvelle industrie musicale». Un modèle économique dont il reste évidemment à vérifier la validité et l'efficacité sur le long terme. L'émergence inédite de la figure du fan dans le circuit de production culturelle rend compte d'un changement de paradigme au sein de l'industrie de la musique enregistrée. Le postulat selon lequel la valeur réside désormais dans la métainformation semble l'emporter. Par conséquent, le fan s'impose désormais comme un acteur économique de poids. A la fois pour sa capacité prescriptive et pour son volontarisme relatif. Ce qui nous place devant une aporie. En effet, plus la musique devient immatérielle, plus ses flux sont facilités par les nouvelles technologies de l'information et de la communication (NTIC), plus le manager a besoin de s'appuyer sur des médiateurs humains qui acculturent, sélectionnent, classent, etc. Ce qui impose au manager de réfléchir simultanément au déploiement de nouvelles réciprocités, à une nouvelle organisation du travail et à de nouvelles modalités de création de valeur.

Bibliographie

ALLARD Laurence. 2005. «Express yourself 2.0 ! Blogs, pages perso, fansubbing...: de quelques agrégats technoculturels ordinaires à l'âge de l'expressivisme généralisé», in: MAIGRET Eric et Eric MACÉ, éds. *Penser les médiacultures: nouvelles pratiques et nouvelles approches de la représentation du monde*. Paris: Armand Colin/INA, pp. 145-172.

ALTER Norbert. 2009. *Donner et prendre: la coopération en entreprise*. Paris: La Découverte. (coll. Textes à l'appui)

BOURGEON-RENAULT Dominique, éd. 2009. *Marketing de l'Art et de la Culture: spectacle vivant, patrimoine et industries culturelles*. Paris: Dunod.

BOURREAU Marc, Michel GENSOLLEN et François MOREAU. 2007. *Musique enregistrée et numérique: quels scénarios d'évolution de la filière ?* Paris: DEPS. [disponible sur: http://www.culture.gouv.fr/deps · consulté en ligne le 27 novembre 2010]

BROWER Sue. 1992. «Fans as tastemakers: viewers for quality television», in LEWIS Lisa A., éd. *The adoring audience: fan culture and popular media*. Londres: Routledge, pp. 163-184.

CAILLÉ Alain. 1998. «Don et association». *La revue du MAUSS* (Paris) 11: 75-83.

CHANTEPIE Philippe et Alain LE DIBERDER. 2005. *Révolution numérique et industries culturelles*. Paris: La Découverte. (coll. Repères, 408)

COLBERT François, éd. 2006 (2000). *Le marketing des arts et de la culture*. Montréal: Gaëtan Morin.

COWEN Tyler. 2000. *What price fame ?* Cambridge, MA: Harvard University Press.

DUJARIER Marie-Anne. 2008. *Le travail du consommateur: de McDo à eBay: comment nous coproduisons ce que nous achetons*. Paris: La Découverte. (coll. Cahiers libres)

EVRARD Yves, éd. 2004. *Le management des entreprises artistiques et culturelles*. Paris: Economica. (coll. Gestion)

FISKE John. 1992. «The cultural economy of fandom», in: LEWIS Lisa A., éd. *The adoring audience: fan culture and popular media*. London: Routledge, pp. 30-49.

HEIN Fabien. 2003. *Hard rock, heavy metal, metal: histoire, cultures et pratiquants*. Paris: Mélanie Séteun/IRMA. (coll. Musique et société)

2006. *Le monde du rock: ethnographie du réel*. Paris: Mélanie Séteun/Irma. (coll. Musique et société)

HILLS Matt. 2002. *Fan cultures*. London: Routledge.

JENKINS Henry. 2006. *Fans, bloggers, and gamers: exploring participatory culture*. New York: NY University Press.

JOULE Robert-Vincent et Jean-Léon BEAUVOIS. 2002. *Petit traité de manipulation à l'usage des honnêtes gens*. Grenoble: PUG.

KIESLER Charles A. 1971. *The psychology of commitment: experiments liking behavior to belief*. New York: Academic Press.

LE BART Christian. 2000. *Les fans des Beatles: sociologie d'une passion*. Rennes: PUR. (coll. Le sens social)

LE GUERN Philippe. 2002. «En être ou pas: le fan-club français de la série *Le Prisonnier*», in: LE GUERN Philippe, éd. *Les cultes médiatiques: culture fan et œuvres cultes*. Rennes: PUR, pp. 177-215. (coll. Le lien social)

2009. «"No matter what they do, they can never let you down...": entre esthétique et politique: sociologie des fans, un bilan critique». *Réseaux* (Paris) 1/153: 19-54.

LEVERATTO Jean-Marc. 2000. *La mesure de l'art: sociologie de la qualité artistique*. Paris: La Dispute.

MAUSS Marcel. 2001 (1950). *Sociologie et anthropologie*. Paris: PUF. (coll. Quadrige)

MELLET Kevin. 2009. «Aux sources du marketing viral». *Réseaux* (Paris) 3/157-158: 268-292.

NASH Alanna. 2006. *Le colonel Parker: l'homme dans l'ombre d'Elvis*. Outremont: Stanké.

SEGRÉ Gabriel. 2003. *Le culte Presley*. Paris: PUF. (coll. Sociologie d'aujourd'hui)

TUCK Richard. 2008. *Free riding*. Cambridge, MA: Harvard University Press.

WHITE Mark D. 2007. «Metallica drops a *load*: what do bands and fans owe each other ?», in: IRWIN William, éd. *Metallica and philosophy: a crash course in brain surgery*. Malden, MA: Blackwell Publishing, pp. 199-209. (coll. Philosophy and PopCulture)

DES SONS ET DES LIEUX : LE SALENTO À L'ÈRE DU POSTTARENTISME

Salvatore Bevilacqua

La légendaire *taranta* sud-italienne – ce «vaudou national» ironisait Ernesto De Martino – et sa fameuse tarentelle thérapeutique – la *pizzica* – sont aujourd'hui indubitablement *trendy*. Dénicher un média qui n'ait pas encore cédé à la fascination exercée par la tarentule salentine relève presque de la mission impossible. Sans parler des publications de chercheurs de tous pays, l'arachnide a colonisé aussi bien les t-shirts souvenir du Salento (Pouilles) que les guides touristiques ou même le très pointu magazine *Vibrations* (Elongui 2001: 58) et la chaîne de télévision *Arte*[1]. Débarrassée de l'institution magico-religieuse du tarentisme, aspect élucidé par Ernesto De Martino (1961), cette *taranta* version XXIe siècle dépasse le simple phénomène de mode musicale; elle s'est muée en icône protéiforme du renouveau culturel du Salento (Bevilacqua 2007). Depuis une quinzaine d'années, promoteurs culturels et artistes, élus locaux et intellectuels mais aussi acteurs «ordinaires» s'approvisionnent dans le gisement inépuisable d'un folklore surmédiatisé et «désoralisé» depuis longtemps.

De la pathologisation à la patrimonialisation

Avant de disparaître vers la fin des années 1970, la thérapie rituelle du tarentisme prodiguée aux victimes, principalement de sexe féminin, de la morsure de la *taranta* s'est perpétuée, des siècles durant, en marge d'un tarentisme de papier et de salon swinguant avec les paradigmes médicaux du moment (Bevilacqua 2008). De la théorie humorale baroque à l'aliénisme mental, de la physiologie fibrillaire à la climatologie médicale, la tarentule et la chorée apuliennes, merveilles insolites, capturent la raison médicale et la curiosité d'un flot de naturalistes circonspects et de lettrés voyageurs du *Grand Tour*.

Si le patrimoine est une production historique fondée à partir de catégories savantes et politiques, c'est alors dans les cabinets de curiosités et d'histoire naturelle que s'ébauche la muséification du tarentisme. En effet, depuis le XVIIe siècle au moins, le tarentisme constitue un topique du discours médico-scientifique européen, levant le voile sur un pan fascinant de l'histoire de la discipline et du pouvoir congelant de ses taxinomies. Dès la seconde moitié du XXe siècle, historiens et ethnologues prennent le relais des médecins. La «maladie» se culturalise alors et témoigne d'une nouvelle politique du regard savant succédant à celle,

---

[1] http://www.arte.tv/fr/recherche/2810570.html [consulté en ligne le 3 juillet 2010]

positiviste et hygiéniste, de la pathologisation et de l'éradication. Ernesto De Martino, ce «Lévi-Strauss italien» (Charuty 2009) précurseur de l'ethnopsychiatrie, libère la tarentule de sa cage aliéniste. Il fournit, sans le vouloir, le chaînon théorique manquant entre médicalisation et patrimonialisation du «mal apulien». Publié en 1961 après un terrain réalisé aux Pouilles en 1959, *La Terra del rimorso*[2] fera date dans l'histoire de l'anthropologie malgré une reconnaissance tardive. Avec le film *La Taranta* (1962), tourné sous la direction de De Martino par Gianfranco Mingozzi, l'œuvre constitue, notamment depuis sa republication en 1994, la clé de voûte du tarentisme patrimonialisé. Commence alors une lente mais radicale mutation qui substitue à l'essence religieuse du tarentisme la musique et la danse de la tarentelle. Non plus hystérie convulsionnaire mais «socialisation de l'hystérie» (Rouget 1980), non plus «anachronisme et anatopisme mental» (Giordano 1957) mais «transe dionysiaque» (Pellegrino 2003), le phénomène devient un cas ethnographique «exemplaire» de danse de possession ou d'état modifié de conscience (Lapassade 1994; 1997). En revanche, hormis quelques paysannes âgées qui continuent à croire à la «morsure», la *taranta* et la *pizzica* sont encore perçues dans les années 1980 par la plupart des autochtones à travers le prisme d'une «attitude apatrimoniale» (Candeau 1996). Celle-ci s'exprime par une double dénégation: rebut folklorique obsolète et séquelle honteuse d'une *miseria* encore vive dans les mémoires.

«Autrefois, c'était un drame! Les parents d'une tarentulée n'étaient pas vraiment heureux de voir une proche hurler sur la place! Qui avait ces problèmes les gardait pour soi, ne tenait pas à les exhiber en public.» (Rocco, 40 ans)

«Ils ne voulaient pas entendre parler de ça, écouter cette musique parce qu'ils en avaient honte. Il y avait même les jeunes que cette musique rendait honteux d'être Salentins! Avant, on me prenait pour le fou du village, l'ivrogne. Maintenant, tout le monde s'enorgueillit de me connaître personnellement.» (Zimba, fils de tarentulé, 51 ans)

Ces extraits de récits recueillis dans le Salento (Bevilacqua 2007) témoignent de la force d'une damnation et d'un refoulement collectifs précédant la «résurrection» du mythe sous l'égide de la *worldmusic*. Le célèbre aphorisme d'Edgar Morin prend ici tout son sens: «Il faut que le passé soit mort pour ressurgir esthétiquement» (cité par Babadzan 2001). Gérard Lenclud (1987) et bien d'autres soulignent que ce que nous appelons communément «tradition» est le produit d'un point de vue *sur* le passé forgé *dans* et *pour* le présent. En clair, c'est la conscience de la modernité qui permet de penser la tradition comme un objet en soi.

Un label territorial

La *taranta* «renaît» dans les années 1990, initialement comme mouvement musical alternatif gravitant autour de la *pizzica* et des tarentelles. Depuis lors, elle est devenue un pilier de la «relance patrimoniale» (Bromberger et Chevallier 1999) et touristique de la région des Pouilles[3], du Salento en particulier auquel la *taranta* a donné son cachet irremplaçable. Considérée au sens large, cette patrimonialisation se manifeste à travers trois échelons politiques. Le premier, d'envergure nationale mais le moins actif, est illustré par le projet de loi intitulé *Disposizioni per favorire la conoscenza e la diffusione della «pizzica», della «taranta», delle musiche e dei canti popolari salentini*[4]. Déposée en 2006 par un sénateur salentin auprès du Sénat de la République italienne, cette loi n'est toujours pas votée à l'heure où j'écris ces lignes. Le deuxième niveau, aux effets bien plus tangibles, renvoie à la politique de

---

2 Traduction française: *La terre du remords*.
3 http://www.laterradipuglia.it/FR/culture/le-tarantisme-et-la-tradition-de-la-pizzica [consulté en ligne le 3 juillet 2010]
4 Dispositions pour favoriser la connaissance et la diffusion de la «pizzica», de la «taranta», des musiques et des chants populaires salentins.

développement culturel et touristique menée par une collectivité territoriale autoproclamée de la province de Lecce: la *Grecìa salentina*, alliance de onze communes bâtie sur une vision plutôt élastique d'une hellénophonie locale dépérissant inexorablement. Inscrit dans la liste des langues en danger de l'Unesco, ce néogrec, vraisemblablement d'origine byzantine, nommé griko est placé sous la tutelle de la Constitution italienne (loi 482/99) qui reconnaît et protège les «minorités ethnolinguistiques historiques» du pays, à savoir celles anciennement établies sur le territoire national. Avant cette prise de conscience, le griko était socialement dénigré et proscrit des institutions publiques. Il véhiculait l'image d'un dialecte «sans qualités» de paysans illettrés et une condition d'infériorité sociale, tout comme le tarentisme. *Sacàra* («serpent à la langue bifide» en dialecte salentin roman) est le surnom peu flatteur dont étaient affublés les «Grecs» du fait de leur bilinguisme suspect.

Aujourd'hui, le griko et la *pizzica* constituent, pourrait-on dire, les échos les plus retentissants du «patrimoine acoustique» salentin. Des acteurs politiques et culturels locaux ont saisi l'occasion, avec la «complicité» d'intellectuels prestigieux tel Franco Cassano (1996), de transfigurer ces stigmates en opportunité touristique grâce, en premier lieu, à la création, en 1998, du festival ethnomusical la *Notte della Taranta* organisé en plein mois d'août. Enrôlant des artistes de notoriété internationale, tels Joe Zawinul ou Stewart Copeland, cet événement majeur attire plus de 100'000 spectateurs à chaque édition depuis 2006. Il signe la réussite, médiatique du moins, du modèle de marketing touristique et de gouvernance «glocalisé» de la Grecìa salentina. A défaut de littoral, cette petite entité enclavée se projette hors de ses frontières comme un laboratoire bourdonnant de métissages culturels et musicaux. Cette question de la création, via le festival, d'un «territoire de convergences» entre griko et tarentisme conduit au troisième processus de revitalisation de la *taranta*: l'engouement social pour l'univers musical du mythe manifesté par les acteurs «ordinaires».

Passions ordinaires et émotions patrimoniales

Une société ne vit pas que *du* mais aussi *avec* un patrimoine. En effet, nous intégrons plus ou moins *intimement* un objet patrimonial censé nous relier à un territoire et à son histoire. Ainsi, la patrimonialisation ne se limite pas au travail de légitimation des «institutions de mémoire» que sont les musées, les bibliothèques, l'école ou les médias (Poulot 2001), mais se décline également en une constellation de pratiques vécues. «Sous l'allégorie culturelle du patrimoine ou à côté des gestes symboliques officiels, un travail de l'imaginaire collectif beaucoup plus ordinaire vient réenchanter des souvenirs et des signes, parfois fondés, parfois controuvés, mais avec une telle adjonction de sens collectivement partagé que le patrimoine peut devenir alors l'inverse du pastiche» (Augoyard cité par Rautenberg 2003: 15). A côté des procédures d'authentification officielles, les individus recalibrent certaines pièces du puzzle patrimonial sur leur vie, leurs liens sociaux et leurs «besoins» d'identité. Ces deux modalités, «officielles» et «ordinaires», de production du patrimoine se distinguent quant à leurs manières d'assurer la transmission de la culture orale; codifiée et consignée par l'écrit pour la première, vivante, plus souple et perméable aux «contaminations» pour la seconde.

Partant de cette question centrale de la transmission de la tradition, c'est, le plus souvent, par le prisme de la *pizzica* que les jeunes Salentins découvrent l'univers du tarentisme. Autrement dit, ce n'est pas la symbolique de la «morsure», expurgée par la honte sociale des générations qui l'ont connue, mais une musique et une danse «ethnicisées» et festives qui définissent leurs manières d'être porteurs de culture. La «musique traditionnelle» – version globalisée de la «tradition musicale» avec laquelle elle tend à être confondue (Aubert 2001) – constitue ainsi une voie privilégiée d'affirmation identitaire, de réalisation et d'inscription de soi dans une généalogie reconstituée ou rêvée.

La notion de «passions ordinaires» de Christian Bromberger permet de décrypter les significations de ces formes de reconquête sociale du patrimoine. Le concept «consacre des expériences sensibles et des intérêts intenses, que guette sans doute toujours l'excès (la manie), mais qui sont le plus souvent domestiqués et socialement autorisés. […] Partagés massivement, assumés individuellement, acceptés moralement, vécus intensément (mais sans abus dangereux), ces engouements sont perçus comme des aspirations légitimes à la réalisation de soi et au réenchantement du monde.» (Bromberger 1998: 26). Ni simple hobby, ni activité professionnelle à part entière, les passions observées constituent un engagement durable et formateur, un travail de réincorporation du passé qui relève du choix autonome et de l'apprentissage social.

Laissant les aspects purement ethnomusicologiques, attardons-nous sur les deux engouements, parfois cumulés, les plus populaires: la danse et le tambourin. Valentina (25 ans), Doris (23 ans), Roberto (21 ans) et Carlo (26 ans) livrent ci-après les «secrets» de leurs passions. (Bevilacqua 2007)

Danser avec les touristes

Ressuscitée dans les années 1990 dans la foulée de la redécouverte du tarentisme, la *pizzica* constitue la principale porte d'accès des jeunes Salentins à la «*cultura del ragno*», comme le dit Valentina qui se flatte d'une arrière-grand-mère tarentulée. La *pizzica* est le support d'une revendication culturelle conçue dans une représentation liant le sujet au monde précieux et fragile des anciennes générations, mais dont l'idée de muséification est bannie. Sur ce point, Valentina est péremptoire: «La *pizzica*, ça ne s'apprend pas!», elle ne s'acquiert ni dans les livres, ni dans les cours professionnalisés mais parmi les gens «humbles et vrais», surtout auprès de ces figures sacralisées que sont les *anziani*, les «anciens». Si les «jeunes» s'efforcent de respecter leurs canons stylistiques, cela ne signifie pas qu'ils dédaignent la «néo-» ou la «techno-pizzica», loin s'en faut. L'important, disent-ils, est de «savoir faire la part des choses», de ne pas prétendre agir en porteur de tradition lorsque la performance musicale ou chorégraphique est décontextualisée de sa matrice culturelle. Manière quelque peu paradoxale et candide de concevoir une continuité culturelle imaginaire, de réinventer une *pizzica* sans tarentule… Cette distinction utopique donne sens à des usages concurrents de la tradition, elle préserve un ordre symbolique et des émotions «authentiques» mises à mal par l'invasion aliénante du tourisme:

«Cette différence passe par toute l'expression du visage, des yeux, de la bouche, du regard qui traduit une idée de lutte avec la taranta… Les touristes qui ignorent ces choses s'amusent, rient, dansent certes, mais c'est limité, et ceux qui essaient d'imiter ces expressions sont un peu grotesques!» (Valentina)

Le touriste profane est montré du doigt. Pour les passionnés, il s'agit donc d'éviter toute confusion susceptible de troubler la légitimité de leur présence et performance. Ce «risque identitaire» donne lieu à des attitudes différentes suivant la valeur attribuée aux «lieux dansés». *La Notte della Taranta*, par exemple, est perçue comme un événement par définition artificiel, dépourvu de «racines» qui, à ce titre, autorise des conduites très ludiques (chorégraphie libre, ébriété, etc.) mais pauvres de sens. Au contraire, les pèlerinages et fêtes des saints sont placés au haut de l'échelle de valeurs des passionnés qui, de ce fait, s'y comportent avec plus de «conservatisme» expressif (gestuel, alimentaire, etc.).

Mais la *pizzica* est également jouissance physique. C'est un moyen d'expérimenter, seul, en couple ou en groupe, un transport total des sens. Pour Valentina, «ce qui est beau dans la *pizzica*, c'est que ça te prend entièrement en tant que personne. Moi je la sens comme une danse thérapeutique. C'est une danse qui s'adapte à toutes les situations émotionnelles: la joie d'être avec des amis, la colère, la tristesse, etc.». Doris, originaire des Abruzzes mais

Salentine de cœur, la vit comme un exutoire la déchargeant d'une énergie «sauvage» qui se déchaîne sous le tempo irrésistible des tambourins. La passion prend ici une connotation viscérale, tellurique, érotique mobilisant codes vestimentaires et usages du corps particuliers, tels «le port de la jupe longue, ne serait-ce que pour effectuer certains pas qui exigent de la relever délicatement», ou encore danser pieds nus pour la «sensation de contact avec la terre et parce que c'est plus beau».

La *pizzica* peut être ainsi le vecteur d'un plaisir extrême qui s'éprouve aux limites de la résistance et de la souffrance:

«J'ai dansé sans relâche de dix heures du soir à cinq heures du matin. Je n'ai même pas parlé, j'ai seulement dansé. Je te jure, quand je me suis arrêtée, ma cousine était effarée: j'avais les jambes en sang et j'ai bu cinq litres d'eau! Je ne sais pas d'où me vient cette force, d'autant que je fume énormément.» (Doris)

Réincorporation sélective de la «tradition», la *pizzica* procure les émotions les plus prisées au sein d'espaces resocialisés et resymbolisés: fêtes populaires villageoises, oliveraies centenaires, associations culturelles, etc.:

«L'ambiance était magique avec la scène installée devant la chapelle de campagne, les guirlandes, les stands de nourriture et des concerts toute la nuit. […] On n'était pas très nombreux à s'y rendre, il y avait surtout beaucoup de villageois, des vieux avec lesquels j'aimais bien danser.» (Valentina)

Objet de passion et passeur de mémoire

Danse fondée sur une double tierce rythmique rapide, la *pizzica* est inconcevable sans *tamburello* (tambourin), cylindre court en bois garni d'une membrane en peau animale et de cymbales métalliques [5]. Ressuscité après une longue obsolescence, cet «instrument leader» de la cure du tarentisme a entrepris une nouvelle carrière sociale qui l'a élevé au rang d'ethnosymbole du Salento et de fétiche des «mordus» de tarentelle.

«Tenir le rythme» de la *pizzica* réclame avant tout souplesse et endurance physique «car le mouvement n'est pas naturel! Il faut faire comprendre à la main de faire un mouvement qui ne lui appartient pas!» (Roberto). Percuter pendant des heures en imprimant un mouvement de torsion du poignet est un geste inhabituel et douloureux pour le débutant, laissant des écorchures certifiant que le «métier entre». Or, la capacité à dompter fatigue, blessures et tendinites accroissent l'aura «magique» de l'instrument car devenir un bon ou une bonne *tamburellista* est un statut qui se gagne littéralement à la force du poignet. La formation d'une callosité caractéristique sur la main apparaît comme un rite de passage obligé pour les néophytes et se donne à voir comme une marque corporelle distinctive. Mais, au delà de cet apprentissage initiatique, jouer de cet instrument «ancestral» nimbé d'histoire et de légende procure une émotion intense «qui demeure dans ton esprit. C'est un son plein de couleurs, qui n'est pas très sec; on peut introduire beaucoup de variations, même s'il n'y a que deux ou trois sons. […] J'ai aussi des tambours en plastique modernes, mais ce n'est pas la même chose, le son est froid. La vibration que produit la vraie peau, y compris sur la main, c'est une chose différente. […] Le son est particulier, c'est bouleversant, c'est vraiment différent, tu sens quelque chose qui bouge en toi, qui est différent de l'écoute de la musique moderne.» (Roberto)

Cette passion exige aussi une connaissance du «travail inscrit dans l'objet» (Bonnot 2002), à savoir l'apprentissage de sa fabrication artisanale qui permet de renouer avec le savoir-faire des *anziani* et qui fait de chaque objet une pièce unique.

---

[5] Existant en de nombreuses variantes, cette percussion est l'une des plus communes du bassin méditerranéen.

La collection de tambourins apparaît comme un prolongement de la passion musicale. Roberto possède «seize ou dix-sept tambours, tous différents» composant une sorte de petit «musée domestique» (Maffi 2004). Certains ont été fabriqués entièrement de ses mains, tannage de la peau et découpe des cymbales métalliques compris. A travers cette pratique autodidacte totale, Roberto aspire à se réapproprier des «secrets» de la civilisation matérielle et immatérielle paysanne, à emprunter la «voie des aïeux» (Muxel 2002), une voie «exemplaire» faite de simplicité et d'ingéniosité.

A l'instar de Roberto, Carlo entretient un lien affectif avec cet instrument qu'il joue et collectionne également. Pour lui, le *tamburello* est un vrai «sujet partenaire» aimé, choyé (Bromberger 1998), une sorte de reflet jumeau de lui-même: «c'est pareil que d'avoir un lien très étroit avec un frère très proche». Avec fierté, il explique, par exemple, les techniques d'exécution propres à chaque village salentin ou à d'autres régions d'Italie: le son crépitant d'Aradeo, celui plus sourd et binaire de la *tammorra* campanienne, les qualités et les spécificités d'un *bendir* du Maghreb… C'est bien le «plaisir de l'expertise» du passionné qui transparaît chez lui. La collection est une «vitrine de la mémoire» car l'«un des plaisirs de la passion est, en effet, d'en ressusciter les moments vifs, de discourir entre pairs de son objet, d'argumenter à l'infini sur ses richesses» (Bromberger 1998: 30). La richesse symbolique du *tamburello* réside précisément dans son origine pauvre, paysanne et dans son universalité. Pour Carlo, chaque pièce a sa texture, son histoire, son timbre ou sa «voix». Il en parle comme d'un objet animé d'une vie propre, d'une personnalité, comme s'il s'agissait d'un talisman qui accomplit sa vie en l'aidant à s'épanouir.

Carlo et Roberto se flattent d'être des disciples des grands maîtres tambourinistes du Salento (Pino Zimba, Uccio Aloisi) ou d'autres régions (Alfio Antico, Marcello Colasurdo, Pierangelo Colucci). Carlo déclare: «Moi, les traditions je les respecte parce qu'elles viennent avant tout des anziani. J'ai vraiment un culte pour les anziani». Roberto voue une vraie admiration au *maestro* sicilien Alfio Antico dont il a été l'élève et dont il s'enorgueillit d'avoir reçu les compliments: «j'ai un tambour signé dans ma chambre, accroché sur le mur!». De ces filiations symboliques, il ressort bien que «la tradition est un procès de reconnaissance en paternité» (Lenclud 1987: 118). Objet de passion, le *tamburello* apparaît comme un enjeu d'échanges symboliques, de sociabilités, de don et de contre-don: c'est un vrai «passeur de mémoire» (Muxel 2002).

La bande-son d'une toile infinie

Naguère «part maudite» – osons la paraphrase de Georges Bataille – de la culture salentine, le tarentisme est aujourd'hui un label territorial. La relation liant ce «présent» de l'ethnographie au Salento, région longtemps marginalisée, se donne à voir désormais à travers la construction historique de ce que Michael Herzfeld (1997) qualifie de *cultural intimacy*. En témoigne l'engouement pour la *pizzica* qui forge des manières émotionnelles durables de vivre le patrimoine générant un puissant sentiment d'attachement aux «aînés», à une terre, à un ethos. Tout sauf immuable, la tradition est ici ce fil imaginaire au moyen duquel on rapièce les fragments dispersés de la mémoire individuelle, familiale et collective. Modalités hétéroclites de mise en mémoire du mythe et stéréotypes de la «méditerranéité» font système dans le Salento. Derrière ce que d'aucuns nomment «néo-tarentisme» fleurit toute une économie symbolique et touristique, se déploie toute une théorie d'acteurs et de pratiques, d'objets et d'abstractions sémantiques qui, aujourd'hui comme hier, tissent à cette contrée une parure exotique seyant «admirablement» à la culture et au corps, fantasmés, de sa population. L'analyse des réemplois informels et de l'institutionnalisation du patrimoine salentin met en lumière cette dimension à la fois utopique et structurante de la tradition que résume Bruno

Latour (1991: 103): «On ne naît pas traditionnel, on choisit de le devenir en innovant beaucoup. L'idée d'une répétition à l'identique du passé et celle d'une rupture radicale avec tout passé sont deux résultats symétriques d'une même conception du temps. Nous ne pouvons pas revenir au passé, à la tradition, à la répétition, parce que ces grands domaines immobiles sont l'image inversée de cette terre qui ne nous est plus promise aujourd'hui: la fuite en avant, la révolution permanente, la modernisation.»

Se concevoir «traditionnel» est donc le fruit d'une *inter*-action, d'une médiation entre humains et objets tangibles ou intangibles. Rarement fortuit, le premier rendez-vous entre un terrain et un ethnologue marque les lieux et les gens observés d'un moment inaugural. Il offre aux indigènes le mode d'emploi de leur propre indigénisation, qui n'est autre que cette faculté de refonder la mutualité liant culture et territoire et permettant d'envisager une régénération du métabolisme identitaire autochtone. Le succès posthume d'Ernesto De Martino signale ainsi non pas un retour mais un *recours* nostalgique et esthétique au tarentisme dont l'ancienne efficacité sociothérapeutique s'était dissoute dans la psychiatrisation des corps et dans le rêve de normalité et de rattrapage économique du Mezzogiorno. La relecture de son œuvre a rendu légitime un «maniement du stigmate» (Goffman 1996). Indubitablement, les cendres de l'oubli et du déni ont fertilisé le terrain et stimulé la repousse du mythe.

Chapitre 6

Bibliographie

AUBERT Laurent. 2001. *La musique de l'Autre: les nouveaux défis de l'ethnomusicologie*. Genève: Georg.

BABADZAN Alain. 2001. «Les usages sociaux du patrimoine». *Ethnologies comparées* 2. [http://recherche.univ-montp3.fr/cerce/r2/a.b.htm · consulté en ligne le 19 septembre 2010]

BEVILACQUA Salvatore. 2007. *Les métamorphoses du tarentisme: la patrimonialisation du «mal apulien»*. Lausanne: Unil. [Thèse de doctorat non publiée]

— 2008. «Le tarentisme et ses fictions ethnographiques: épistémologie d'une maladie de l'Autre». *Gesnerus – Swiss Journal of the History of Medicine and Sciences* (Bâle) 65/14-15: 225-248.

BONNOT Thierry. 2002. *La vie des objets: d'ustensiles banals à objets de collection*. Paris: Maison des sciences de l'homme.

BROMBERGER Christian, éd. 1998. *Passions ordinaires: du match de football au concours de dictée*. Paris: Bayard.

BROMBERGER Christian et Denis CHEVALLIER, éds. 1999. *Carrières d'objets: innovations et relances*. Paris: Maison des sciences de l'homme.

CANDEAU Joël. 1996. *Anthropologie de la mémoire*. Paris: PUF.

CASSANO Franco. 1996. *Il pensiero meridiano*. Bari: Laterza.

CHARUTY Giordana. 2009. *Ernesto De Martino: les vies antérieures d'un anthropologue*. Marseille: Parenthèses.

DE MARTINO Ernesto. 1961. *La Terra del rimorso*. Milan: Il Saggiatore.

— 1999. *La terre du remords*. Le Plessis-Robinson: Institut Synthélabo.

ELONGUI Luigi. 2001. «Le pouvoir de l'araignée». *Vibrations* (Toulouse) 2. (hors série)

GIORDANO Etienne. 1957. «Una forma particolare di psicosi collettiva: il tarantulismo». *Neuropsichiatria* (Gênes) 1/13: 43-76.

GOFFMAN Erving. 1996 (1975). *Stigmate: les usages sociaux des handicaps*. Paris: Minuit.

HERZFELD Michael. 1997. *Cultural intimacy: social poetics in the Nation-State*. New York: Routledge.

LAPASSADE Georges, éd. 1994. *Intervista sul tarantismo*. Maglie: Madonna Oriente.

— 1997. *Les rites de possession*. Paris: Anthropos.

LATOUR Bruno. 1991. *Nous n'avons jamais été modernes: essai d'anthropologie symétrique*. Paris: La Découverte.

LENCLUD Gérard. 1987. «La tradition n'est plus ce qu'elle était». *Terrain* 9: 110-123.

MAFFI Irene. 2004. *Pratiques du patrimoine et politiques de la mémoire en Jordanie: entre histoire dynastique et récits communautaires*. Lausanne: Payot.

MUXEL Anne. 2002. *Individu et mémoire familiale*. Paris: Nathan.

PELLEGRINO Paolo. 2003. *Il ritorno di Dioniso: il dio dell'ebrezza nella storia della civiltà occidentale*. Galatina: Congedo Editore.

POULOT Dominique. 2001. *Patrimoine et musées: l'institution de la culture*. Paris: Hachette.

RAUTENBERG Michel. 2003. *La rupture patrimoniale*. Paris: A la croisée.

ROUGET Gilbert. 1980. *La musique et la transe*. Paris: Gallimard.

Chapitre 6

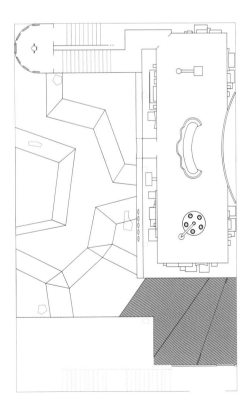

Le fracas du ressac

Das Tosen der Brandung
The roar of the undertow

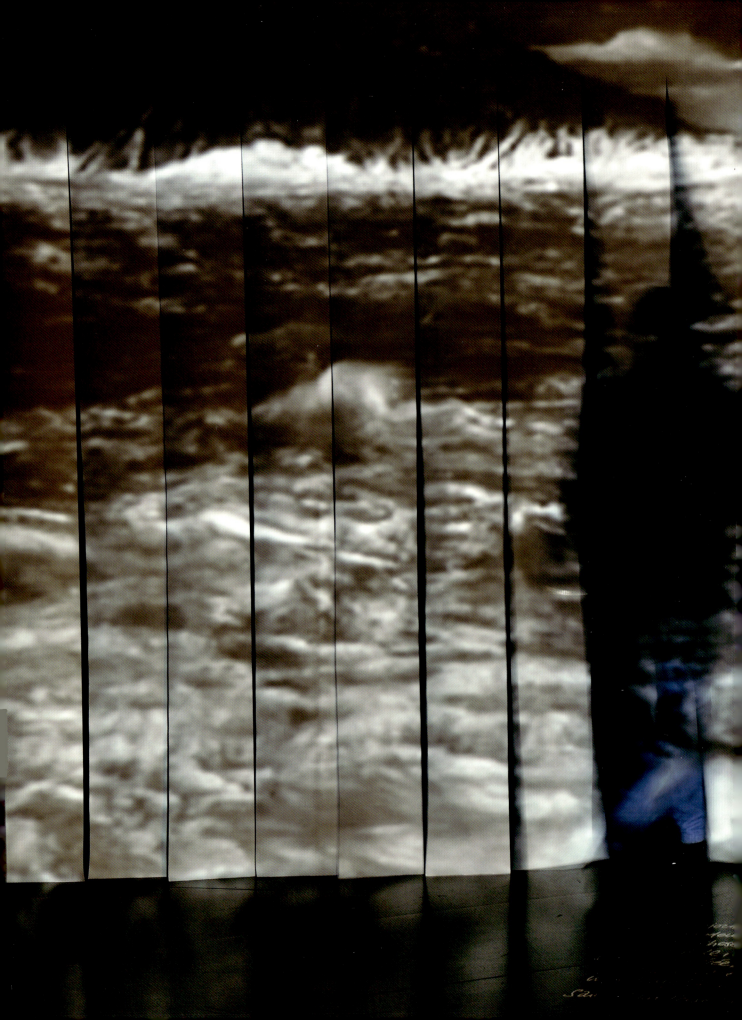

Jean Epstein (1897-1953)
1947. *Le tempestaire*.

Jean Epstein est aujourd'hui surtout connu pour son œuvre en tant que théoricien du 7e art. Il fut pourtant aussi un réalisateur d'avant-garde influent au cours des années 1920. Une partie de ses films a malheureusement été perdue. En 1947, il signe *Le tempestaire*, qui résume l'ensemble de ses recherches audiovisuelles en même temps qu'il jette un nouveau regard sur la mer.

Cette œuvre somme qui renvoie à d'autres œuvres disparues offre une conclusion ouverte à l'exposition *Bruits*, premier volet d'une trilogie consacrée à la notion de patrimoine immatériel.

"... Toujours il y eut cette c
cette grandeur,
" Cette chose errante par
par le monde, et sur toute
souffle proférée, la même
" Une seule et longue
inintelligible ..."

Saint-John Perse . 1941

...meur, toujours il y eut

...monde, cette haute transe

...grèves de ce monde, du même

...vague proférant

...phrase sans césure à jamais

Exil

AUTEURS

Salvatore BEVILACQUA, docteur en anthropologie, chercheur, Institut universitaire d'histoire de la médecine et de la santé publique (IUHMSP), Lausanne

François BOREL, ethnomusicologue, ancien conservateur adjoint au Musée d'ethnographie de Neuchâtel et ancien chargé de cours à l'Institut d'ethnologie de l'Université de Neuchâtel

Karin BIJSTERVELD, historienne et professeure à l'Université de Maastricht, Département d'études «Technologie et Société»

Gaetano CIARCIA, maître de conférences HDR; directeur du Département d'ethnologie à l'Université Paul-Valéry-Montpellier 3, chercheur au Centre d'études et de recherches comparatives en ethnologie (CERCE – EA 3532), Université Paul-Valéry-Montpellier 3, membre associé du LAHIC

Marc-Olivier GONSETH, conservateur du Musée d'ethnographie de Neuchâtel

Gérôme GUIBERT, maître de conférences en sociologie à la Sorbonne Nouvelle (Université Paris III)

Jean-Pierre GUTTON, professeur émérite d'histoire moderne à l'Université Lumière-Lyon 2 et à l'Institut universitaire de France

Fabien HEIN, maître de conférences en sociologie, Université Paul Verlaine, Metz (2L2S/ERASE)

Caleb KELLY, chercheur et chargé d'enseignement à l'Université de Sydney, curateur dans le domaine de l'art sonore

Yann LAVILLE, conservateur adjoint au Musée d'ethnographie de Neuchâtel et chargé d'enseignement à l'Institut d'ethnologie de l'Université de Neuchâtel

Walter LEIMGRUBER, professeur ordinaire et directeur du Séminaire de sciences sociales et culturelles et d'ethnologie européenne à l'Université de Bâle

Pierre MARIÉTAN, musicien, compositeur, professeur, chercheur, installateur sonore, Paris

Grégoire MAYOR, conservateur adjoint au Musée d'ethnographie de Neuchâtel et chargé d'enseignement à l'Institut d'ethnologie de l'Université de Neuchâtel

Alain MÜLLER, docteur en anthropologie, Institut d'ethnologie de l'Université de Neuchâtel

Jean-Marie PRIVAT, professeur aux universités, Centre d'études linguistiques des textes et des discours (CELTED), Université Paul Verlaine – Metz et IIAC-LAHIC, EHESS-CNRS, Paris

Béatrice RAMAUT-CHEVASSUS, directrice du Centre interdisciplinaire d'études et de recherches sur l'expression contemporaine (CIEREC – EA 3068), Université Jean Monnet, Saint-Etienne

Pablo VIDAL-GONZÁLEZ, directeur de l'Institut universitaire d'ethnologie et professeur d'ethnologie régionale à l'Université catholique de Valence

Nicolas WALZER, docteur en sociologie, Université de St-Denis de la Réunion

Ville de Neuchâtel - Direction de la Culture

BRUITS

2 octobre 2010 - 15 septembre 2011

Direction	Marc-Olivier Gonseth, avec la complicité de Patrick Burnier, Anna Jones, Yann Laville, Grégoire Mayor
Conception	Marc-Olivier Gonseth, Yann Laville, Grégoire Mayor
Recherches documentaires	Sara Revil, Denise Wenger
Scénographie	Patrick Burnier, Anna Jones, Raphaël von Allmen
Réalisation	Patrick Burnier, Anna Jones, Raphaël von Allmen, Ashleigh Blair, Laetitia Voirol; Bail Concept: Pascal Baillods, Yves Maye; Decobox: Fred Bürki, Juan de Riquer, Bérénice Baillods; Serge Perret
Recherches collections	François Borel, Olimpia Caligiuri, Julien Glauser, Bernard Knodel, Yann Laville, Grégoire Mayor, Sara Revil, Denise Wenger
Conditionnement collections	Chloé Maquelin
Administration	Fabienne Leuba
Communication	Chantal Bellon
Bibliothèque	Raymonde Wicky, Camille Ghelfi
Conception lumière	Laurent Junod
Réalisation lumière	Luc-Etienne Gersbach avec l'aide de René Meillard, Frédéric Erneut
Son	Gilles Abravanel avec l'aide de Mathias Demoulin
Photographie	Alain Germond
Multimedia	Contreforme: Samuel Rossetti, Noémie Oulevay; Les Ateliers Modernes: Marc Wettstein avec l'aide de Alex Mattart
Informatique	Centre électronique de gestion: Christophe Pittier, Philippe Piednoir, Galaad Banderet
Peinture scénique	Ashleigh Blair, Anna Jones
Peinture	Mehmet Xhemali
Graphisme	Nicolas Sjöstedt
Mise en pages	Jérôme Brandt
Traduction	Verena Härri, Annemarie Barnes
Montages vidéo	
Images	Baptiste Aubert, Leïla Baracchini, Pierre Barde, François Borel, Florence Christe, Jean Gabus, Yanick Gerber, Marc-Olivier Gonseth, Sarah Hillion, Yann Laville, Ernst Lichtenhahn, Alain Müller, Grégoire Mayor, Marie Merminod, Hervé Munz, Agnieszka Nagolska, Alice Sala, Yvan Schulz, Denise Wenger
Réalisation	Grégoire Mayor avec l'aide de Denise Wenger
Montages sonores	
Documentation	Yann Laville, Sara Revil, Denise Wenger
Réalisation	Gilles Abravanel
Lecture de textes	Alexey Blajenov, Matteo Capponi, Vincent Paeder, Liliane Rod, Laure Sandoz, Pierre Siegenthaler, Denise Wenger
Recherche d'objets	Bernard Knodel, Yann Laville, Grégoire Mayor, Yvan Misteli, Denise Wenger
Menuiserie	Menuiserie des Affaires culturelles: Philippe Joly, Daniel Gremion, Stéphane di Luca, Jonas Pleschberger, Lote Elongama; Gilles Amez-Droz
Travaux techniques	Angelo Giostra, Yvan Misteli
Lettrage	Décobox, Neuchâtel
Accueil	Sylvia Perret, Lucinda Jurt, Patricia Rousseau
Café	Stéphanie Demierre, Filomena Bernardo, Grazyna Comtesse
Cuisine	Eric Sjöstedt, Yvan Misteli, Angelo Giostra
Travaux divers	Jean-Marc Boschung, Olimpia Caligiuri, Mohamed Essalfi, Antonio Fazio, Julien Glauser, Chloé Maquelin, Mario Melcarne, Daniele Oioli, Eric Praz, Sara Revil, Félix Rui Manuel Rufino, Mehmet Xhemali
L'Atelier des musées	Marianne de Reynier Nevsky, Sandra Barbetti Buchs; Olivier Desvoignes
Affiches et carte d'invitation	
Graphisme	François Schuiten, Bruxelles
Impression affiches F4	Sérigraphie Uldry, Hinterkappelen
Impression affiches A3, cartons	Juillerat & Chervet, Saint-Imier
Cartes postales	Printlink, Zurich
Panneaux routiers	Atelier Jeca, Carouge

Prêteurs

Ateliers d'ethnomusicologie, Genève
NagraAudio Sales & After, Cheseaux
Bibliothèque de la Ville, La Chaux-de-Fonds
François Burland, Chardonne
Peter Craemer, La Chaux-de-Fonds
Département audiovisuel, La Chaux-de-Fonds
Fondation du Musée national Suisse de l'audiovisuel, Montreux-Territet

Ilario Garbani, Cavigliano
Francis Jeannin, F-Arles
Laténium, Hauterive
Andy Morgan, GB-Bristol
Oravox Laboratoire R+D, Hauterive
Georges Quellet, Hauterive
Hannu Tolvanen, Sibelius Academy, FIN-Helsinki

Remerciements

Jean-Philippe Arm, Neuchâtel
Laurent Aubert, Genève
Herbert Bartels, Cheseaux
M.S. Bastian / Isabelle L., Bienne
Romain Bessire, SITEL, Neuchâtel
Erika Brady, Western Kentucky University, USA
Didier Bufflier, Genève
Frédéric Bürki, Neuchâtel
Pascal Bussy, F-Paris
Centre électronique de gestion, Neuchâtel
Fabienne et Corinne Chapuis, Grandfontaine
Miriam Cohn, Bâle
Hubert Cortat, La Chaux-de-Fonds
Jean-François Cosandier, Neuchâtel
Daniel Crevoisier, Neuchâtel
La CRIÉE, Genève
Octave Debary, F-Paris
Federica Diemoz, Neuchâtel
Brigitte et Claudio Dorsaz, Grône
Maryse Fuhrmann, Auvernier
Philippe Geslin, La Chaux-de-Fonds
Arno Ghelfi, Neuchâtel
Florence Graezer-Bideau, Lausanne
Grammophon.ch, Uebeschi
Judith Gray, American Folklife Center, USA-Washington DC
Clara Gregori, La Chaux-de-Fonds
Christoph E. Hänggi, Seewen
Todd Harvey, American Folklife Center, USA-Washington DC
Paul Hegarty, University College of York, USA-New-York
Ellen Hertz, Fribourg
Gilbert Huguenin, Colombier

Jacques-André Humair, La Chaux-de-Fonds
Andrea Jacot-Descombes, Chiasso
Les Jardins Musicaux, Auvernier
Marc-Antoine Kaeser, Hauterive
Petra Koch, Rochefort
Andres Kristol, Neuchâtel
Walter Leimgruber, Bâle
Ernst Lichtenhahn, Bâle
Francis Margaux, Lausanne
Memoriav, Berne
Museum für Musikautomaten, Seewen
Jean-Marc Nicolas, Montreux-Territet
Galerie Numaga, Colombier
Phantom Prod, USA-Texas
Denise Perret, Neuchâtel
Julie Perrin, Genève
Chantal Renevey, Genève
Aurélie Reusser-Elzingre, Neuchâtel
Valentin Reymond, Neuchâtel
Christine Rieder, Neuchâtel
Juan de Riquer, Neuchâtel
RTS, Genève
RTS, Lausanne
André Scheurer, Uebeschi
Philippe Simon, Genève
Ives Sirrio, Berne
Sylvette Vittoz-Nicod et Roger Vittoz, Froideville
Raymonde Wicky, Neuchâtel
Louis-Gérard Wilhelm, La Chaux-de-Fonds
Rob Young, The Wire, GB-Londres

Les auteurs du livre

Salvatore Bevilacqua, Lausanne
Karin Bijsterveld, NL-Maastricht
François Borel, Neuchâtel
Gaetano Ciarcia, F-Montpellier
Gérôme Guibert, F-Paris
Jean-Pierre Gutton, F-Lyon
Fabien Hein, F-Metz

Caleb Kelly, AUS-Sydney NSW 2006
Pierre Mariétan, F-Paris
Alain Müller, Neuchâtel
Jean-Marie Privat, F-Metz
Béatrice Ramaut-Chevassus, F-Saint-Etienne
Pablo Vidal González, E-Valence
Nicolas Walzer, F-Paris

Concert *Living room music*

Julien Annoni, Bienne
Olivier Membrez, Bienne
Serge Vuille, GB-Londres
Guy-Loup Boiseneau, F-Annemasse

ainsi que les prêteurs ayant souhaité garder l'anonymat
et les différents services de la Ville qui nous ont aimablement offert leur appui

L'exposition *Bruits* a bénéficié de la collaboration étroite du Département audiovisuel de la Bibliothèque de la Ville de La Chaux-de-Fonds (DAV).
Le concert *Living room music* joué mensuellement jusqu'au mois de mars 2011 est une coproduction entre le MEN et les Jardins Musicaux.
Les publications accompagnant les expositions du MEN sont réalisées avec le soutien de La Loterie Romande.

Publications du Musée d'ethnographie

Naître, vivre et mourir – Actualité de Van Gennep (essais sur les rites de passage). 1981, 15 x 21 cm, 192 p., 22 ill. ISBN 2-88078-002-3. Epuisé
Collections passion. 1982, 15 x 21 cm, 288 p., 86 ill. ISBN 2-88078-003-9. Epuisé
Le corps enjeu. 1983, 15 x 21 cm, 180 p., 45 ill. ISBN 2-88078-004-7. Epuisé
Objets prétextes, objets manipulés. 1984, 15 x 21 cm, 192 p., 66 ill. ISBN 2-88078-005-6
Temps perdu, temps retrouvé – Voir les choses du passé au présent. 1985, 15 x 21 cm, 168 p., 33 ill. ISBN 2-88078-006-3
Le mal et la douleur. 1986, 15 x 21 cm, 208 p., 47 ill. ISBN 2-88078-007-1. Epuisé
Des animaux et des hommes. 1987, 15 x 21 cm, 224 p., 40 ill. ISBN 2-88078-009-8
Les ancêtres sont parmi nous. 1988, 15 x 21 cm, 120 p., 12 ill. ISBN 2-88078-010-1
Le Salon de l'ethnographie. 1989, 15 x 21 cm, 120 p., 42 ill. ISBN 2-88078-012-8
Le trou. 1990, 11 x 18 cm, 328 p., 46 ill. ISBN 2-88078-013-6
A chacun sa croix. 1991, 11 x 18 cm, 32 p. ISBN 2-88078-014-4
Les femmes. 1992, 11 x 18 cm, 336 p., 31 ill. ISBN 2-88078-016-0
Si... Regards sur le sens commun. 1993, 11 x 18 cm, 252 p. ISBN 2-88078-017-9. Epuisé
Marx 2000. 1994, 11 x 18 cm, 200 p., 1 ill. ISBN 2-88078-019-5. Epuisé
La différence. 1995, 11 x 18 cm, 220 p., 1 ill. ISBN 2-88078-020-9
Natures en tête. 1996, 11 x 18 cm, 304 p., 10 ill. ISBN 2-88078-021-7
Pom pom pom pom: musiques et cætera. 1997, 11 x 18 cm, 296 p., ISBN 2-88078-022-5
Derrière les images. 1998, 11 x 18 cm, 360 p., 44 ill. ISBN 2-88078-023-3
L'art c'est l'art. 1999, 11 x 18 cm, 264 p., 36 ill. ISBN 2-88078-024-1
La grande illusion. 2000, 16.5 x 23.5 cm, 192 p., 1 fig. ISBN 2-88078-026-8
Le musée cannibale. 2002, 16.5 x 23.5 cm, 304 p., 2 ill. ISBN 2-88078-027-6
X - spéculations sur l'imaginaire et l'interdit. 2003, 16.5 x 23.5 cm, 272 p., 12 ill. ISBN 2-88078-028-4
Cent ans d'ethnographie sur la colline de Saint-Nicolas 1904-2004. 2005, 24.5 x 28 cm, 648 p., 750 ill. ISBN 2-88078-030-6
Figures de l'artifice. 2007, 21 x 27 cm, 240 p., 438 ill. ISBN 978-2-88078-031-9
La marque jeune. 2008, 21 x 27 cm, 272 p., 549 ill. ISBN 978-2-88078-032-6
Retour d'Angola. 2010, 21 x 27 cm, 344 p., 451 ill. ISBN 978-2-88078-034-0
Helvetia Park. 2010, 21 x 27 cm, 376 p., 446 ill. ISBN 978-2-88078-035-7

Texpo
ISSN 1422-8319

Texpo un *Marx 2000*, 1994, 48 p. Epuisé
Texpo deux *La différence*, 1995, 64 p.
Texpo trois *Natures en tête: vom Wissen zum Handeln*, 1996, 64 p.
Texpo quatre *Pom pom pom pom Une invitation à voir la musique*, 1997, 64 p.
Texpo cinq *Derrière les images*, 1998, 64 p.
Texpo six *L'art c'est l'art*, 1999, 40 p. (version française/allemande/anglaise)
Texpo sept *La grande illusion*, 2000, 48 p.
Texpo huit *Le musée cannibale*, 2002, 64 p.
Texpo neuf *X - spéculations sur l'imaginaire et l'interdit*, 2003, 44 p.
Texpo dix *Remise en boîtes*, 2005, 64 p.
Texpo onze *Figures de l'artifice*, 2006, 48 p.
Texpo douze *Retour d'Angola*, 2007, 80 p.
Texpo treize *La marque jeune*, 2008, 64 p.
Texpo quatorze *Helvetia Park*, 2009, 64 p.
Texpo quinze *Bruits*, 2010, 64 p.

Collections du Musée d'ethnographie de Neuchâtel
ISSN 1420-0430

N° 1 Marceline de MONTMOLLIN *Collection du Bhoutan*. 1982, 17 x 24 cm, 96 p., 28 ill. ISBN 2-88078-001-2. Epuisé
N° 2 Manuel Laranjeira RODRIGUES DE AREIA, Roland KAEHR, Roger DECHAMPS *Collections d'Angola: les signes du pouvoir*. Préface de Marie-Louise BASTIN. 1992, 17 x 24 cm, 224 p.,221 ill., 7 dessins. ISBN 2-88078-015-2
N° 3 François BOREL *Collections d'instruments de musique: les sanza*. 1986, 17 x 24 cm, 184 p., 105 ill., 10 dessins. ISBN 2-88078-008-X
N° 4 Yvon CSONKA *Collections arctiques*. Préface de Jean MALAURIE. 1988, 17 x 24 cm, 216 p., 350 ill., 5 dessins. ISBN 2-88078-011-X
N° 5 Roland KAEHR *Le mûrier et l'épée: le Cabinet de Charles Daniel de Meuron et l'origine du Musée d'ethnographie à Neuchâtel*. 2000, 17 x 24 cm, 440 p., 140 ill., 8 pl. coul. ISBN 2-88078-025-X
N° 6 Jean-Claude MULLER *Collections du Nigéria: le quotidien des Rukuba*. 1994, 17 x 24 cm, 192 p., 171 ill., 10 dessins. ISBN 2-88078-018-7
N° 7 Manuel Laranjeira RODRIGUES DE AREIA et Roland KAEHR *Collections d'Angola 2: les masques*. 2009, 17 x 24 cm, 240 p., 39 ill., 55 pl. coul., 12 dessins. ISBN 978-2-88078-036-4
N° 8 Pauline DUPONCHEL *Collections du Mali: textiles bògòlan*. 2004, 17 x 24 cm, 336 p., 60 ill., 44 pl. ISBN 2-88078-029-2.
N° 9 Gaspard de MARVAL et Georges BREGUET *Collections d'Indonésie: au fil des îles*. Préface de Pieter ter KEURS. 2008, 17 x 24 cm, 408 p., 60 ill., 137 pl. coul. ISBN 978-2-88078-033-3

Documents
ISSN 1420-1208

N° 1 Jean Louis CHRISTINAT *Littérature de ficelle: O Brasil dos poetas*. 1995, 16 p. Epuisé
N° 2 André LAGNEAU *Egypte ancienne*. 1995, 32 p.
N° 3 François BOREL *A fleur de peau*. 1991, 24 p. Epuisé
N° 4 François BOREL *Tuareg: nómadas del desierto*. 2004, 40 p.

Achevé d'imprimer
le 14 mars 2011
sur les presses de l'imprimerie Juillerat & Chervet SA
2610 St-Imier

et tiré à 1'000 exemplaires